WOHNEN IM LÄNDLICHEN STIL

Salz.
OLD
ENGLISH
HOUSE
HOLD
LIFE
JEKYLL

Miranda Innes

WOHNEN IM LÄNDLICHEN STIL

Restaurieren · Dekorieren · Einrichten

Fotos von Spike Powell

Kaleidoskop Buch

Abbildung Frontispiz (S. 2):
Eckregal aus Weichholz mit altem Salzgefäß (s. S. 130)

Aus dem Englischen übersetzt von Cornell Ehrhardt
Redaktion: Christine Westphal
Korrektur: Irmgard Perkounigg
Umschlaggestaltung: Sascha Wuillemet
Herstellung: Dieter Lidl
Satz: Fotosatz Völkl, Puchheim

Druck und Bindung: Rotolito Lombarda
Printed in Italy

ISBN 3-88472-389-8

Inhalt

Einleitung

Kapitel 1

Kapitel 2

Kapitel 3

Kapitel 4

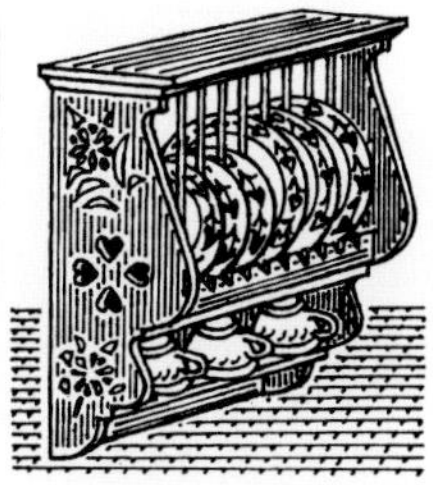

Kapitel 5

EIN HAUS AUF DEM LANDE?

Ein Haus auf dem Lande – diese Vorstellung verleitet manch einen ebenso zum Träumen wie der Gedanke an einen lauen Sommerabend. »Das Land« steht dabei symbolisch für eine andere Lebensart, als sie den meisten von uns zu eigen ist. In gewisser Hinsicht verkörpert die Stadt eine verwirrende Fülle an Reizen. Es erfordert Disziplin, zu genießen, was man hat; ständig steht man unter dem stillen, aber allzeit präsenten Zwang, aus dem Haus zu gehen, mehr zu unternehmen, mehr zu erleben. In der Stadt herrscht der Geist des Wettbewerbs: All die unzähligen Dinge, mit denen man sich beschäftigen könnte, schmälern auf irgendeine Art das Vergnügen an dem, was man gerade tut.

Auf dem Lande ist dies völlig anders. Das Leben zieht nicht in gleicher Weise an uns vorüber – alles spielt sich in beschaulicherem Tempo ab. Hier hat man die Zeit, den Augenblick zu genießen, Ereignisse zu planen, ihnen freudig entgegenzusehen und sie im nachhinein noch einmal Revue passieren zu lassen. Man hat nicht die permanente Qual der Wahl, die letztlich ebenso anstrengend ist, wie sie anfänglich belebend erscheint.

Landleben bedeutet, auf sich selbst angewiesen zu sein, und es beflügelt dazu, Dinge, Beziehungen und Ereignisse zu pflegen – die Auswahl mag geringer sein, doch was und wen wir vorfinden, erlangt vergleichsweise größere und bewußter empfundene Bedeutung.

Sydney Smith, ein Kleriker des 19. Jahrhunderts, der seine Zeit, wie er meinte, viel zu lange auf dem Lande verbringen mußte, schrieb an einen Freund: »Ich habe keinen Sinn für das Land; es ist eine Art heilsames Grab«, und war der Überzeugung, daß es ein Ort sei, »an dem schöpferische Kraft noch vor dem Nachmittagstee erlischt«.

Fensterläden (LINKS) *Mit ihren eingelassenen handbemalten Glasscheiben korrespondieren diese Klappläden – die kunstfertige Arbeit eines Heimwerkers – zwischen dem Inneren des Hauses und der freien Natur.*

Im Gegensatz dazu bringt wohl William Cowper, ein Schriftsteller des 18. Jahrhunderts, die Gefühle eines überzeugten Landbewohners am besten zum Ausdruck, wenn er schreibt: »Gott schuf das Land und der Mensch die Stadt.« So ist es. Wer das Glück hat, nur aus der Tür treten zu müssen, um auf einer von herbstlich gefärbten Ahornbäumen umgrenzten Wiese zu stehen, oder das Fenster öffnen kann und dann nichts als Bienen, Vögel und einen fernen Traktor hört, der hat einen Maßstab dafür gefunden, welche Wertigkeit den Widrigkeiten des täglichen Lebens beizumessen ist. Nichts weist der Stromrechnung den ihr gebührenden Stellenwert besser zu als ein ungestörter Blick auf Seen, Berge oder grüne Felder.

Auf dem Lande wohnen

Leben auf dem Lande bedeutet, daß die Grenzen zwischen Innen und Außen verwischen. Wenngleich nur ein romantischer Narr Dieben zwanglosen Zutritt bieten würde, erfordert ein Haus auf dem Land nicht dasselbe Maß an abwehrender Vorsicht wie eine Stadtwohnung. Türen und Fenster können offenstehen, damit die Küche vom Duft der Rosen erfüllt wird und Katzen und Hunde nach Belieben ein und aus gehen können.

Ein Haus auf dem Lande kann ein Gefühl von Freiheit und unbegrenztem Raum vermitteln. Das Schlafzimmer kann im Erdgeschoß liegen, mit riesigen Fenstern, die in Sommernächten weit geöffnet bleiben, oder es besteht die Möglichkeit für einen Wintergarten, in dem man selbst während der kalten Jahreszeit den Blick auf die freie Landschaft genießen kann. Außerhalb des Hauses ist vorhandener Platz vielfältig nutzbar – etwa für die Umgestaltung der Scheune zu einer großen Halle mit Galerie oder zum Bau eines Sommerhäuschens im Obstgarten, wo man sitzen und meditieren kann.

Auf dem Land kann man die Ruhe und den Frieden auskosten: in sternenklaren Sommernächten im Freien sitzen, das Frühstück mit nach draußen unter den Kirschbaum nehmen oder die atemberaubende Schönheit einer tiefverschneiten – vom Straßenverkehr unberührten – Winterlandschaft genießen.

Wer auf dem Lande wohnt, kann sich glücklich schätzen – viele Menschen sehen sich gezwungen, mit der Stadt vorliebzunehmen. Sie sind an ihre Arbeit gebunden, müssen

Friedliche Abgeschiedenheit (LINKS) *Eine Ansammlung älterer Korbsessel vermittelt eine entspannte Atmosphäre, die für das Landleben so typisch ist. Die über Jahre auf Trödlermärkten zusammengetragenen Stühle wurden in einfühlsamen Farben mit Sprühlack aufgefrischt.*

Ländliches Kunsthandwerk (KLEINE ABBILDUNG) *Künstlerische Objekte verbreiten ihren eigenen Zauber: Dieses in Stein gehauene Taubenpaar erhielten die Eheleute, die hier wohnen, als Hochzeitsgeschenk. Der warme Grauton des Fensterrahmens hebt sich wunderschön vom Ziegelmauerwerk ab.*

sich mit einem winzigen Garten, dem Blick auf die Nachbarschaft und dem Lied der Amsel begnügen, das vom Dröhnen der Busse beinahe übertönt wird.

Doch glücklicherweise gibt es einen Wohnstil – fast eine Geisteshaltung –, der die besten Seiten des Landlebens wachruft. Er äußert sich darin, wie man präsentiert, was man besitzt, mit welch unverstelltem Blick man das eigene Heim betrachtet und dessen besonderen Reiz zur Wirkung bringt. Er hat Tradition und ist voller Einfälle – wenn wenig Zeit zur Verfügung steht, kann man sich auch verkürzter Verfahren und bühnenhafter Effekte bedienen und damit selbst der tristesten Stadtwohnung einen Hauch von Landleben verleihen. Auch wer in der Stadt wohnt, kann sein Zuhause im ländlichen Stil einrichten und ausgestalten.

Der ländliche Wohnstil

Ein ländlicher Wohnstil ist eine Komposition aus natürlichen Materialien und ländlichen Farben. Es ist ein aus vielen Stilrichtungen auswählender und organischer Stil, der sich entwickelt und verändert – durch ein altes ersteigertes Küchenbüfett beispielsweise, ein antikes Stück vom Flohmarkt oder einige Rollen hübsch gemusterter Tapete, die man unterwegs in einem kleinen Laden entdeckt hat. Im einen Extrem ist es ein Stil, der die Fülle von Geschenken, die liebe Freunde während der letzten Jahrzehnte mitgebracht haben, aufnehmen kann – ein Stil, der sich am Spektrum der guten Seiten des Lebens orientiert, der ein Kaleidoskop von Mustern, Farben, Gerüchen und Strukturen um-

Fenster zur Welt (LINKS) *Kleine Fenster durchbrechen die massiven Mauern dieses umgebauten Wehrturmes im Osten Englands. Jedes Fenster schafft einen Rahmen für den Blick aufs Meer. Hier wird die Perspektive zusätzlich durch den Verlauf der Stufen betont, die sich darüber hinaus zum Aufstellen einiger schlichter Objekte eignen.*

Helle Pracht der Vororte (OBEN) *Obwohl kaum eine Stunde von der New Yorker Innenstadt entfernt, hat dieses Haus aus dem frühen 20. Jahrhundert einen ausgeprägten rustikalen Charakter. Möbel aus den 20er Jahren sowie Stoffe in Pastelltönen wirken belebend und fügen sich harmonisch in den Stil des Hauses ein, das von Bäumen umgeben ist.*

faßt. Im anderen Extrem kann er so puritanisch und spartanisch wie eine Einsiedlerklause sein: Steinböden, schlichte Möbel und bescheidene Stoffe. Jeder dieser beiden Aspekte ist Ausdruck von Persönlichkeit und ein Teil der uns umgebenden Natur.

Sinn für die Vergangenheit

Dem ländlichen Wohnstil ist der Sinn für Tradition und Geschichte eigen. Die Möbelstücke sind nicht unbedingt neu, doch sauber, poliert und vielgeliebt. Ein riesiger, blankgescheuerter Küchentisch, Mittelpunkt vieler geselliger Winterabende bei Tee und Gebäck, oder ein altes durchgesessenes Polstersofa, das drei Generationen zappelnder Kinder überlebt hat und unzählige Male neu bezogen wurde – dies sind Stücke, die einen dauerhaften Platz in der Familienchronik verdienen und sich gut in ein Haus mit Vergangenheit einfügen.

Ländlicher Wohnstil meint Authentizität, mit einer Vorliebe für das Schrullige und unbequem Originelle, innerhalb vernünftiger Grenzen. Nur ein fanatischer Purist würde sich eine unauffällige und segensreich funktionale Geschirrspülmaschine zugunsten eines alten Steinbeckens und Sodalauge versagen. Angestrebtes Ziel ist eine Atmosphäre entspannter Ruhe, und so sollte alles, was die täglichen Arbeiten weniger beschwerlich macht, nur allzu willkommen sein.

Einfache Fensterdekoration (LINKS) *Dieses Haus liegt am Rande einer Großstadt, doch durch den Ausblick auf den Garten wird eine friedvolle, naturnahe Atmosphäre geschaffen. Die schmucklosen Fenster werden nur oben auf den Simsen von Holzminiaturen geziert, die das Straßenbild vor dem Haus widerspiegeln.*

Das Land kommt in die Stadt (OBEN) *Dieses Haus steht im Herzen Londons, hat aber dennoch ein betont ländliches Flair – durch eine herbstliche Palette edler Hölzer, rostroter Teppiche, großer Trockensträuße und den alten Bargello-Gobelinstoff, mit dem der Stuhl bezogen ist.*

Vor allem ist der ländliche Wohnstil benutzerfreundlich. Er bedeutet offene Fenster und Türen, große Flieder- und Narzissensträuße aus dem Garten oder Weihnachtskränze in winterlichem Dunkelrot und Grün. Arme voller Rosen, Körbe voller Gemüse, Hunde, Kinder und Besucher, selbst Schmutz, Regen und Sand – alles bringt ein Stück Natur ins Haus. Der ländliche Wohnstil ist von Herzlichkeit, Wärme und Toleranz geprägt.

Authentizität

Bestimmte Eigenarten eines jeden Hauses muß man wohl als unveränderbar hinnehmen. Dazu gehört zweifelsfrei der Standort, denn nur wenige Menschen (außerhalb Amerikas) werden den Mut aufbringen, zusammen mit ihrem Haus umzuziehen und etwa das Fachwerkgerippe ihrer Scheune von Berkshire in England nach Brownsville in Texas verschiffen zu lassen. Eine andere unverrückbare Tatsache ist der Baustil eines Hauses. Alte Gebäude wollen mit Einfühlungsvermögen und Liebe behandelt werden. Je älter das Haus, um so größer die Wahrscheinlichkeit, daß es kleine Fenster und niedrige Decken hat – dies zu verändern, birgt in jedem Fall große Risiken. Es gibt wohl kaum ein herzloseres und respektloseres Unterfangen, als einem mittelalterlichen Fachwerkhaus durch das Verändern der Türen, Fenster und Fußböden den Stil des 20. Jahrhunderts aufzwingen zu wollen, geht hierdurch doch sein ursprünglicher Charakter unwiederbringlich verloren.

Der wichtigste Aspekt bei der Planung von Restaurierungs- und Renovierungsarbeiten ist der, daß nur das Angemessene Erfolg verspricht. Häufig sind Möbel und Innenausstattung dann am besten gewählt, wenn sie dem Baustil des Hauses entsprechen – handbemalte Chinoiserie-Tapeten sehen himmlisch in einer kleinen Regency-Villa aus, wirken in einem Natursteinhaus mit winzigen Fenstern allerdings völlig deplaziert. Dunkle, geschnitzte Möbel und rauhe Wände passen perfekt in eine klösterlich-bescheidende Unterkunft, sind aber überaus störend in der stromlinienförmigen Architektur der 30er Jahre.

Das Alter eines Hauses genießen

Man sollte das Alter und den Charakter eines Hauses betonen und sich an seiner edwardianischen Solidität, seiner kolonialen Würde oder seiner Wehrhaftigkeit erfreuen. Wer ein kleines Landhaus besitzt, kann sich von der Farbgebung und Ausgestaltung umliegender Kirchen inspirieren lassen – möglicherweise waren dort dieselben Hände am Werk, die auch das eigene Haus errichteten.

Bei jeder stilgerechten Restaurierung empfiehlt es sich, Materialien zu wählen, die den ursprünglich verwendeten Baustoffen möglichst nahekommen. Dazu kann es nützlich sein, vor den geplanten Renovierungsarbeiten ein wenig in der Nachbarschaft herumzuschnüffeln – vielleicht findet man in dem einen oder anderen Haus noch die ehemals üb-

Ein Raum mit Ausblick (LINKS) *Wer einen grandiosen Ausblick hat, muß ihn nutzen. Die Eigentümer dieses Schlafzimmers haben große Sprossenfenster eingebaut, die sich weit öffnen lassen und dann den Rahmen eines wunderbaren Landschaftsgemäldes bilden. Zusammen mit dem klassizistisch inspirierten Halbbogenfenster füllen sie den Raum mit Licht und Luft. Ein Fliegengitter hält Mücken und andere nächtliche Plagegeister ab.*

Ausgänge schaffen (OBEN) *Häuser auf dem Lande haben ein befreiendes Gefühl von Geräumigkeit, weil man ohne Mühe ins Freie gelangen kann. Diese Tür beispielsweise ist wie eine Einladung, nach draußen auf die gelbblühende Wiese in das warme Sonnenlicht zu gehen. Die Besitzer des Hauses haben darüber hinaus das Dach so umgestaltet, daß sie dort unter schützendem Glas den Blick auf die Landschaft genießen können.*

lichen Fußböden vor oder kann sich Anregungen für die Oberflächengestaltung bestimmter Zimmerwände holen. Mitunter entdeckt man bei dieser Gelegenheit auch ein abbruchreifes Haus, aus dem sich authentische Baumaterialien – beispielsweise Deckenbalken, Dielenbretter oder Türen – bergen lassen, die die Patina liebevoller Nutzung zeigen. Wer den ortsansässigen Architekten zum Freund gewinnt, regelmäßig das nächstgelegene Auktionshaus aufsucht und Augen und Ohren nach alten Häusern offenhält, die zum Verkauf stehen, hat die besten Aussichten, das Richtige für seine Renovierungsarbeiten zu finden.

Ländlicher Wohnstil wird nicht durch eine bestimmte Epoche bedingt. Neubauten, insbesondere wenn sie einfach und mit Sinn für Tradition errichtet werden, können diesen Stil ebenso verkörpern wie kleine reetgedeckte Meisterwerke des 16. Jahrhunderts. Der Schlüssel zum Erfolg liegt in der

Freundliche Innenausstattung (LINKS) *Dieses Haus am Hudson River, aus der Zeit um die Jahrhundertwende, wurde in warmen Farbtönen gestrichen, um seine klaren Proportionen zu betonen und gleichzeitig einen Kontrast zur kühlen Weite des Flusses zu schaffen.*

Verjüngungskur für ein altes Bauernhaus (OBEN) *Bei der Renovierung dieses Bauernhauses hat man viele alte Materialien verwendet. Die Bodenfliesen wurden aus der näheren Umgebung zusammengetragen und die Küchenteile aus altem Holz gebaut.*

Charakterbildend (LINKS)
Unabhängig vom Baustil sollte man den Grundcharakter eines Hauses erforschen und betonen. Dieser massive Turm aus dem späten 18. Jahrhundert, der wie viele andere zur Abwehr napoleonischer Truppen an Englands Küste errichtet wurde, hat mächtige Festungsmauern und ist von solider Mannhaftigkeit geprägt. Das Streichen der riesigen Ziegelgewölbe in einfachem Weiß reicht bereits aus, um die Wehrhaftigkeit dieses Ortes zu betonen.

Mauerwerk mit Tradition (LINKS, KLEINE ABBILDUNG)
Eine solche Kombination von Mauerziegeln und Feldsteinen ist für alte Häuser in Norfolk typisch. Die Tür – sie wird nicht benutzt – stammt aus den Lagerbeständen eines örtlichen Abbruchunternehmens.

Vorgetäuschtes Alter (RECHTS)
Dieses Haus, das erst ein Jahr alt war, als das Foto entstand, sollte den Stil alter französischer Bauernhäuser widerspiegeln. Aus diesem Grund verbaute man Originalmaterialien, wo immer dies möglich war. So wurden alte Ziegelsteine für den Kamin verwendet und alte Holzbalken aus einem verlassenen Gebäude gerettet.

einfühlsamen Auswahl der Materialien – rauher Putz, alte Balken, Holzfenster und Steinböden. Die ländliche Architektur in Italien, Frankreich und Griechenland bedient sich einfachster Gestaltungsmittel und Baustoffe und erreicht dabei immer wieder eine Perfektion an Würde, Harmonie und Lebendigkeit.

In ähnlicher Weise verkörpern auch holzverschalte Häuser häufig eine natürliche Eleganz, die Jahrhunderte überdauert. Selbst heutige Versionen sehen gut aus – in Amerika bedient man sich eines ganzen Repertoires traditioneller Gestaltungskriterien, was Neubauten eine überzeugende historische Ausstrahlung verleiht. Selbstverständlich läßt sich der Baustil einer bestimmten Epoche kopieren, doch erfordert diese Arbeit dasselbe Maß an Ernsthaftigkeit wie jede andere gute Fälschung – intensive Nachforschungen in Archiven und Bibliotheken sind dabei unerläßlich. Anbauten müssen bei alten Gebäuden sorgfältig konzipiert und mit Respekt ausgeführt werden. Sie sollten stets den bestehenden Proportionen zwischen Fußboden, Fenstern und Decke Rechnung tragen; nur allzu leicht läßt man sich von der Aussicht auf zusätzlichen Wohnraum beherrschen und besteht auf der Durchführung seiner ersten Idee, ohne anderen – sensibleren und weniger einschneidenden – Möglichkeiten nachzugehen.

Angemessene Ausstattung

Selbst in wohlgeordneten Häusern bedürfen manche Dinge von Zeit zu Zeit der Erneuerung oder Modernisierung. So bricht unter Umständen plötzlich ein Familienaufstand aus – gegen das Leben in authentischer Kälte, die nur durch einen attraktiven, aber launenhaften Ofen gemildert wird. Bevor man dann – mit klammen Fingern – nach der Zeitung und dem Namen des ortsansässigen Klempners sucht, tut man gut daran, die Alternativen zu einer modernen Standard-Zentralheizung in Erwägung zu ziehen.

Das Beste der Vergangenheit

Es gab eine Zeit, um die Jahrhundertwende, da hielt man den Einbau einer Zentralheizung für einen Grund zum Feiern, und Heizkörper waren wie Kunstgegenstände gefertigt – groß und dienstbar, von einem Meer an Jugendstil-Blättern geziert. Auch in den 20er und 30er Jahren wurden Heizkörper so gearbeitet, daß sie groß und stolz und ohne Scham ihren Platz einnahmen. In der Folgezeit legten die Heizungsingenieure bei ihren Kreationen immer weniger Selbstbewußtsein an den Tag. Und heute haben wir Heizkörper, die ebensoviel, wenn nicht mehr Wandfläche einnehmen, aber wie industrielles Strandgut aussehen.

Es gibt zwei Lösungen dieses Problems. Die bessere der beiden ist es, sich auf die Suche nach guten, altmodisch-soliden Heizkörpern zu begeben; die andere Möglichkeit besteht darin, moderne Heizkörper durch einen geschickten Anstrich zu tarnen oder sie zu verkleiden (s. S. 166).

Man findet durchaus auch ansprechende moderne Heizkörper. So gibt es erstklassige und originelle Ausführungen zum Heizen und gleichzeitigen Trocknen der Handtücher im Badezimmer, die sich auch in Küchen zum Trocknen der Geschirrtücher eignen. Ideal wäre hier natürlich eher ein altertümlicher Handtuchhalter über dem Herd, den ständig eine geschmackvolle Auswahl gestreifter Tücher ziert.

Den angemessenen Heizkörper finden (LINKS) *Ursprünglich sah man keinen Anlaß, Heizkörper zu verstecken: Sie waren solider Bestandteil der Inneneinrichtung, gefertigt, um gesehen zu werden. Dieser massige gußeiserne Heizkörper funktioniert noch einwandfrei und verleiht dem Haus aus der Zeit der Jahrhundertwende einen zusätzlichen zeitgenössischen Reiz. Der Kinderstuhl aus Hickory-Ästen stammt ebenfalls aus dem frühen 20. Jahrhundert.*

Wiederbelebte alte Feuerstelle (OBEN) *Diese rußgeschwärzte alte Feuerstelle, mit einer integrierten Sitzbank und einem Fach für den Salzkasten, beherbergt jetzt einen ansprechenden, wirkungsvollen Holzofen – die angemessene Heizung in einer waldreichen ländlichen Gegend Englands.*

Festungstür (OBEN) *Zusammen mit ihren massiven Originalbeschlägen paßt diese schwere Tür perfekt in den umgebauten Wehrturm an der Küste Englands. Mit ihren soliden Abmessungen war sie ehemals dazu gedacht, Angriffen feindlicher Truppen Widerstand zu leisten.*

Neues Zuhause für eine alte Tür (LINKS) *Diese prachtvolle Tür ist unbestimmter Herkunft, wirkt mit ihrem altertümlichen Charme in der Vorhalle eines Landhauses jedoch überaus einladend. Das eingeritzte Muster kommt durch die schlichte Wandverkleidung aus Holzbohlen besonders gut zur Geltung.*

Ländliche Küche (RECHTS) *Das warme Herzstück eines Hauses ist ein klassischer Küchenherd, der mit Holz oder Kohle beheizt wird. Bei diesem Beispiel handelt es sich um ein besonders schönes Stück – Teil einer attraktiven und funktionalen Küche voller guter Ideen. Die schweren unglasierten Fliesen des Fußbodens wurden (versiegelt) auch für die Arbeitsfläche verwendet.*

Was uns zum Holz-und-Kohle-Herd, dem Kernstück ländlicher Küchen, führt. Er vermittelt ein wundervolles Gefühl von Wärme und Geborgenheit und hat eine beruhigende, mütterliche Ausstrahlung.

Was gutes Aussehen anbetrifft, ist er unübertroffen, wenngleich Schnelligkeit nicht gerade zu seinen herausragenden Stärken gehört. Da in unserer schnellebigen Zeit ein solcher Küchenherd eine eigene Einstellung zum Kochen erfordert, sollte man besser im voraus klären, ob er zum eigenen Lebensstil paßt oder nicht.

Türen sind ein weiteres Element, das starke Auswirkungen auf den Charakter eines Hauses haben kann. Wer sich gezwungen sieht, eine Tür zu verändern oder auszutauschen, wird feststellen, daß kein Mangel an schönen alten Türen besteht. Wenn es dann aber gilt, das passende Türblatt für einen ganz bestimmten Türrahmen zu finden, kann die anfängliche Begeisterung schnell in Verzweiflung umschlagen. Nicht nur, daß Höhe und Breite stimmen müssen, die neue Tür sollte sich auch in der gleichen Richtung wie die alte öffnen lassen und darüber hinaus die gleiche Stärke haben, da

Ein Fenster, das aus dem Rahmen fällt (LINKS) *Eine Möglichkeit, den Geist des ländlichen Wohnstils zum Ausdruck zu bringen, ist das Hervorheben besonderer architektonischer Gestaltungsmerkmale. In diesem Haus aus dem frühen 20. Jahrhundert hat der Eigentümer das Rundbogenfenster durch zierliche Schablonenmalerei betont. Bei dem ungewöhnlichen nestähnlichen Objekt auf dem Kaminsims handelt es sich um einen »Gemischtwarenkorb« aus einem Sammelsurium von Papierstreifen, alten Filmen und Kunststoff – ein leichter Seitenhieb auf unsere Konsumgesellschaft.*

Dramatische Farbeffekte (RECHTS) *Dieses Haus spiegelt die Ambitionen seines Besitzers, eines passionierten Malers, wider – sämtliche Wände, Decken, Fußböden, Fenster und Bilderrahmen wurden durch eine virtuose Farbgebung verschönert. Ein kleiner Raum wie dieser eignet sich hervorragend zum Experimentieren mit außergewöhnlichen Oberflächenbehandlungen – hier wurden die Wände in einer Grundfarbe angelegt und dann mit einer künstlichen Holzmaserung versehen (s. S. 80).*

sonst die Türbeschläge Probleme bereiten. Es wäre der falsche Weg, einfach aufzugeben und sich für die lieblos gearbeitete Kassettentür zu entscheiden, die man im nahegelegenen Heimwerkermarkt gesehen hat – eine gute Tür kann einem Haus mehr Charakter verleihen, als man sich gemeinhin vorstellt.

Eine Lösung des Problems ist es, die Abmessungen der Türöffnung so zu verändern, daß die ansonsten perfekte Tür paßt. In Häusern aus dem 19. Jahrhundert sind die Zimmertüren meist untereinander austauschbar, so daß sich schadhafte Türen an exponierten Stellen gegen intakte aus anderen – weniger einsehbaren – Bereichen des Hauses auswechseln lassen.

Farbeffekte

Bis zu der Erfindung bedruckter Tapeten im letzten Jahrhundert war Farbe das einzige Mittel zur Verschönerung von Wänden. Dies ist zum Teil auch der Grund dafür, daß alle anderen Formen der Wandbehandlung in Häusern eines bestimmten Alters unpassend wirken – nicht unbedingt mißlungen, aber eben nicht authentisch.

Farbeffekte haben noch immer den gleichen Charme, der sie seit jeher ausgezeichnet hat. Wer sich erst einmal vom Dogma der seidenmatten modischen Einheitsfarbe gelöst hat, verspürt wenig Verlangen, sie jemals wieder zu verwenden. Die Auftragetechniken, das Reiben und Tupfen mit Lap-

pen, trockenen Pinseln und Schwämmen, bereiten keine Schwierigkeiten; und durch die große Palette all der deckenden und lasierenden Farben läßt sich eine Feinheit und Tiefe von unvergleichlicher Intensität und Transparenz erzielen, so daß man jeder einheitlichen Farbgebung nur allzugut widerstehen kann.

Ein Teil des Reizes – wie auch der Schrecken – solcher Malerarbeiten liegt darin begründet, daß man das Endergebnis niemals exakt vorhersagen kann. Der Raum verändert sich drastisch, wenn man die letzte Farbschicht aufbringt, und viele Faktoren spielen zusammen – Sonnenlicht bringt die Farben anders zur Geltung als eine künstliche Beleuchtung, auch das Streichen der Decke und das Fertigstellen des Fußbodens verändern die Wirkung der Wände, was ebenso für Möbel und Bilder zutrifft.

DEKORATIVE EINFASSUNG *(S. 86)*

BEMALTE TISCHPLATTE *(S. 140)*

Wer von Natur aus vorsichtig ist, hat vermutlich ein besseres Gefühl, wenn er das Ganze zunächst auf einem Stück Hartfaser ausprobiert und sich erst dann mit der Decke und den Wänden beschäftigt. Man kann sich auch langsam einarbeiten und zuerst mit dem beginnen, was manche beschönigend als den kleinsten Raum des Hauses bezeichnen. Es spielt kaum eine Rolle, wie dieses stille Örtchen aussieht, denn niemand bleibt dort allzu lange, und außerdem ist es auch kein großes Problem, eine optische Katastrophe einfach zu überstreichen. Und je kleiner der Raum, desto schneller ist man fertig und kann sein Wunderwerk begutachten. Dieses Stadium euphorischer Freude sollte man nutzen, um sich unverzüglich an die Malerarbeiten in Küche und Badezimmer zu begeben.

DRUCKSTÖCKE VERWENDEN *(S. 94)*

Die Wirkung von Stoffen

Andere Veränderungen lassen sich schnell und einfach durch die Verwendung von Stoffen erzielen – eine weitere Möglichkeit, durch Dekoration Effekte hervorzurufen. Stoffe können dämpfend wirken und Beziehungen herstellen, das Gefühl von Wärme und Herzlichkeit vermitteln und das Verbindungsglied zwischen den Farben und Mustern eines Raumes sein.

Um solchen Zauber zu vollbringen, bedarf es nicht neuer oder kostbarer Stoffe, obwohl andererseits gesagt werden muß, daß sich Stoffe minderer Qualität – insbesondere solche mit hohem Kunstfaseranteil – auf irritierende Weise in den Vordergrund spielen. Für den ländlichen Wohnstil ist es deshalb am besten, auf die ungezwungene Generosität von Naturfasern zu vertrauen, die schön fallen und mit zunehmendem Alter an Charakter gewinnen. Baumwolle und Lei-

FARBSCHABLONIERTE DIELENBRETTER *(S. 50)*

Verwaschene Farben (LINKS) *Das Tünchen von Wänden ist eine einfache Technik (s. S. 78) und kann einen perfekten Untergrund für prägnantere Farbgebungen darstellen – dieser erdbraune Anstrich auf weißem Untergrund wird oben durch einen Kartoffeldruck in blauer Ölfarbe diszipliniert.*

Vergnügliche Malerarbeiten (OBEN) *Malen ist die älteste und befriedigendste Kunst. Wer die damit verbundenen Freuden erst einmal entdeckt hat, dem werden Haus und Innenausstattung als Ansammlung kahler Leinwände erscheinen, die gebieterisch nach Farbe verlangen.*

TOM WOLFE

nen, Wollstoffe und selbst Jute sind perfekte Materialien, und die Palette vielfältiger Texturen und unterschiedlicher Gewebe reicht von der luftigen Musselinwolke bis zu knisterndem förmlichen Chintz, von der unbeholfenen Steifheit schweren Polsterleinens bis zur wogenden Transparenz feinen Tuchleinens.

Stoffe gekonnt einsetzen

Wenn man den passenden Stoff gefunden hat, müssen als nächstes seine besonderen Qualitäten hervorgehoben werden. Fließende, leichte Stoffe lassen sich gut drapieren und legen sich in weiche Falten, die an die gerafften Gewänder antiker Skulpturen erinnern; schwere, steife Möbelstoffe hingegen müssen mit etwas Nachdruck in die gewünschte Form gebracht werden. Gardinen läßt man nach Möglichkeit bis auf den Boden reichen, damit ihre Falten einen Bruch bekommen.

Polsterbezüge wirken am besten, wenn sie abgepaspelt sind. Sorgfältig gearbeiteten Überwürfen wohnt ein zwangloses ländliches Flair und ein wohltuendes Gefühl von Beständigkeit inne. Solche Decken anzufertigen erfordert Zeit und Geschicklichkeit, doch gibt es glücklicherweise auch Alternativen, deren Wirkung nicht auf kunstvollen Einfassungen und sorgfältigen Nähten beruht. Wer weiche wollene Decken in kräftigen Farben, ein Stück Paisley-Stoff oder eine hübsche alte Steppdecke besitzt, kann sie salopp über einen Lehnstuhl legen und hat so im Handumdrehen einen wirkungsvollen Überwurf geschaffen.

Solcher Einfallsreichtum gehört von alters her zu den besonderen Eigenschaften der ländlichen Bevölkerung. In früheren Zeiten hatten Stoffe nicht nur einen einzigen Verwendungszweck, sondern sie tauchten immer wieder in anderen, neuen Funktionen auf – als Steppdecken, Teppiche und Patchwork.

Die alten Handarbeitskünste mögen anachronistisch erscheinen, doch spricht auch vieles für sie. Hinsichtlich ihres beruhigenden und therapeutischen Wertes sucht die Arbeit an einer Patchwork-Decke sicherlich ihresgleichen. Und die Früchte solcher Anstrengungen vermitteln mit Sicherheit das Gefühl der Zufriedenheit.

MÖBEL-BAUMWOLLSTOFF

PAISLEY-STOFF

BAUMWOLLDRELL

Muster kombinieren (LINKS) *Ein harmonisches Konfetti winziger Blumenmuster bringt Leben und Frische in dieses Schlafzimmer. Der Vorhangstoff findet sein Echo in der ländlich gemusterten Tapete und den Bettbezügen. Großzügiges Weiß gliedert den Raum und läßt ihn nicht überladen erscheinen.*

Stoffe im Schlafzimmer (OBEN) *Diese Stoffe haben unterschiedliche traditionelle Ursprünge: handgearbeitete Quäker-Spitze am Fenster, weiche englische Spitzenkopfkissen, ein Hochzeitsbettbezug aus Baumwolle und eine verblaßte schwedische Steppdecke mit Applikationen. Das weißgestrichene Bettgestell ist aus Messing und Eisen.*

Frische am Meter (OBEN) *Die durchdachte Verwendung von Stoffen verändert das Gepräge eines Raumes. Eine Kombination von Weiß und Blau vermittelt den Eindruck munterer Hochsommertage, so wie der kaleidoskopartige Farbenreichtum von Paisley-Stoffen Wärme in sich birgt, die an geruhsame Winterabende am Kamin erinnert.*

Verschönerung im Kleinformat (OBEN) *Schablonenmalerei ist typisch für die amerikanische Volkskunst und verleiht diesem verbeulten Feuerholzkasten ein neues Gesicht.*

Schlichte Möbel (LINKS) *Vor dem karmesinroten Hintergrund kommen die klaren Formen dieser funktionalen Möbel besonders eindrucksvoll zur Geltung. Bei dem Tisch handelt es sich um einen Hackklotz aus einer Fleischerei; darüber ein altes Tellerbord aus Spanien.*

Schlafzimmermöbel (RECHTS) *Ländliche Stoffe können die Strenge dunkler Massivholzmöbel mildern. Dieses deutsche Himmelbett wirkt durch die feinen leinenen Spitzenkopfkissen und eine Patchwork-Decke weniger dominant.*

Ländliches Mobiliar

Nach Restaurierung und Dekoration steht die Inneneinrichtung im Mittelpunkt des häuslichen Geschehens – raumgreifende, bequeme Möbelstücke, mit anspruchsvollem Blick ausgewählt und liebevoll gepflegt, um eine einladende, wohlige Atmosphäre zu schaffen.

Möbel, die sich am besten in einen ländlichen Wohnstil einfügen, sind stabil und einfach. Anathema einer ruhigen, entspannten Atmosphäre sind kleine, verdrießliche Möbelstücke auf wackeligen Beinen, die nur darauf warten, daß sie der Hund mit dem Schwanz umwedelt; oder eine zu große Anzahl von Möbelstücken, durch die man zu einem ständigen Slalom gezwungen wird; oder auf Hochglanz poliertes, empfindliches Furnier; oder unselige Reproduktionen alter Stühle und Tische, von denen weder die kapriziös geschnitzten dünnen Beine noch die walnußfarbige dunkelbraune Beize überzeugen können; oder ein Sammelsurium an Gelegenheitsmöbeln, die kreuz und quer im Zimmer verteilt den Platz versperren.

Da ist weniger mehr, und man kann sich von der Lebensweise der amerikanischen Shaker-Gemeinden des 19. Jahrhunderts inspirieren lassen, die alles nur Erdenkliche an die Wand hängten – Regale ebenso wie Schränke, selbst Klappstühle und -tische –, um den Fußboden so weit wie möglich frei zu halten.

Möbel im ländlichen Stil sind untrennbar mit Begriffen wie Beständigkeit und Funktionalität verbunden, doch verleihen ihnen Farben seit alters her auch ein Element der Fröhlichkeit, das in geblümten Polsterbezügen aus Chintz ebenso zum Ausdruck kommt wie in bemalten Bauernschränken und Stühlen. Zu den Tugenden eines klassischen ländlichen Wohnstils gehört es, daß er Gegensätze toleriert. So erhält eine ansonsten sehr schlicht gehaltene Innenein-

Präsentation (LINKS) *Im Grunde taugt jedes freie Plätzchen als Ausstellungsfläche – selbst dieses Sideboard. Es ist mit Hilfe viktorianischer Kacheln entstanden. Spiegel und Glas verhindern, daß der Raum überladen wirkt.*

Volkskunst (OBEN) *Diese beiden handgeschnitzten schwarzbunten Kühe stammen aus Pennsylvania und sind ein bezauberndes Beispiel lebendiger amerikanischer Volkskunst, die bei vielen Sammlern besonders begehrt ist.*

richtung durch ein oder zwei Farbtupfer aus der Skala der 30er Jahre oder einige Chinoiserie-Lackarbeiten eine ganz besondere Note.

Sammelobjekte

Welche Gegenstände Menschen sammeln und wie sie diese Schätze präsentieren, gibt einen faszinierenden Einblick in ihre Persönlichkeit. Solche Sammlungen sind Anlaß für jene wohltuende Besessenheit, die einen schon früh am Sonntagmorgen auf Flohmärkte treibt und zum nervösen Mitbieter bei Auktionen werden läßt.

Das Wesen einer Sammlung formt sich beinahe unbemerkt – mitunter nimmt man nicht einmal wahr, daß überhaupt eine entsteht. Doch wenn man erst erkennt, daß sich in aller Stille eine größere Anzahl von Porzellanschwänen oder alten Kaffeekannen angesammelt hat, sollte man zumindest versuchen, sie so vorteilhaft wie möglich aufzustellen – in der sicheren Gewißheit, daß sich künftig an jedem Geburtstag und Weihnachtsfest noch einige dazugesellen werden.

Das Geheimnis jeder wirkungsvollen Präsentation liegt darin, klar zwischen »Lagerbeständen« und Ausstellungsobjekten zu unterscheiden. Wer all seine Schätze auf einmal präsentiert, kann durch das Ergebnis leicht Klaustrophobie erzeugen. Stellt man aber alle bunten Kaffeekannen beiseite und wählt nur die weißen und die blauen aus, dann besteht die Möglichkeit einer vollendeten Harmonie.

Unruhige Flächen wollen mit Bedacht abgegrenzt werden. So kommt eine Pinnwand mit wertvollen Trivialitäten nur dann wirklich zur Geltung, wenn sie ungestört ihren Platz einnehmen kann und nicht gegen eine alte Anrichte ankämpfen muß, die ihrerseits unter der Last kunterbunter Teller und Tassen ächzt. Einzelne Ausstellungsbereiche sollten stets durch ruhige, schlichte Wandflächen voneinander getrennt sein.

Ländliches Raffinement (LINKS) *Der ländliche Wohnstil lebt auch von Kontrasten: Dies hier ist eine respektlose Vereinigung von Sakralem und Profanem. Ein kleiner puttenähnlicher Atlas trägt eine Marmorplatte, auf der eine sakrale Lampe steht – ein rechter Platz inmitten des Hintertüren-Durcheinanders. Der prächtige Marmorfußboden ist überaus praktisch und hat so gut wie nichts gekostet, denn er besteht aus – in Mörtel verlegten – Restplatten.*

Rustikale Schlichtheit (RECHTS) *Hier ist alles schlicht und ungekünstelt – vom Ziegelboden im Fischgrätverband und der hellgrauen Wandvertäfelung bis hin zum bescheidenen, längsgestreiften Sofabezug aus Köperdrell und dem weißlackierten Korbsessel. Es ist ein genügsames Konzept, das eine Atmosphäre von Ruhe und Entspannung verbreitet, ein Stil, der auf Weitblick beruht: Das warme, einladende Leuchten, das diesen Raum auszeichnet, ist der Tatsache zu verdanken, daß bei seiner Planung der Lauf der untergehenden Sonne miteinbezogen wurde.*

Exakte Planung ist wichtig – Küchengerätschaften aus Holz, wie Rührlöffel, Nudelholz und Fleischklopfer, hübsch in einem Terrakottatopf arrangiert, können überaus dekorativ wirken, doch schon ein einzelner gelber Plastiklöffel macht aus dem vielversprechenden Stilleben ein unordentliches Bündel Küchenzubehör.

Vom Geist des ländlichen Lebens

Ein ländlicher Wohnstil verspricht Wohlbehagen und herzliche Aufnahme und soll von unnötigen Sorgen befreien. Jeder, selbst der überzeugteste Stadtbewohner, trägt ein Stück Ländlichkeit in sich – die Sehnsucht nach frischer Luft und offener Weite und den Wunsch, sein Zuhause mit Muße und Behaglichkeit als harmonische, friedliche Insel genießen zu dürfen.

Wir alle müssen an die vergehenden Jahreszeiten erinnert werden und an die Schönheit der Natur, um all den nichtigen Alltagsproblemen, die uns immer wieder über Gebühr in Beschlag nehmen, ihren angemessenen Stellenwert zuweisen zu können.

Diese Geisteshaltung gilt es in unserem Lebensstil und den Dingen, mit denen wir uns umgeben, zum Ausdruck zu bringen. Der ländliche Wohnstil ist ein Zelebrieren von Persönlichkeit, und der augenfälligste Unterschied zwischen Stadt- und Landhäusern besteht darin, daß es auf dem

Lande, jenseits der Grenzen regelmäßiger öffentlicher Verkehrsmittel, keine anonymen Häuserzeilen im Einheitsmaß gibt. Dies ist nicht länger die Domäne beunruhigend identischer Vorstadtvillen. Vom georgianischen Gutshof bis hin zum kleinsten Gartenschuppen hat alles die unbesiegbare Persönlichkeit, die aus einer zweckgebundenen Bauweise erwächst.

Die Botschaft des ländlichen Wohnstils

Schlüsselbegriffe, die den ländlichen Wohnstil zum Ausdruck bringen, sind Natürlichkeit, Authentizität, Frische, Schlichtheit und Harmonie. Wen dies an ein Glaubensbekenntnis aus der Hippie-Zeit erinnert, der sollte nicht vergessen, daß sich unter den ungezügelten Ideen jener Jahre auch durchaus erstrebenswerte Vorstellungen befanden. Es gab eine Form der Menschlichkeit und toleranter Würdigung von Originalität, die zweifellos lebensverbessernd wirkte.

Heute haben wir den Vorteil, die Dinge in gleicher Weise, doch ohne jene pseudoreligiöse Ernsthaftigkeit betrachten zu können. Wir können uns auf die Elemente konzentrieren, die das Leben verbessern, und den Rest verwerfen. So lohnt es sich beispielsweise durchaus, von Zeit zu Zeit ein Zimmer in all seinen Einzelheiten zu betrachten und sich bei jedem der Gegenstände zu fragen: »Fühle ich mich hiermit wohl?« Man wird überrascht sein, wie viele der unbedachten Stützen des Lebens ein Gefühl der Schwermut hervorrufen – das Sofa etwa, das man von einer wohlmeinenden Tante geerbt hat, mag zwar eine komfortable Sitzgelegenheit darstellen, erfüllt das Herz jedoch mit stiller Wehmut. All der unüberlegte Plunder, der sich nach und nach unbemerkt in unser Leben schleicht, kann zu einer inneren Unordnung beitragen.

Die Botschaft des ländlichen Wohnstils ist es, die eigene Umgebung mit neuen Augen zu betrachten, den Charme und die Tugenden geliebter Dinge zu zelebrieren und mit dem Rest gnadenlos zu verfahren.

Eine hinreißende Veranda (LINKS) *In ihrem veränderlichen Grau aufziehender Gewitterwolken, von dem sich die weißen Fensterrahmen abheben, ist diese Veranda gleichsam eine wohltuende Schleuse zwischen dem windgepeitschten herbstlichen Garten und der warmen ländlichen Küche im Innern des Hauses.*

Sportive Ecke (KLEINE ABBILDUNG) *Ein Teil der Anziehungskraft ländlichen Lebens liegt in der leichten Zugänglichkeit zur freien Natur. Die kleinen Fensterscheiben dieser Stalltür lassen einen Blick auf das zu erwartende Kricket-Wetter zu und sorgen für einen schönen Ausgleich zwischen der Wärme im Haus und der Kühle im Freien.*

Für weniger energiegeladene Sportler hat die Besitzerin in ruhigen Stunden den kleinen Schachtisch gebaut.

LOVE·LOVE·LOVE

Renovierungs-arbeiten

Wie jeder weiß, der unerschrocken genug war, ein altes Haus zu beziehen, stehen am Anfang jeder Renovierung umfangreiche Abbrucharbeiten. Da gilt es Deckenplatten aus Polystyrolschaum herunterzureißen, Rauhfaser (mitsamt den 22 darunterliegenden Tapetenschichten) abzulösen sowie alte Kassettentüren von Hartfaserplatten und Hunderten von Nägeln zu befreien. Anschließend darf man schichtenweise Farbe von den Fliesen kratzen, und am Ende steht der Versuch, mit Hammer und Meißel die Leimfarbe abzuklopfen, die dick auf den Stuckfriesen sitzt, die der eigentliche Grund zum Kauf des Hauses waren.

Trotz allem, wenn aus dem häßlichen Entlein letztlich das Haus geworden ist, von dem man immer geträumt hat, sind all die Mühen und Anstrengungen schnell vergessen. Das Renovieren, Ausstatten und Instandhalten eines Hauses kann der Erziehung kleiner Kinder gleichen: Oft ist man der Verzweiflung nahe, und doch ist es ein unerschöpflicher Quell der Freude.

Durch das Beachten einiger einfacher Regeln läßt sich das häusliche Leben während der Renovierungsarbeiten erträglicher gestalten. Beispielsweise sollte man unabhängig vom Zustand des erworbenen Hauses dafür sorgen, daß unverzüglich wenigstens ein zivilisierter Raum und so bald wie möglich ein funktionsfähiges Badezimmer sowie die Küche zur Verfügung stehen. Und wer vermeiden will, daß es während der Renovierung zu Spannungen mit dem Bauunternehmer kommt, sollte der Versuchung widerstehen, den Freund eines Freundes oder einen Mann mit einem reichhaltigen Witzerepertoire zu engagieren. Der Bauunternehmer will mit Bedacht gewählt sein, denn schnell kann er zur zentralen Figur im Leben eines jeden Bauherrn werden.

Sorgfältiger Nachbau (LINKS) *Bei dieser Wandverkleidung aus Kiefernholz handelt es sich um einen gewissenhaften Nachbau aus jüngerer Zeit, der durch seine stilgerechten Proportionen und die originalgetreue Farbgebung überzeugt.*

Wände und Decken

Wir werden von einem anachronistischen Hang zur Perfektion geplagt. Es gab Zeiten, da repräsentierte eine makellos glatte, ebene Wandfläche den Sieg der Zivilisation über Krieg und Chaos. In den 50er und frühen 60er Jahren, zum Beispiel, war alles Neue gut, und alle maschinell hergestellten Dinge waren zugleich auch aufregend. Doch heute, wo wir uns mit den minderwertigen, bedauerlicherweise nicht biologisch abbaubaren Relikten aus jenen Tagen auseinandersetzen müssen, herrscht eine Sehnsucht nach dem Charakteristischen, nach den altbewährten Methoden und Artefakten der Vergangenheit, deren robuste, praktische Natur durch die Spuren der Zeit noch gewinnt. Dies gilt nicht nur für die Inneneinrichtung, sondern auch für die Baustoffe eines Hauses.

Alte Wände sollten mit Respekt behandelt werden. Authentizität ist das Schlüsselwort, das Erhalten bestimmter Details, wie die Oberflächenstruktur der Wände, der grobe Abschluß der Ecken, die Existenz oder das Fehlen von Stuckfriesen, damit der Charakter und der Baustil eines Hauses unterstrichen werden.

Holzvertäfelungen

In all ihren unterschiedlichen Formen ergeben Holzvertäfelungen fast immer eine ansprechende Wandfläche. Einfache abgeschrägte Paneelbretter und dünne Nut- und Federbretter aus Weichholz verleihen einem Raum Wärme. Farbe bekommt solchem Holz gut, insbesondere wenn man ruhige, seidenmatte Farben auf Wasserbasis wählt. Dunkle Vertäfelungen aus der Zeit Jakobs I. können aufgrund ihrer rauchgrauen Farbe und der

Weiße Ziegelmauern *(UNTEN) Dieser solide Mittelpfeiler eines umgebauten Wehrturms wurde einfach weiß gestrichen, so daß er sich harmonisch mit dem Fußboden aus Stein und Holz verbindet und die Standfestigkeit dieses Gebäudes betont.*

Würdevoll gealtert *(RECHTS) Die forsche Neuheit dieses Anbaus wurde durch eine Holzvertäfelung gemildert. Um dem natürlichen Vergilben des Holzes entgegenzuwirken, hat man es mit grauer Textilfarbe behandelt.*

Restaurierte Spätgotik *(GANZ RECHTS) Die rauhe Wärme dieser spätgotischen Zwischenwand – von den Jahren gezeichnet und nun liebevoll restauriert – in einem englischen Cottage aus der Tudor-Zeit schafft einen eindrucksvollen Kontrast zu den polierten alten Möbelstücken.*

mächtigen Faltenschnitzereien bedrückend wirken, speziell in kleinen Räumen, stellen andererseits jedoch den perfekten Rahmen für dunkle alte Möbel dar.

Mittelalterliche Wände

Spiegelglatte Wandoberflächen zerstören den Charakter mittelalterlicher Fachwerkbauten. Wenn solche Wände einer Renovierung bedürfen, läßt sich ohne Schwierigkeiten ein rauher Putz nachahmen. Dazu kratzt man zunächst behutsam den vorhandenen Glättputz ab, damit das mit Lehm oder Dung beworfene Flechtwerk zum Vorschein kommt (falls es sich um Dung handelt, sollte dieser übrigens keinesfalls feucht werden, es sei denn, man findet Gefallen an dem Odeur eines mittelalterlichen Klosetts). Große Löcher werden mit Haftputz ausgebessert, kleine Schadstellen mit Füllspachtel. Dann rührt man den Füllspachtel zu einer puddingartigen Masse an und spachtelt diese ungleichmäßig auf die Wand (s. rechts).

Je älter und bescheidener ein Gebäude, desto unangemessener sind Zierleisten und Wandverkleidungen. Unregelmäßig geschnittenen Räumen und unebenen Wandoberflächen wird man am ehesten durch einfache Behandlungsmethoden gerecht, wie zum Beispiel schlichte weiße Farbe oder sonstige dünn aufgetragene Anstriche und eventuell traditionelle Schablonenmalerei (s. S. 91).

Wände aus dem 18. Jahrhundert

Niemand – außer einem unverbesserlichen Philister – käme auf die Idee, sich an den wohlgeordneten Proportionen eines Regency-Hauses oder eines georgianischen Gebäudes, den schöpferischen Launen von Chinoiserien oder der Neugotik und der ruhigen Geometrie der Vertäfelung eines Hauses im Kolonialstil zu schaffen zu machen. Dies sind die Vorbilder, denen weniger bemerkenswerte Gebäude nacheifern können. Durch bedachte Nachforschungen und die Hilfe eines geschickten Schreiners lassen sich Reproduktionen typischer Stilelemente verwirklichen – zum Beispiel Wände, die durch regelmäßige Vertäfelungen gegliedert sind und zu denen möglicherweise auch ein eingebauter Eckschrank mit teilweiser Verglasung gehört.

Im ausgehenden 18. Jahrhundert wurden Holzvertäfelungen durch eine Kombination von Putz und Holz abgelöst. Bei Häusern aus dieser Zeit sollten sich die Holzdetails auf Wand- und Sockelleisten sowie Tür- und Fensterrahmen beschränken. Stukkaturen in Form einfacher Friese verleihen solchen Räumen darüber hinaus eine interessante Dreidimensionalität.

Viktorianische Präzision

Wer ein viktorianisches Haus besitzt, sollte daran denken, daß die Viktorianer, mit ihrer besonderen Vorliebe für Muster, alles übertapezierten, was länger als fünf Sekunden stillstand, und das Stuckieren zu einer Kunst entwickelten. In solchen Häusern sind rauhe mittelalterliche Wände nicht am Platz.

Die viktorianische Passion für Stuckverzierungen schloß Decken und Wände gleichermaßen ein. Moderne Reproduktionen stilgerechter Deckenrosetten, Stuckfriese und Dekorleisten lassen sich als Ersatz für fehlende Originale ohne Mühe beschaffen und tragen in erheblichem Maße dazu bei, daß Räume aus dem 19. Jahrhundert ein authentisches Aussehen erhalten.

Rauher Wandputz

Diese Technik ist für unebene Wände ideal, oder wenn ein authentisches Aussehen eher durch eine rauhe Wandoberfläche als durch einen sorgfältigen Farbanstrich oder durch Tapete erzielt werden soll. Der Füllspachtel kann verhältnismäßig dünn aufgetragen werden, gerade so stark, daß der Eindruck einer unebenen Fläche entsteht. Um eine weiche Farbgebung zu erreichen, wird die Fläche mager überstrichen (Arbeitstechnik s. S. 78); man kann auch Schablonenmalereien hinzufügen.

1 *Eine Universal-Spachtelmasse verwenden und zum Auftragen eine kleine Spitzkelle oder einen Malerspachtel benutzen. Um die unebene Oberfläche eines alten Wandputzes zu imitieren, die Spachtelmasse dünn in unterschiedlichen Richtungen auftragen. Die Masse trocknen lassen.*

2 *Einen Grundanstrich mit Dispersionsfarbe vornehmen und dabei die Farbe gründlich in die Struktur des Putzes einarbeiten. Die Farbe vollständig trocknen lassen.*

3 *Einen sauberen Pinsel in weiße Dispersionsfarbe tauchen. Den größten Teil der Farbe auf einem Bogen Papier ausstreichen und den Pinsel anschließend über die Wandfläche ziehen, um die kräftige Grundfarbe zu brechen.*

4 *In gleicher Weise weitere weiße Farbschichten aufbringen, bis der gewünschte Farbton erreicht ist. Für besonders weiche Übergänge kann man abschließend noch einen Anstrich mit Firnis vornehmen.*

Farbe und Struktur *(OBEN) Als Grundfarbe für diese Wand wurde tiefes Rot verwendet, das mit dem Holzbalken gut harmoniert. Satte, tiefe Farben – insbesondere Primärfarben – eignen sich für diese Technik ausgezeichnet. Die anschließend mit einem trockenen Pinsel aufgebrachten weißen Farbschichten heben die Oberflächenstruktur hervor und ergeben einen wundervollen, staubartigen Überzug. Für einen noch zarteren Effekt kann man abgetöntes Weiß verwenden.*

Viktorianische Proportionen

Die Viktorianer hatten für alles Regeln, und so gliederten sich die Zimmerwände, wenn sie den gültigen Normen entsprachen, in mehrere Ebenen: Sockelleiste, Postament (üblicherweise von reliefartiger Tapete geziert), Wandleiste und oberer Teil der Wand – Schauflächen für Malereien, Bilderleisten und kunstvolle Friese. Viktorianische Räume können den Verlust auch nur eines dieser Elemente niemals ganz verschmerzen. Mit ziemlicher Sicherheit hat jedoch irgendwer einmal einige, wenn nicht alle diese Gestaltungsmerkmale entfernt, und es ist eine Offenbarung, wie sich solche Räume zu ihrem Vorteil verändern, wenn man ihre ursprünglichen Proportionen wiederherstellt.

Wandgliederung *Die Wiederherstellung der verschiedenen Wandbereiche eines Zimmers aus viktorianischer Zeit verhindert, daß die Möbel durch die hohen Wände zu klein wirken.*

Die Schwierigkeit liegt im richtigen Einschätzen der Abmessungen und Proportionen, die von unten betrachtet sehr trügerisch sein können – am besten nimmt man ein Bandmaß mit, wenn man in der Nachbarschaft ein Haus des gleichen Jahrgangs aufsucht, in dem die Stukkaturen noch in Ordnung sind.

Wer das Glück hat, in seinem Haus perfekte Stuckverzierungen vorzufinden, von denen der ungeschickte Vorbesitzer lediglich ein kleines Stück abgebrochen hat, kann von Spezialfirmen – zu durchaus erschwinglichen Preisen – passende Nachbildungen fertig beziehen oder anfertigen lassen (zur Reparatur von Stuckfriesen s. S. 164).

Balkendecken

Mit Holzbalken läßt sich mühelos ein gewisses Alter vortäuschen – ein völlig neues Gebäude wirkt wie der Umbau einer alten Scheune, eines Viehstalls oder einer betagten französischen *Chaumière*, wenn die Decke von alten Balken getragen wird, die aus einem verfallenen Bauernhof stammen. Werden authentische Holzbalken mit Fingerspitzengefühl, ihrem ursprünglichen Verwendungszweck entsprechend, einbezogen, sehen solche Fälschungen prächtig aus und bilden das perfekte Ambiente für attraktive Küchenutensilien.

Farbige Deckenbalken

Fachwerkhäuser mit stark kontrastierenden schwarzen Balken und weißen Decken sind heute weniger verbreitet als früher; das ehrwürdige Alter eines Raumes läßt sich auch auf weniger überwältigende Art und Weise würdigen. So kann man die Holzbalken in ihrem natürlichen silbergrauen Farbton belassen oder auch weiß streichen, so daß die plastische Qualität der Decke von ihrem Alter zeugt. Als weitere Möglichkeit bietet sich an, wie in manchen gotischen Kirchen zu verfahren, wo die Balken in kräftigen Farben reich verziert sind.

Alte Holzbalken *(RECHTS) Mächtige Eichenbalken in einem alten englischen Landhaus, die durch die jahrhundertelange Arbeit tatkräftiger Holzwürmer mit Löchern übersät und von Gängen durchzogen sind. Mittlerweile hat das Holz die Härte von Eisen angenommen.*

Einfühlsame Dekoration *(RECHTS UNTEN) Die Besitzer dieses alten Bauernhauses in Norfolk haben sich gegen weiße Wände und für ein leuchtendes Petersiliengrün entschieden. Bei dem Objekt über der Tür handelt es sich nicht um ein mittelalterliches Musikinstrument, sondern um ein Trockengestell für Backpflaumen, das aus der Provence stammt.*

Alt und neu *(LINKS) Hier schaffen alte Balken in einem Haus, das noch kein Jahr alt ist, die behagliche Atmosphäre ehrwürdigen Alters. Ziel der Besitzer war es, ihr Haus im Stil eines alten französischen Bauernhauses zu errichten, und ihr Erfolg gründet sich auf das einfache Design und die sorgfältige Auswahl einzelner Elemente. Ein Drahtkorb mit Mais unterstützt den Effekt.*

Fußböden mit Charakter

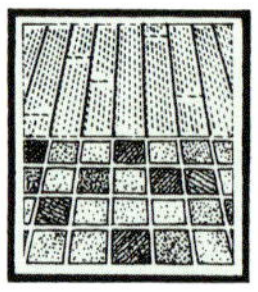

Ländliche Fußböden wirken am besten, wenn sie aus guten, soliden, natürlichen Materialien bestehen. Das bedeutet: breite Holzdielen aus silbergrauer Eiche, heller Esche oder mattem Kiefernholz, als Nut- und Federbretter oder als Glattkantbretter; Ahorn, wie in manchen amerikanischen Landhäusern; Terrakottafliesen aus Norfolk in England, in all ihren schönen Rottönen; glatte Ziegelsteine ohne Fugen und lose oder fest in Mörtel verlegt; Steinplatten in zahllosen regionalen Varianten, von Schiefer bis zu Kalkstein, von unzähligen Füßen in sanften Wellen abgelaufen. Für eine Diele – in Wohnräumen ist der Effekt meist zu lebhaft – kann man auch einen Patchwork-Belag aus Marmorbruch in Erwägung ziehen.

Wer Steinböden zu kalt findet, legt Teppiche aus – je dicker, desto besser. Altmodische Flickenteppiche sind ideal dafür (s. S. 104), und die edle türkische Brücke profitiert ebenfalls von einer rutschfesten Unterlage.

Ein anderer angenehmer, etwas preiswerterer Bodenbelag ist Linoleum, das auch heute noch in schlichten dunklen Farben oder gesprenkelten, marmorähnlichen Mustern in schönen Erdfarben, Blau- und Grüntönen angeboten wird. Das richtige Verlegen von Linoleum ist jedoch eine feine und wenig verbreitete Kunst, die man einem Fachmann überlassen sollte.

Hartholzbretter *Bergulme (LINKS) und Eiche (RECHTS). Damit der Fußboden seidig glänzt, werden die Bretter gründlich gewachst*

Linoleum *Noch immer in kräftigen Farben und mit Marmoreffekten erhältlich*

Sechseckige Terrakottafliesen *Im Verbund ergeben diese wunderschönen Fliesen ein Wabenmuster*

Ländliche Fußböden

Für einen ländlichen Wohnstil kann man mit Naturmaterialien kaum etwas falsch machen. Holz hat Charakter und eine angenehme Wärme, und diese Eigenschaften kann man je nach den eigenen Präferenzen verändern oder stärker betonen: Ein Holzfußboden läßt sich abschleifen und lasieren, streichen oder bleichen. Steinböden und Keramik- oder Steinzeugfliesen brauchen nicht kalt zu sein und verbreiten eine überzeugende Atmosphäre ländlicher Molkereien.
Es gibt sie in prächtigen, raffinierten Farben, und sie sind pflegeleicht. Das gute alte Linoleum ist ein freundlicher Bodenbelag – ihm fehlt der abstoßende, hektische Glanz moderner Fußbodenbeläge –, doch läßt es sich nur schwer verlegen und neigt in ungeübten Händen zum Reißen.

Kiefernbretter, *lasiert in Eiche hell (LINKS) und Mahagoni (RECHTS)*

Parkett *aus neuem oder altem Eichenholz*

Quadratische Terrakottafliesen (OBEN)

Keramik-Bodenfliese (UNTEN/OBEN)
Das Motiv dieser farbenfrohen Fliese basiert auf einem Holzschnitt aus dem 18. Jahrhundert

Handgeformte, glasierte Bodenplatte (UNTEN/MITTE)

Unglasierte Tonfliesen (OBEN) *in unterschiedlichen Formen – achteckig, sechseckig, rechteckig und rautenförmig*

Rautenförmiger Marmorbelag (UNTEN)
wird traditionell mit kleinen weißen Marmorquadraten verlegt

Geäderter Marmor (UNTEN)

York-Steinplatte (GANZ OBEN)
Englische Kalksteinplatte (OBEN/MITTE)
Französische Kalksteinplatte (OBEN/UNTEN)
Achteckige Platte aus silberblauem Schiefer (UNTEN/OBEN)
Achteckige weiße Marmorfliese (UNTEN/MITTE)
Grüngeäderter Marmor (GANZ UNTEN)

Buntglasierte Fliesen (LINKS)
werden auch heute noch hergestellt; hier handelt es sich jedoch um ein altes Exemplar

Wenn ein Haus noch über seine Originalfußböden verfügt, sollte man lange und gründlich nachdenken, ehe man sie verändert. Neue Beläge müssen stets so geplant werden, daß sie zum Baustil und zum Charakter des Hauses passen. Steinzeugfliesen oder kleine Pflasterziegel verleihen alten Landhäusern eine bodenständige Authentizität; Räume aus dem 18. Jahrhundert wirken am besten mit Holzfußböden.

Buntglasierte Kacheln (deren Herstellung zahlreiche Arbeitsschritte umfaßt und die im Aufbau eher an *Cloisonné*-Emaille erinnern) sind hervorragend für Häuser aus viktorianischer Zeit geeignet, werden allerdings fast ebenso teuer wie das restliche Haus sein und für wenigstens eine Generation unter ihrer unbußfertigen Neuheit leiden – mit interessanten Abnutzungsspuren wirken sie am besten.

Fußböden mit Mustern und Farbe

Für farbige Fußböden gibt es glasierte und gemusterte Keramikfliesen in unwiderstehlichen Dekors, die Küchen, Badezimmern und Wintergärten etwas Würdevoll-Praktisches verleihen.

Nackte Dielenbretter aus Kiefernholz können sorgfältig abgeschliffen und anschließend – wenn man die moirierte Maserung des Holzes erhalten möchte – lasiert werden. Dazu steht eine reichhaltige Auswahl moderner Holzlasuren zur Verfügung, deren wunderbar sanfte Farbpalette neben rostroten und graugrünen Tönen, wie sie eine Handvoll Macchia-Kräuter vereint, auch melancholische Sturmfarben umfaßt, die Hölzern zusätzlich ein erlesenes Raffinement verleihen. Durch die Kombination zweier Farben kann man Fliesen oder andere einfache geometrische Muster nachempfinden. Wenn die Farbe nach ein oder zwei Anstrichen gefällt, versiegelt man das Holz mehrmals mit seidenmattem oder mattem Klarlack.

Farbeffekte

Bemalte Fußböden können frisch und flott aussehen – die Erinnerung an Bootsstege wachrufend – und erfordern sehr viel weniger Strapazen als das Abschleifen und Versiegeln der Dielenbretter. Diese müssen zwar gründlich gereinigt, nicht aber völlig glattgeschliffen werden. Alle losen Fußbodenbretter sind zu be-

Steinboden (OBEN) *Dieser schöne Bodenbelag aus blauem Tonsandstein verleiht einem neu gebauten amerikanischen Haus Charakter. Zunächst verursachte er allerdings ein gewaltiges Chaos – die Hausbesitzer hatten die Platten zu dick mit Leinölfirnis gestrichen und waren anschließend in Urlaub gefahren. Als sie zurückkamen, war der Firnis zu einer zähklebrigen Masse geworden, und der gesamte Fußboden mußte mühevoll gesäubert werden.*

Gefliester Fußboden (LINKS) *Dieses wundervolle Zusammenspiel natürlicher Farben und Strukturen gliedert den Höhenunterschied zwischen einem alten Fachwerkhaus und einem angebauten Trakt. Durch das unterschiedliche Verlegen der großen Tonplatten und der Terrakottafliesen werden die Bereiche deutlich voneinander abgesetzt.*

Rustikale Mischung (OBEN) *Hier wird die Begegnung von Kieferndielen und Terrakottafliesen durch eine Tür markiert. Gewachste Dielen sehen schön aus, wenn sie an große Bodenfliesen grenzen, deren verwitterte Wärme von den dunklen Fugen umschrieben wird. Mit ihren hübschen Kassetten fügt die massive Tür einen weiteren harmonischen Farbton zu dieser reichen Mischung rustikaler Materialien hinzu.*

festigen. Wenn ein Bodenbelag komplett erneuert werden muß, kann man statt echtem Holz auch Imitationen aus Hartfaser verwenden. Sie sehen wie Holzbohlen aus, werden auf einem Unterbelag aus Spanplatten verlegt und wirken, wenn sie hübsch bemalt sind, ebenso reizvoll.

Um eine einheitliche Grundfarbe zu erhalten, wird das Holz lasiert (s. unten) oder mit einer Farbgrundierung sowie einem Voranstrich versehen. Für die eigentliche Bemalung nimmt man strapazierfähige seidenglänzende Farbe oder eine Mischung aus Farbpigmenten und geeignetem Lack (wenn keine glänzende Oberfläche gewünscht wird, wählt man einen entsprechenden Mattlack). Wer einen Hang zum Bühnenhaften verspürt, sollte seinen Fußboden mit Wirbeln herbstlicher Farben bemalen. Um einen etwas weniger dominanten Effekt zu erzielen, kann man ein buntes Fliesenmuster fabrizieren – dunkles Rot und Grün passen gut zusammen –, einen türkischen Teppich imitieren oder die vereinfachte Version eines gewirkten französischen Aubusson-Teppichs aufmalen. Abschließend wird der gesamte Fußboden mit mehreren Schichten Polyurethanlack versiegelt. (Während der Arbeit mit Polyurethanlacken und -lackfarben ist ausgiebig zu lüften. Falls dies nicht möglich ist, sollte man eine Atemschutzmaske tragen.)

Neue Dielenbretter (RECHTS) *Durch einige – künstlich erzeugte – Abnutzungsspuren, etwas Holzlasur und die leuchtenden Farben dieser Schablonenmalerei entsteht der Eindruck eines alten Fußbodens, obwohl es sich dabei um neue, preiswerte Kiefernbretter handelt.*

Schablonenmalerei auf Fußböden

Farbschablonieren – auch als Stencil-Malerei bekannt – ist eine klassische Technik zum Bemalen von Fußböden. Ein sich wiederholendes Muster läßt sich ohne Probleme aufbringen und verleiht einem Raum eine zufriedenstellende Pracht. Man sollte Farbkombinationen alter Teppiche übernehmen, die sich harmonisch mit dem übrigen Raum und der Inneneinrichtung verbinden.

Man kann versuchen, Abbildungen zu finden – und zu kopieren –, die farbschablonierte Fußböden aus dem 18. Jahrhundert in all ihrer verführerischen Unregelmäßigkeit zeigen. Die Maler betrachteten den Fußboden zu jener Zeit als riesige Leinwand, die es in ihrer Gesamtheit zu nutzen galt – mit großartigen, kraftvollen Einfassungen und markanten Dessins.

Um eine große Auswahl an Farben zu haben, sollte man Farbpigmente verwenden und sie zuvor – wenn möglich – in einem Mörser fein zerreiben. Als Bindemittel für die Pigmente wählt man einen geeigneten Lack. Der bemalte Fußboden muß mit zahlreichen Schichten Klarlack versiegelt werden, um die Schablonenmalerei zu schützen und den Boden säubern zu können. Jede Klarlackschicht sollte wenigstens 24 Stunden trocknen.

1 *Neue Fußbodenbretter müssen zunächst unbarmherzig auf alt getrimmt werden. Zum künstlichen Verkratzen und Beschädigen des Holzes benutzt man Schraubenzieher, Messer und Hammer.*

2 *Die rohen Dielenbretter mit einer Holzlasur behandeln. Dazu einen mittleren Farbton wählen – bei einem zu dunklen Untergrund kommt die spätere Bemalung vielleicht nicht mehr zur Geltung. Für diese Kiefernbretter wurde Walnußbraun verwendet.*

3 *Das Muster festlegen und den Fußboden entsprechend markieren. Dazu als erstes von den Ecken aus diagonale Schnüre spannen, um die Mitte des Raumes zu finden. Dann als Hilfslinien für die Musterwiederholungen Quadrate aufzeichnen.*

4 *Die Pigmente mit Lack anmischen, so daß eine Farbe von dicker, zähflüssiger Konsistenz entsteht. Die Schablone mit Hilfe der aufgezeichneten Linien auf dem Fußboden ausrichten und die Farbe mit einem Stencil-Pinsel auftragen. Wenn die Schablonenmalerei trocken ist, den Fußboden mehrmals mit Klarlack versiegeln.*

Treppen

Treppen können dunkel, zugig und nüchtern sein oder aber mit in den Wohnbereich einbezogen werden und durch eine kleine Kunstgalerie einen zusätzlichen Reiz schaffen. An Treppen in der Diele findet man häufig einen schmalen Sims, der parallel zur ersten Etage verläuft. Er kann der perfekte Standort für einige Sammelobjekte sein, da diese sich dort aus unterschiedlichen Blickwinkeln betrachten lassen.

Holztreppen sind ein eher vernachlässigter Bereich, was Farbe und Schablonenmalereien anbetrifft. Wer außerordentlich geschickt ist, kann zwei verschiedene Malereien schaffen – eine auf den Trittstufen, die von oben gesehen ein Ganzes bildet, und eine zweite auf den Setzstufen, die man vom Fuß der Treppe aus sieht.

In viktorianischen Häusern finden sich unter Umständen Spuren einer längst entfernten Wandleiste. Solche Leisten wieder anzubringen, kann überraschend wirkungsvoll sein, denn hierdurch bekommt eine große kühle Fläche eine Bestimmung und Proportion – Wandleisten lenken den Blick nach oben. Viele viktorianische Treppen haben unter der ungestümen Leidenschaft gelitten, nachträglich das Treppengeländer zu verkleiden. Dieser Situation sollte man jedoch mit Vorsicht begegnen, denn das Entfernen der anstößigen Hartfaserplatten kann das völlige Fehlen von Geländerstäben enthüllen. Selbstverständlich lassen sich wieder Geländerstäbe einsetzen, doch ist dies ein zeitaufwendiges und teures Vorhaben.

Ein anderer betrüblicher Verlust ist die aus der Mode gekommene Läuferstange. Neben ihrer optischen Wirkung hatten Läuferstangen auch eindeutige praktische Vorteile gegenüber fest verlegten Teppichböden – man konnte zum Beispiel den an den Trittstufen abgelaufenen Treppenläufer einige Zentimeter nach unten ziehen und somit eine gleichmäßigere Abnutzung des Teppichs erreichen.

Funktionale Treppe (OBEN) *Hier wurde ein Militärgebäude zu einem ungewöhnlichen Wohnhaus umgebaut – die sachliche moderne Treppe, die perfekt zum funktionalen Charakter dieses Turmes paßt, führt hinauf in den ersten Stock und bildet einen angemessenen Rahmen für das gedankenreiche Porträt von Egon Schiele.*

Alt und abgelaufen (LINKS) *Treppen aus matt poliertem Holz sehen wunderschön aus. Hier wird die Wirkung durch die Spuren jahrelangen Gebrauchs und eine unfachmännisch reparierte Setzstufe noch erhöht.*

Vornehme Herkunft (RECHTS) *Helle Wände wie diese verhalten sich freundlich gegenüber gediegenen und schlichten Stilrichtungen. Der Effekt verstärkt sich hier noch durch das von oben einfallende Licht. Das zwanglos plazierte Bild – eine Georgia-O'Keefe-Reproduktion – verleiht dieser Ecke zusätzlich Farbe und Reiz.*

Kamine und Öfen

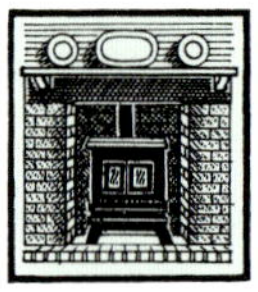

In allen Breiten mit kalten Wintern ist der gemütlichste Teil eines Hauses in der Nähe des offenen Kamins. Heizkörper – so liebenswert gußeiserne Exemplare aus viktorianischer Zeit auch sein mögen – üben nicht die gleiche Anziehungskraft aus und führen auch nicht das gleiche Maß an wohliger Trägheit herbei.

Die offenen Kamine alter Häuser sind häufig der unerbittlich fortschreitenden Modernisierung zum Opfer gefallen, so daß man vielleicht vor der schwierigen Aufgabe steht, angemessenen Ersatz zu finden. Fehlende Authentizität und falsche Proportionen machen sich sofort bemerkbar. Möglicherweise verliebt man sich in die ausgefallene, schwarz-goldene Einfassung eines englischen Kamins aus der Zeit um die Jahrhundertwende. Sie kann dem winzigen, weißgetünchten Landhaus, das man sein eigen nennt, auch tatsächlich einen unerwarteten barocken Reiz verleihen, doch ist es weitaus wahrscheinlicher, daß das Ergebnis bedrückend und disharmonisch wirkt. Ähnlich ist es, wenn man an der Schlichtheit einer hübschen alten Kiefereinfassung Gefallen gefunden hat und dann feststellen muß, daß sie im eigenen Wohnzimmer von den hohen Wänden erdrückt wird. Am besten schaut man sich deshalb Häuser an, die dem eigenen ähneln und in denen die Kamine erfolgreich wiederhergestellt wurden. Mit den hieraus resultierenden Größen- und Stilvorgaben und der sicheren Gewißheit, daß einem der Preis aufgearbeiteter Originale die Knie weich werden läßt, kann man sich dann auf die Suche nach einer geeigneten Kamineinfassung begeben.

Ist die Frage der Einfassung gelöst, läßt das nächste Problem nicht lange auf sich warten – sofern man nicht eine geeignete Kamineinfassung mit dem kompletten Zubehör gefunden hat, gilt es auch hier etwas Passendes in Stil und Größe aufzutreiben.

Holz- und Kohleöfen

Öfen sind weniger romantisch, dafür aber praktischer als offene Kamine. Sie können in der Zimmermitte stehen und nach allen Seiten Wärme verströmen. Wenn man Apfelholz verbrennt oder einen Zweig Rosmarin mit in den Ofen gibt, durchzieht ein wundervoller Duft den Raum. Schwedische holzbefeuerte Öfen mit Keramikverkleidung, wie sie auf Bildern von Carl Larsson dargestellt sind, sehen sehr attraktiv aus. Darüber hinaus findet man zeitgenössische Versionen der zylinderförmigen Godin-Öfen, die aus Frankreich stammen und häufig durchbrochene Metallverzierungen aufweisen.

***Die Vielseitigkeit von Öfen** (RECHTS) Diese Küche wird von einem holzbefeuerten amerikanischen Ofen dominiert, der zum Kochen und Heizen Verwendung findet. Bei der Tür handelt es sich um eine alte Klostertür.*

Kamineinfassungen verzieren

Charleston-Inspirationen *Mit ihrem obsessiven Drang zum Dekorieren haben Vanessa Bell und Duncan Grant in ihrem Haus »Charleston« aus den 30er Jahren jede freie Fläche bemalt. Die offenen Kamine wurden mit beliebigen geometrischen Mustern verschönert. Der Stil läßt sich leicht kopieren und verleiht auch dem banalsten Kamin ein neues Gesicht.*

Viktorianischer Reichtum *Eine andere Möglichkeit ist es, schlichte Einfassungen nachträglich mit Dekorleisten aus Holz oder Gips, Bilderleisten oder Stuckmotiven zu verschönern. An den Wangen der Feueröffnung sollte man alte Kaminkacheln anbringen.*

Gefällige Leistungsfähigkeit (OBEN) *Äußerste Schlichtheit und Effizienz aus Skandinavien: Dies ist ein holzbefeuerter Jøtul-Ofen, der perfekt zu der einfachen, gestrichenen Holzvertäfelung und den Terrakottafliesen paßt.*

Moderne Technik, traditioneller Stil (OBEN) *Mitunter fügt sich auch ein modernes Ofendesign harmonisch in ein historisches Ambiente ein. Dieser moderne englische Ofen aus Norfolk, der mit verschiedenen Brennstoffen betrieben werden kann, verbindet eine traditionelle Form mit der Fähigkeit, ein großes Eßzimmer beheizen zu können.*

Küchen und Badezimmer

Die perfekte Küchenkonzeption ist das Ergebnis einer langsamen und erfreulichen Entwicklung. Es ist ein Konzept, das sich nur schwer übertreffen läßt: Der Raum ist groß und warm, mit einem riesigen Tisch in der Mitte, einem sanft gewellten Fußboden aus Steinfliesen, Geranien und einer dösenden Katze auf der Fensterbank und mit Schränken und Regalen voller Kochbücher und altem Steingutgeschirr. Es sollte viel Farbe vorhanden sein – an den Wänden, auf Töpfen, Kissen und alten Gefäßen. Hübsche alte Küchengerätschaften aus Email, Holz und Metall findet man preiswert bei Trödlern, und es kostet auch keine besondere Mühe, zu Dekorationszwecken schönes altes Porzellangeschirr zusammenzutragen. Sprünge, Risse und abgeschlagene Ecken spielen dabei keine Rolle.

Die Küche ist auch der richtige Platz für ideenreiche Schreinerarbeiten – das Verwandeln alter Kiefernmöbel in Spülunterschränke oder die gütige Verstümmelung eines wackeligen Sideboards, um den Boiler diskret zu verstecken. An einer Küche gibt es nichts Mystisches – Einbaumöbel sind nicht obligatorisch. Doch wenn man der gepflegten Ordnung und Regelmäßigkeit einer Küchenzeile nicht widerstehen kann, dann haben einfache Holztüren mit Messing- oder Keramikgriffen und Arbeitsflächen aus Fliesen oder Holz (s. S. 173) die stärkste ländliche Ausstrahlung.

Sanitärausstattung und Armaturen

Von allen Einrichtungsgegenständen in modernen Designs scheinen Sanitärobjekte und Armaturen am stärksten unter der fatalen Trennung von Zweck und Stil zu leiden. Moderne Wasserhähne neigen nicht nur dazu, überaus gewöhnlich, sondern auch unpraktisch zu sein; Badewannen und Waschbecken werden heutzutage in ständig wechselnden Modefarben hergestellt, aus Kunststoffen, die innerhalb von Minuten verkratzt aussehen und auf denen jeder Seifenfleck deutlich erkennbar ist. Altmodische Armaturen sind formschön und praktisch zugleich – man kann die Hähne auch mit fettigen Händen mühelos aufdrehen, und wenn eine Dichtung erneuert werden muß, lassen sie sich leicht auseinanderbauen.

Messingarmaturen sehen attraktiv aus, sind aber anspruchsvoll. Sie wollen ständig mit Hingabe poliert werden, was der Grund dafür ist, daß vielbeschäftigte Leute bereitwillig verchromte Armaturen akzeptieren. Mitunter ist es möglich, das Chrom von Armaturen zu entfernen, so daß darunter das Messing zum Vorschein kommt.

Auf Trödelmärkten findet man die herrlichsten Armaturen aus Chrom und Messing, darf dabei allerdings nicht vergessen, daß wirklich alte Stücke Probleme bei der Installation verursachen oder hoffnungslos verkalkt sein können. Wer Wert legt auf gut funktionierende Armaturen, die auch schön sind, sollte die Anschaffung moderner Reproduktionen ins Auge fassen.

***Waschtischbatterie** aus Messing, mit Hebelgriffen aus Porzellan, an ein Modell aus dem Jahre 1910 angelehnt*

***Waschbecken aus weißglasiertem Feuerton** (UNTEN) sind neu oder gebraucht erhältlich*

***Tellerhalter** (GANZ UNTEN) aus Buchenholz*

***Handgefertigte Kacheln** mit zarten Dessins für Einfassungen (LINKS UND RECHTS) und mit mexikanischen Motiven (MITTE)*

Zahnbürstenhalter aus Porzellan
Porzellanbecher
Seifenschale
Schwammhalter
Kleiderhaken aus Messing und Porzellan
Spülkastengriffe aus Porzellan und Mahagoni
Wasserspülkasten
Toilettenrollenhalter
Toilettenpapierspender
Badewannenarmatur aus Messing in einem traditionellen englischen Design
Porzellangriff
Handwaschbekken (UNTEN) mit kleinen Messinghähnen
WC-Sitz aus Mahagoni
Badewannenarmatur mit Handbrause aus Messing und Porzellan
Handgefertigte Kacheln mit Fischmotiven
Handtuchhalter aus Messing
Eckfliesen aus Italien

Inmitten dieses ländlichen Küchenidylls wollen auch die nüchternen Forderungen praktischer Haushaltsführung bedacht sein. Wer sich nicht zum Sklaven von Politur und Ofenschwärze machen will, muß absoluter Authentizität entsagen und nach möglichst unauffälligen modernen Küchengeräten Ausschau halten. Kühlschränke mit schönen abgerundeten Formen aus der rosaroten Chevrolet-Ära findet man auch heute noch; doch wer möchte schon einen gebrauchten Kühlschrank haben? Wegen ihrer blendend weißen Farbe erfordern auch Geschirrspülmaschinen besondere Aufmerksamkeit. Es ist zwar möglich, die glänzende Aggressivität solcher Küchengeräte durch Schablonenmalerei und Sprühlack abzuschwächen, doch ändert sich dadurch nichts an ihrer harten rechteckigen Form.

Angemessene Küchenausstattung

Der klassische ländliche Herd, zugänglich und freundlich, wenn man damit zurechtkommt, ist ein Aga- oder Rayburn-Herd, der mit festen Brennstoffen betrieben wird. Seine Anziehungskraft wie auch seine Nachteile liegen in der Tatsache begründet, daß das Kochen mit solchen Herden eine vom Zen-Buddhismus geprägte Einstellung zur Zeit voraussetzt. Man muß also gründlich überlegen, ob dies zum eigenen Lebensstil paßt. Ersatzweise sehen gewerbliche Herde aufgrund ihrer robusten Erscheinung überraschend gut aus, insbesondere wenn es sich um Profiherde aus Amerika oder Frankreich handelt.

Tiefe Spülbecken aus glasiertem Steingut und alte Messingarmaturen (mit Dichtungen, die so ungewöhnlich sind, daß man sie am besten gleich päckchenweise vom Hersteller kauft) sind von nostalgischem Reiz. Eine praktischere Alternative ist es, sich für das Unaufdringliche zu entscheiden. Edelstahl altert besser, als man denkt, und wird mit der Zeit so matt wie ehrbares Zinn.

Das perfekte Badezimmer

Das Badezimmer kann einer der vergnüglichsten Räume im Haus sein. Ein Sonnenstrahl, der durch Baumwollspitze fällt; ein großer Tisch unter dem Fenster, bedeckt mit Büchern und Zeitschriften; flauschige Handtücher, gewärmt durch einen beheizten Handtuchhalter; und warme Matten auf dem Fußboden – das ist die perfekte Kombination von wohligem Vergnügen und strengem Puritanismus.

Bei ausreichendem Platz ist die beste aller Badewannen eine große viktorianische Wanne mit einem breiten abgerundeten Rand. Auf ihren schönen Beinen, die wie Löwenpranken aussehen, kann sie stolz in der Mitte eines großen Raumes stehen oder auch mit Holz verkleidet und einem umlaufenden Ablagebrett versehen werden.

Malerische Küche (LINKS)
Wie hier ersichtlich, hat eine Mischung unterschiedlicher Stile und Epochen häufig eine phänomenale Ausstrahlung. Der geräumige Geschirrschrank, der zusammen mit dem Haus im Jahre 1902 entstanden ist, beinhaltet Fiesta ware aus den 30er Jahren und chinesische Emailteller.

Chef d'œuvre (RECHTS) *Dieser Profiherd ist etwas für ernsthafte Köche, die bezüglich des Designs wählerisch sind. Er ist ein typisches Beispiel gewerblicher Herde, bei denen Zweckmäßigkeit gutes Aussehen nicht ausschließt.*

Do-it-yourself mit Stil (OBEN)
Um diesen mehr als drei Meter langen Küchentisch wurde ein ganzes Haus geplant. Die Küchenschränke sind aus Kiefernholz gebaut und in dunklem Beige gestrichen (nach einem hellblauen Fehlversuch). Die Arbeitsfläche besteht aus einer großen, nahtlosen Ahornplatte. Für das Kerzengestell über der Spüle hat sich ein genialer Verwendungszweck gefunden – als nützlicher Halter für Gläser.

Auch zeitgenössische Durchschnittsbadewannen sehen am besten aus, wenn sie an den Seiten verkleidet sind (s. S. 167). Zusätzlich kann man eine Ablage aus Holz oder Fliesen bauen, die unter den Wannenrand greift und von einer Lattenkonstruktion getragen wird. Dies ist eine der Möglichkeiten, Ordnung in all die Utensilien zu bringen, die sich in Badezimmern ansammeln. Die Seiten der Wanne können passend zum Raum mit Holz verkleidet, gestrichen, farbschabloniert oder gefliest werden.

Die besten Badezimmerdesigns

Waschbecken und WCs vereinen nur zu oft alle schlechten Eigenschaften des Designs der 60er Jahre in sich, ohne technische Vorteile gegenüber ihren Vorgängern aus dem 19. Jahrhundert zu besitzen. Die Toiletten des letzten Jahrhunderts waren Objekte von wahrer Schönheit, mit bildhauerischer Silhouette, komfortablen, thronähnlichen Mahagonisitzen, und die Keramik, aus der sie hergestellt wurden, war häufig mit feinen Inschriften oder Blumen verziert. Schöne alte Sanitäreinrichtungen aus der Zeit vom Beginn dieses Jahrhunderts bis zu den 30er Jahren, als das Design an Wert verlor, kann man auch heute noch ohne Schwierigkeiten finden. Und für den Fall, daß einem der Gedanke an eine gebrauchte Badezimmerausstattung ziemlich abwegig und eher unangenehm erscheint, gibt es hervorragende Reproduktionen.

Duschen lassen sich in der kleinsten freien Ecke einbauen. Im Idealfall sollte der Duschraum gefliest sein, eine verglaste Tür und einen Marmorfußboden haben.

Badezimmerdekoration

Fliesen sind die praktische Lösung für den Fußboden, als Spritzschutz und als Wannenverkleidung, insbesondere wenn man energiegeladene kleine Kinder hat. Es gibt eine wundervolle Auswahl an Formen und Farben – ungleichmäßige, glasierte, handbemalte Fliesen sind besonders schön, auch ein brillantes Mo-

Neues Leben für eine alte Badewanne (OBEN) *Diese schöne gußeiserne Badewanne wurde innen mit Emaillack gestrichen, wodurch sich abgenutzte Emailwannen zeitweilig wieder instand setzen lassen. Durch eine Holzumrandung des Beckens, viktorianische Kacheln als Spritzschutz und alte Wasserhähne aus Messing nimmt der Waschtisch das viktorianische Thema wieder auf.*

Wiederbelebte Eleganz der 30er Jahre (RECHTS) *Diese Wanne ist ein herrliches Beispiel für das stromlinienförmige Design der 30er Jahre. Durch das geschickte Einbeziehen des bescheidenen, aber standfesten Heizkörpers und die seltsam anthropomorph anmutenden Armaturen unterhalb der Wandablage wurde auch entsprechenden Details Beachtung geschenkt.*

saik aus den verschiedensten alten viktorianischen Fliesen bietet einen prächtigen Anblick. Wenn der Raum angemessen beheizt ist – speziell bei einer Fußbodenheizung –, brauchen Fliesen nicht kalt oder klinisch zu sein.

Badezimmerwände kann man mit jeder Farbe außer Lackfarbe (die Kondensation fördert) streichen. Tapete verleiht dem Raum eine freundliche Wärme; den Bereich unmittelbar um die Badewanne sollte man durch Acrylglas schützen.

Für den Fußboden eignet sich ein Korkbelag, der fußwarm ist und gut mit Wasser fertig wird. Linoleum ist ebenfalls praktisch, doch sollte man der Wärme wegen zusätzlich Sisalmatten – oder einen Teppich – auslegen.

Falls keine kleinen Kinder im Haus leben, kann man auf die scheußlichen neuzeitlichen Arzneischränke mit ihren obligatorischen Spiegelfronten verzichten und statt dessen nach hübschen altmodischen Wandschränkchen Ausschau halten.

Schlichter Charme (OBEN) *Man kann auch heute noch Sanitärobjekte finden, die zu Beginn des Jahrhunderts hergestellt wurden, und sich an ihrer ungekünstelten Anmut erfreuen. Dieses Waschbecken ist ein typisches Beispiel – stilvoll und funktional zugleich.*

Traditionelle Einrichtung (LINKS) *Dieser Raum ist im Grunde nichts anderes als ein gut genutzter Schrank. Die Wände sind mit Profilbrettern verkleidet, die auch das winzige Waschbecken mit Marmorplatte und alten Wasserhähnen einfassen. Der an der Wand befestigte Spülkasten hat ein traditionelles Holzgehäuse; ein WC-Sitz aus Mahagoni vervollständigt das Fin-de-siècle-Bild.*

Lösungen, die Ordnung versprechen (RECHTS) *Ein schmales Brett in Postamenthöhe löst das dringliche Ablageproblem im Badezimmer auf ansprechende Weise. Der simple Einfall, das Profil der Nut- und Federbretter in einer gestreiften Tapete wieder aufzunehmen, wirkt belebend. Das hübsche Waschbecken stammt von einem Altwarenhändler und wurde zusammen mit alten Armaturen installiert. Die teuerste Anschaffung war im übrigen die kleine antike Glaslampe aus Frankreich.*

Licht und Lampen

Es ist erstaunlich, wie viele – ansonsten gelungene – ländliche Inneneinrichtungen ihre Ausstrahlung durch eine gefühllose Auswahl der Lampen einbüßen. Zentrale Lichtquellen haben eine verhängnisvolle Wirkung, denn sie verwandeln einen Raum entweder in einen grell erleuchteten Operationssaal oder in eine düstere Grabkammer. Der richtige Weg ist es, mit Hilfe von Tisch- und Stehleuchten oder auch Kerzen kleine intime Lichtzonen zu schaffen.

Freundliches Licht

Viktorianische, seidenbespannte Tischleuchten strahlen ein freundliches Licht aus. Die Viktorianer waren Meister im Manipulieren von Lichteffekten – so betonten sie unter Umständen die düstere Stimmung einer Eingangshalle zusätzlich durch kastanienbraune oder indigoblaue Wände, um einen stärkeren Kontrast zum Salon zu schaffen, der durch seine großen Erkerfenster sonnendurchflutet war. Und am Abend erreichte man mit Tischleuchten kleine freundliche Bereiche innerhalb der dunklen, mit schweren Stoffen ausgestatteten Räume.

Messinglampen – original oder als Reproduktion – mit grünen Glasschirmen sind gefällige Arbeitsleuchten, und einfache hölzerne Kerzenleuchterlampen mit wundervoll bemalten oder lackierten Füßen haben den Vorteil, daß sie nur wenig Platz beanspruchen und sehr hübsch mit klassischen, goldgebänderten oder gefältelten Papierschirmen aussehen.

Petroleumlampen geben ein freundliches Licht, und alte Exemplare sind wahre Schmuckstücke. Durch das Elektrifizieren geht ein Teil ihres Reizes verloren – Glühbirnen in Kerzenform sind niemals überzeugend, selbst wenn sich ihre Helligkeit durch Kugelschirme aus Milchglas mildern läßt.

Hängeleuchten mit einem antiquierten Zugmechanismus werfen ein einladendes Licht auf einen Tisch – ihr Problem ist nur, daß sie, sobald sie tief genug hängen, um nicht zu blenden, gleichzeitig auch die Sicht auf das Gegenüber versperren.

Lampenvielfalt

Moderne Lichtquellen werden immer größer und heller, dabei aber nicht unbedingt auch besser; was Lampen anbetrifft, scheinen wir uns noch im dunklen Zeitalter zu befinden. Selten findet man heute wirklich schöne Lampen – diejenigen, die hübsch aussehen und freundliches Licht spenden, sind zumeist Modellen aus der Zeit um die Jahrhundertwende nachempfunden. Generell sind geschickt plazierte kleine Lichtquellen sympathischer als helle zentrale Lampen, obwohl auch schalenförmige Schirme aus Milchglas, die an Ketten von der Decke hängen, Räumen einen angenehmen strahlenden Glanz verleihen können, wenn sie mit anmutigen Tischleuchten aus Keramik oder bemalten Kerzenleuchterlampen kombiniert werden. Wie gewöhnlich, wird man dem ländlichen Geist am besten durch Schlichtheit gerecht: Eine Flotille von Kerzen, vielleicht in schwarzen Kerzenhaltern oder Zinnleuchtern, schafft die richtige Atmosphäre für ein gutes Gespräch.

Opaker Glasschirm *für eine Hängeleuchte*

Wandleuchten *Keramikschirm mit Craqueléglasur (OBEN) und schwenkbare Wandleuchte aus Messing (RECHTS), einem traditionellen amerikanischen Design nachempfunden*

Lichtschalter *mit Blende aus Eiche (LINKS) und Mahagoni (RECHTS)*

Deckenhalter *Gelenkhalter (LINKS), Haken (MITTE) und Rosette mit Haken (RECHTS)*

Zuglampe mit Gegengewicht

Bemalte Lampenfüße aus Weißblech *erfordern schlichte Lampenschirme*

Georgianischer Lampenfuß aus Holz

Schreibtischleuchte aus Messing *im Design der Jahrhundertwende*

Traditionelle Lampenfüße in der Form von Kerzenhaltern *aus Messing* (LINKS) *und Mahagoni* (RECHTS)

Kerzenleuchter aus Weißblech (UNTEN) *Reflektiert den Schein der Kerze und schützt die Flamme vor Zugluft*

Nachbildung *Durch die ungewöhnliche Dekupierung im Glasfuß entsteht der Eindruck einer chinesischen Lackarbeit*

Lampenfuß aus Holz *mit Bemalung*

Kaschmir-Kerzenhalter (OBEN LINKS)

Handgearbeiteter Kerzenhalter aus Steingut (RECHTS)

Petroleumlampen *kann man in Antiquitätengeschäften finden oder als moderne Reproduktionen kaufen*

In der Küche wird Licht in ganz bestimmten Bereichen benötigt. Punktstrahler sind grell und häßlich, und auch das Licht von Leuchtstoffröhren ist scheußlich, außer vielleicht unter Hängeschränken über der Arbeitsfläche, wo die Lampen selbst unsichtbar bleiben. Es spricht nichts dagegen, in der Küche wie auch in allen anderen Räumen verschiedene kleine Bereiche zu beleuchten und mit Keramiklampen, die passend zur jeweiligen Inneneinrichtung bemalt sind, für eine weiche Gesamtillumination zu sorgen.

Lampenfüße und Schirme selbst anfertigen

Tischlampen bieten zahllose Möglichkeiten für einfallsreiche Unterteile und Schirme. Große Keramikfüße mit graugrüner oder Craqueléglasur verfügen über besonderen nostalgischen Charme. In früheren Zeiten hatten manche Landhausbesitzer ein völlig unbefangenes Talent, große chinesische Teedosen, Porzellanstatuetten, Vasen und selbst große, mit Muscheln gefüllte Bonbongläser zu hübschen Lampenfüßen umzufunktionieren. Solchen Vorhaben muß man allerdings mit äußerster Vorsicht und Wachsamkeit begegnen, damit auch nicht der leiseste Verdacht einer Chianti-Flaschen-Mentalität aufkommt.

Wer seine Kreativität unter Beweis stellen möchte, kann ohne Schwierigkeiten bemalte Papierschirme in den Farben der 30er Jahre imitieren, die so schön wie buntes Fensterglas leuchten. Selbstgemachte Lampenschirme müssen gut gearbeitet sein, damit auf keinen Fall der Eindruck kitschiger Volkstümelei entsteht, andererseits jedoch werden die sich hier bietenden, vielfältigen Möglichkeiten der Präsentation von Stoffen und Papier zuwenig genutzt. Allein durch das Einstanzen von zarten Blumenmotiven oder geometrischen Mustern in kräftiges Künstlerpapier kann ein Effekt entstehen, der einem Feuerwerk gleicht.

Aus Gründen der Bequemlichkeit sollten alle Tischlampen an einem Schalter zusammengefaßt sein, denn es ist ermüdend, allabendlich ein Dutzend Leuchten einzeln ausknipsen zu müssen.

Kerzen-Quintett (LINKS) *Reproduktionen von Kandelabern mit schlichter Shaker-Eleganz sind vielerorts in Amerika erhältlich. Sie erfordern ein gewisses Maß an Energie und Hingabe, denn die Kerzen müssen häufig erneuert werden, und ihr Licht ist für diffizile Arbeiten völlig ungeeignet. Gerade weil sie unpraktisch sind, verfügen sie über Anmut und Charme; die übrigen Beleuchtungskörper sollten jedoch eher mit Vernunft ausgewählt werden.*

Kerzen-Solo (RECHTS) *Zinnhalter verursachen einen gedämpften Widerschein des Kerzenlichtes. Solche Leuchten, die einfach und billig in der Herstellung sind, findet man in vielen Antiquitätenläden als Original. Oft haben sie eine Herzform oder einfache gestanzte Verzierungen.*

Liebenswerte Leuchten (OBEN)
Die Beleuchtungsfrage braucht nicht zu ernsthaft geklärt zu werden – solange es eine vernünftige Lichtquelle zum Lesen oder Arbeiten gibt, können die restlichen Lampen so verspielt wie illuminierte Kunstwerke sein. Dieser Knabe, der unablässig seine Glaskugel studiert, verleiht einer dunklen Zimmerecke ein wenig Wärme und Schrulligkeit. Der untere Lampenschirm war ein schmuckloser Massenartikel, bevor ihn sein Besitzer bemalte – nun leuchtet er wie buntes Glas, wenn die Lampe brennt.

Türen und Fenster

Jede Haustür hinterläßt einen bleibenden Eindruck, denn sie ist das erste und das letzte, was Besucher von einem Haus sehen; die Tür kann zu einer Art Symbol für Lebensstil und Sehnsüchte der Hausbewohner werden.

Die klassische, unprätentiöse ländliche Tür besteht aus schmalen querverstrebten Nut- und Federbrettern. Elisabethanische Türen aus nur zwei Nut- und Federplanken sehen besonders hübsch aus, sind aber schwer zu finden oder anzufertigen.

Klassische Füllungstüren

Die klassischen Proportionen von Füllungstüren sind unübertroffen. Es gibt sie in Tausenden von Permutationen – von Türfüllungen aus einfachen Doppelfeldern bis hin zu reichverzierten Doppeltüren mit insgesamt zehn Feldern, die zusätzlich durch Schnitzereien und Intarsien geschmückt sein können. Die Abmessungen der Türfelder waren von Epoche zu Epoche verschieden: Während der Zeit Jakobs I. gab man kleinen quadratischen Füllungen den Vorzug, Türen aus dem frühen 18. Jahrhundert haben abgeschrägte, halbrunde und querverstrebte Füllungen, und im späten 18. Jahrhundert verliefen die Felder der Türen sowohl in Längs- wie auch in Querrichtung.

Füllungstüren am Hauseingang sehen sehr gut aus, wenn sie schwarz, rot oder in einem kräftigen Dunkelgrün gestrichen sind – Militärfarben, die zu Türbeschlägen aus Messing passen. Türen an der Rückfront des Hauses wirken wiederum am besten in den spröden, ausgeblichenen Blau- und Grüntönen französischer Bauernhaustüren.

Farbige, bemalte oder einfache Verglasungen in der Tür oder den Oberlichtern – insbesondere wenn es sich um geätztes oder kräftiges rotes und blaues Glas aus viktorianischer Zeit handelt – sind eine willkommene Lichtquelle in dunklen Eingangshallen oder -korridoren und werfen einen wunderschönen klaren Lichtbalken, wenn die Sonne durch sie hindurchscheint. Die Muster

Die Ausstattung von Türen und Fenstern

Bei Türbeschlägen – Scharnieren, Schlössern, Klinken, Riegeln, Türklopfern und Abdeckplatten – wird man für gewissenhafte Nachforschungen reichlich belohnt. Es sind hervorragende Reproduktionen aller Stilepochen erhältlich, und sie können von großer Bedeutung für das authentische Erscheinungsbild eines Hauses sein. Dies trifft gleichermaßen für die Fenster zu.

Bei der Auswahl der Fenster und Türen läßt man sich vom Wesen des Hauses leiten – schwere Eichentüren mit Kassetten und Beschlagnägeln, knorrigen schwarzen Scharnieren und Schlössern gehören in ein Tudor-Haus (sie müssen allerdings echt sein – Imitationen wirken sich hier verheerend aus); bescheidene Brettertüren sind für ein kleines Landhaus das richtige; Füllungstüren ohne Glasausschnitte passen in georgianische Häuser, solche mit Verglasung in viktorianische Gebäude. Speziell bei georgianischen Häusern sollte man hinsichtlich der Details pedantisch sein – kleine Irrtümer machen sich sofort bemerkbar.

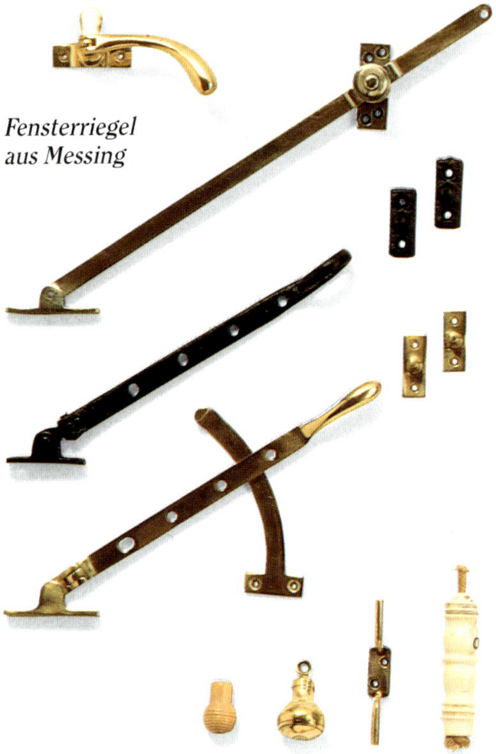

Feststeller für Schiebefenster

Fensterriegel aus Messing

Fensteraufsteller aus mattschwarzem Eisen

Fensteraufsteller aus Messing mit Quadrantfeststeller

Zubehör für Rollos *Eichelförmige Holzverzierung, Schnurknopf aus Messing, Messinghaken und antiker Schnurgriff*

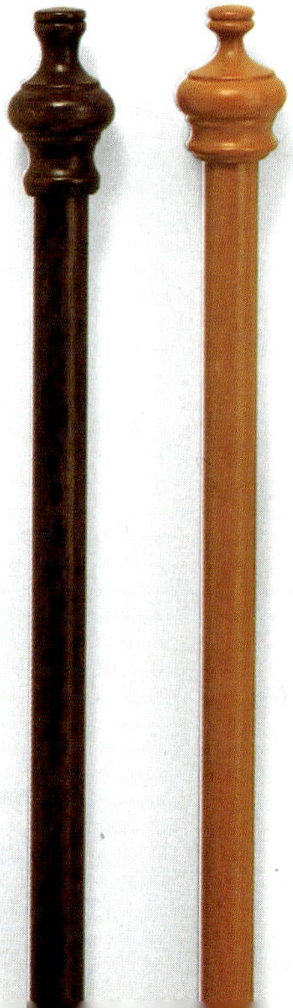

***Gardinenstangen aus Holz** (LINKS) **und Ringe** (OBEN)*

Messinghalter mit Rückenplatte für schwere Vorhänge

Scharniere *Mattschwarze Türbänder aus Eisen und Türscharnier aus Messing*

Bleiverglastes Fenster *(RECHTS) Von einem Abbruchunternehmer geborgen*

Alte bemalte Türverglasung *(OBEN)*

Drückergarnituren *Mattschwarzes Eisen (LINKS) und Messing (RECHTS)*

Türknöpfe *Alte Knöpfe aus Holz und Messing, moderne Ausführungen aus Porzellan (OBEN) und Messing (UNTEN), alter Messing-Porzellan-Knopf (MITTE)*

Fensterläden

Riegel für Balkontür

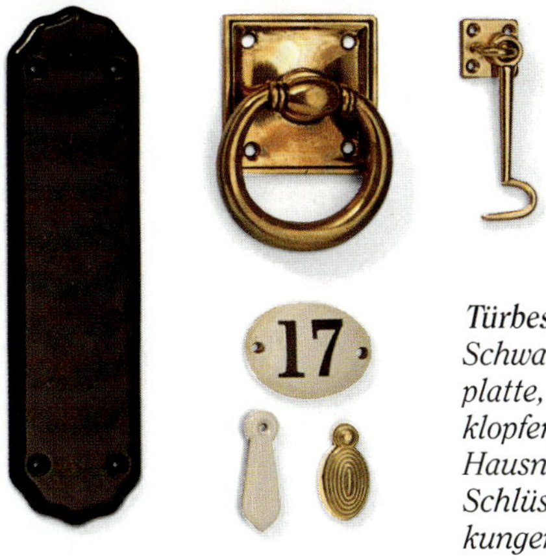

Türbeschläge *Schwarze Schutzplatte, Messing-Türklopfer, emaillierte Hausnummer, Schlüsselloch-Abdekkungen aus Keramik und Messing sowie Sturmhaken*

heutiger Glasscheiben sind meist häßlich, deshalb versucht man am besten, bunte oder bemalte Scheiben zu finden oder anfertigen zu lassen; als Alternative kann man einfaches oder mit Gravuren verziertes Milchglas verwenden.

Reizvolle Türen für einen vorhandenen Türrahmen zu finden ist leicht, wenngleich aufregend. Es gibt zahllose alte und aufgearbeitete Türen, doch ist man immer wieder erstaunt, wie viele winzige und entscheidende Unterschiede es in der Größe und Stärke von Türen gibt. Das einfachste ist es deshalb wohl, zuerst die Türen auszuwählen und dann den Schreiner zu bitten, die Rahmen entsprechend anzupassen.

Wenn eine zusätzliche Tür eingebaut oder ein Durchgang vergrößert werden soll, muß man den Baustil und die Proportionen des Hauses sorgsam im Auge behalten – es wäre keine schlechte Idee, zunächst eine maßstabgerechte Zeichnung der Wand und der neuen Türöffnung anzufertigen. Das Verändern einer Türöffnung ist überraschend unkompliziert, wenn die Arbeiten von einem kompetenten Bauunternehmer ausgeführt werden (man sollte klären, ob ein neuer Sturz eingezogen werden muß).

Ländliche Fenster

Fenster prägen den Charakter eines Hauses ebenso, wie die Gesichtszüge eines Menschen auf sein Wesen schließen lassen. Kleine Veränderungen in Stil, Nachbehandlung oder Proportionen können die Ausstrahlung eines Hauses zunichte machen.

Bis ins 17. Jahrhundert gab es hauptsächlich vierfach unterteilte Flügelfenster, die wie eine Tür in Scharnieren hingen und sich nach außen (oder innen) öffnen ließen. Die eigentümliche Unregelmäßigkeit der Glasscheiben ist von Bedeutung, und durch unsensible, geistlose Metallrahmen und unechte Bleiverglasungen werden solche Fenster ruiniert.

Heute sind wir an große durchgehende Glasscheiben gewöhnt, früher hingegen waren Fenster durch zahlreiche Sprossen unterteilt. Die feine Kunst des Fensterwerks scheint in Vergessenheit geraten zu sein; einwandfreie bleiverglaste Fenster, dekorative Lünetten und würdevolle Proportionen, vermittelt durch eine überzeugende Geometrie der Holzsprossen – dies alles scheint der Vergangenheit anzugehören.

Türen verschönern

Glatte moderne Türen können ausdruckslos und wenig inspirierend wirken – am besten sieht man sie als Herausforderung zu kreativer Betätigung. Eine Füllungstür läßt sich mit Hilfe von aufgesetzten Profilleisten, die mit Leim und Paneelstiften befestigt werden, imitieren. Als weitere Verschönerung kann man solche Türfelder farbig hervorheben oder die Tür mit Stoff oder Papier bekleben und anschließend mit Lack überziehen. Oder man versieht die schlichte Tür mit Freihandzeichnungen, wofür die ausladenden barocken florentinischen Türbänder ein eindrucksvolles Beispiel sind.

TÜR MIT PANEELEN

MIT STOFF BEKLEBTE TÜR

FLORENTINISCHE TÜR

Von draußen nach drinnen *(OBEN) Eine schöne alte Haustür – sie gehört zu einer in Suffolk gekauften Sammlung – versieht ihren Dienst nun im Inneren dieses Hauses zwischen der Eingangshalle und der Küche.*

Den Weg versperrt *(LINKS) Eine Standuhr im Arts and Crafts-Stil aus dem späten 19. Jahrhundert hält Wache neben einer respekteinflößenden Hintertür. Das komplizierte System von Eisenverstrebungen dient reinen Dekorationszwecken, wenngleich die schwarzen Türbänder, die Querstange und das Schloß ihre Aufgaben erfüllen.*

Landhaustür *(OBEN) Diese schwere Außentür eines kleinen Fachwerkhauses auf dem Lande ist diagonal verstrebt, damit sie sich nicht senkt. Ein diskret angebrachtes modernes Riegelschloß verleiht ihr größere Sicherheit als der eindrucksvolle schmiedeeiserne Verschluß aus elisabethanischer Zeit.*

Das Austauschen der alten Fenster gegen moderne Versionen geht fast immer zu Lasten des Hauses. Unglücklicherweise ist beinahe jede Isolierverglasung häßlich, und Fenster mit Metallrahmen sehen scheußlich aus – zum Zwecke pflegeleichter Fenster werden schwere Sünden begangen. Und das Zumauern eines Fensters oder einer verglasten Tür kann eine völlig unangemessene Auswirkung auf die Lichtverhältnisse im Haus haben – man sollte den Weg des Lichtes, das durch die fragliche Scheibe fällt, genau verfolgen, bevor man die Entscheidung trifft, diese Lichtquelle zu entfernen.

Fensterausgestaltung

Durch das Wiederanbringen von Innenläden wird der Charakter eines Fensters gänzlich verändert. Alte Fensterläden lassen sich jedoch nur schwer an die gegebenen Verhältnisse anpassen, insbesondere bei Erkerfenstern. Holzjalousien sind eine zeitlose und unaufdringliche Alternative.

Wenn ein offener Kamin von zwei hohen Fenstern flankiert wird, kann man den bezaubernden Stil des frühen 19. Jahrhunderts, der als Empire bekannt ist, imitieren. Dazu bedarf es Gardinenstangen mit üppig verzierten Knöpfen, an denen schwere Damastvorhänge eindrucksvoll zu einer Seite hin drapiert sind. Wer darunter eine passende Täfelung anbringt und einen samtbezogenen Mahagonistuhl hinzufügt, hat das perfekte Ambiente geschaffen. Für weniger dramatische Effekte kann man – speziell in Badezimmern – Spitzengardinen vor die Fenster hängen oder die Möglichkeiten farbiger oder bemalter Fensterscheiben ausschöpfen.

Fenster originalgetreu restauriert (OBEN) *Anhand der vorhandenen dreieckigen Aussparungen im Rahmen wurden diese Eichensprossen liebevoll rekonstruiert. Das Fenster war zugemauert und jahrelang hinter vielen Schichten Tapete versteckt gewesen.*

Außergewöhnliche Fensterläden (RECHTS) *Handkolorierte, bleiverglaste Scheiben in gotischen Fensterläden: eine geschmackvolle, einfache Art, die Privatsphäre zu wahren, ohne ein ansprechendes neues Fenster zu verstecken.*

Fensterläden

Der Bau von Fensterläden ist kein Geheimnis, doch gibt es bei ihrer Ausgestaltung eine Fülle ungewöhnlicher Methoden – massive Scharniere und Riegel, durchbrochene Füllungen, ein herzförmiger Ausschnitt oder eingesetzte Glasmalereien (s. auch S. 6/7).

FENSTERLÄDEN MIT PANEELEN

DURCHBROCHENE FÜLLUNG

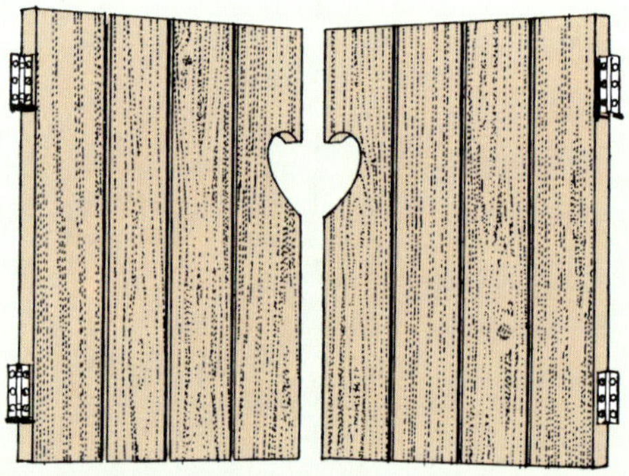

HERZFÖRMIGER AUSSCHNITT

EINGESETZTE GLASMALEREIEN

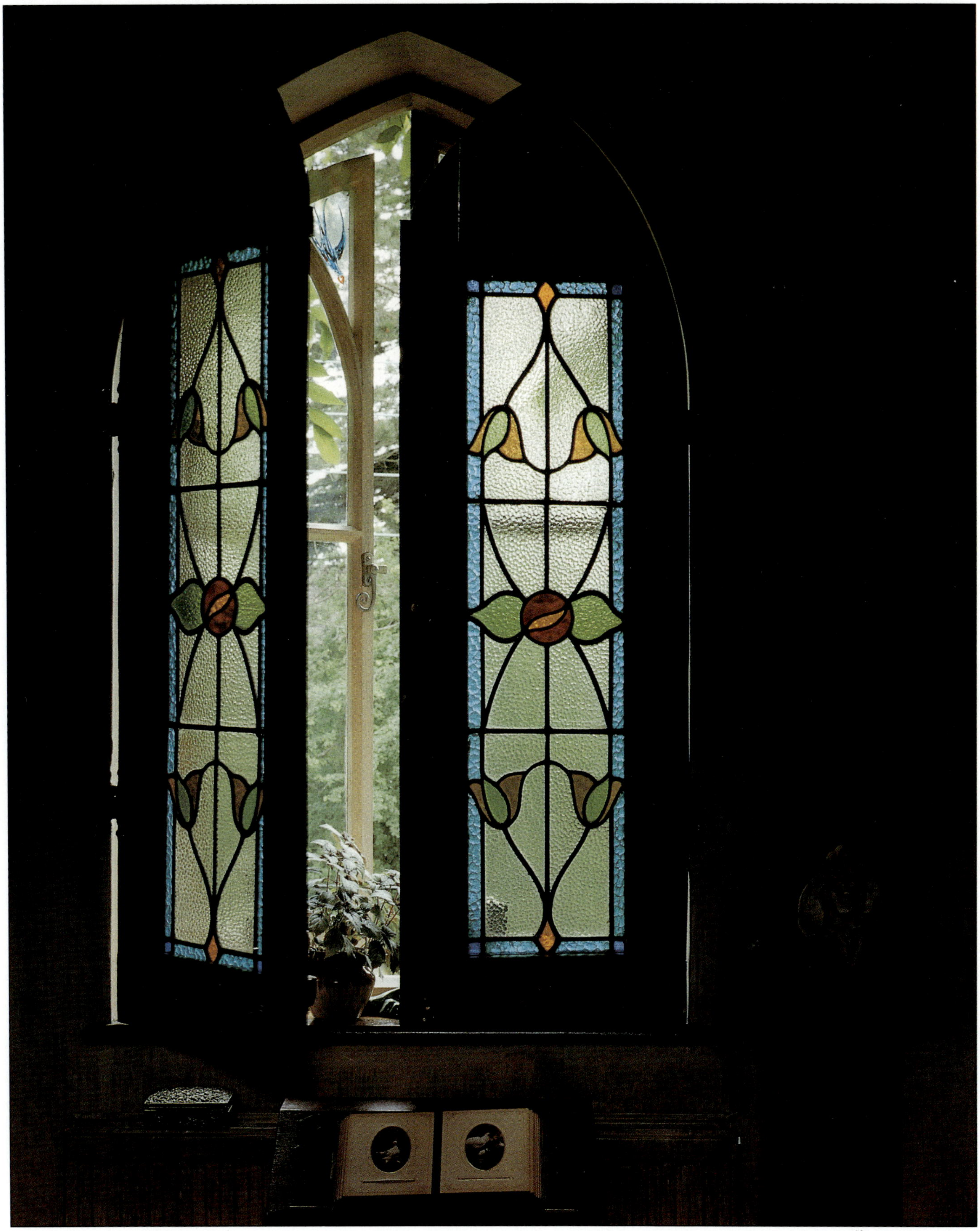

KAPITEL 2

MALERARBEITEN

Es könnte durchaus sein, daß man sich eines Tages – in einem Anflug von Kreativität – in seinem Haus umschaut und feststellt, daß weiße Farbe mit einem Hauch von Apricot nicht nur unaufdringlich, sondern auch langweilig ist. Plötzlich hat man das Gefühl, mehr aus seiner Innenausstattung machen zu wollen: Farben und Strukturen, durch die der Charakter eines jeden Raumes unterstrichen wird und die zu einer ländlichen Gesamtatmosphäre beitragen.

Sobald man sich dann zu einem Neuanstrich entschlossen, das gesamte Haus auf den Kopf gestellt und mit den Malerarbeiten begonnen hat, gelangt man vermutlich zu der Überzeugung, niemals zuvor etwas ähnlich Schreckliches gesehen zu haben. Doch wie stark der Mut auch sinken mag, niemals darf man seine neuen Farben über Bord werfen, bevor nicht der letzte Pinselstrich getan ist, die Möbel wieder an ihrem angestammten Platz stehen und alle Bilder an der Wand hängen.

Zu den besten Eigenschaften von Farbeffekten zählt es, daß man sie sehr rasch einfach überstreichen oder mit einer zusätzlichen warmen oder durchscheinenden Farbschicht überziehen kann. Bei näherer (pessimistischer) Betrachtung kommt man möglicherweise zu dem Ergebnis, daß die Farbgebung selbst wunderbar ist und es nur eines Akzentes durch eine farbschablonierte Randeinfassung oder eine *Trompe l'œil*-Malerei auf einer Holzfüllung bedarf oder die Beleuchtung des Raumes geringfügig verändert werden sollte. Gewöhnlich jedoch werden die farblichen Veränderungen in einem Raum eine anregende Offenbarung sein.

Italianisierte Pracht mit einfachen Techniken (LINKS) *Dieser eindrucksvolle Lorbeerkranz besteht aus aufgeklebten Papierausschnitten und findet sein Echo in einem farbschablonierten Blattregen auf einer unregelmäßig verputzten Wand, die mit einem dünnen Farbüberzug versehen wurde. Als Schutz für die feinen Dekorationen wurde die gesamte Fläche gefirnist.*

Vorarbeiten

Zu Anfang ein Ratschlag, der die Freude wieder trübt: Man beginnt die Anstricharbeiten mit dem gründlichen Vorbereiten des Untergrundes. Dies ist zwar eine mühselige Arbeit, doch ist sie unerläßlich, wenn man verhindern will, daß der herrliche Farbanstrich schon nach kurzer Zeit abblättert.

So beißt man denn die Zähne zusammen, zieht seine ältesten Sachen an und sucht das benötigte Werkzeug zusammen. An den Wänden gilt es vielleicht, eine dicke Schicht alter Tapeten zu entfernen, Löcher zu verspachteln und die Oberfläche annehmbar zu glätten. Wenn die Wand keine Fehler aufweist oder ordentlich glatt tapeziert ist und überstrichen werden kann, säubert man die Oberfläche einfach mit Seifenlauge (bei vorhandener Tapete sehr vorsichtig), wischt mit klarem Wasser nach und läßt das Ganze gründlich trocknen. Das Holzwerk wird abgeschliffen und grundiert, falls man später einen gleichmäßigen, glatten Anstrich mit Farben auf Ölbasis beabsichtigt.

Grundanstrich

Wenn Wände mit einer der hier vorgestellten Techniken verschönert werden sollen, braucht man für eine kunstvolle Malerarbeit einen entsprechenden Untergrund. Die meisten der folgenden Dekorationsmethoden wirken gut auf einfarbigen, gleichmäßigen Untergründen aus matten oder seidenglänzenden Dispersionsfarben. Die Grundfarbe wird so gewählt, daß sie sich harmonisch in das geplante Farbschema einfügt. Ein blasserer Ton als der der letzten Farbschicht ist hier stets der sicherste Weg.

Mit den Malerarbeiten beginnen

Man beginnt mit der Decke, oberhalb der Fenster. Von dort arbeitet man sich an den Wänden nach unten und streicht die Holzteile als letztes. Farbspritzer werden weggewischt, ehe sie antrocknen (außer wenn Farbe von den Fensterrahmen auf die Scheiben gelaufen ist – sie läßt sich am leichtesten im trockenen Zustand mit einer Rasierklinge entfernen). Farben auf Wasserbasis trocknen recht schnell, man sollte deshalb versuchen, den Pinsel an einem feuchten Rand neu anzusetzen.

Malerzubehör

Das Herz all derer, die Spaß an Malerarbeiten haben, schlägt in der Farben- und Pinselabteilung eines jeden Heimwerkermarktes mit Sicherheit höher. Malerutensilien scheinen auch dem arglosen Laien Farbe, Struktur und eine verführerische Umgestaltung seines Heims zu versprechen. Da werden Erinnerungen an die Kindheit wach, an das Vergnügen, mit dem man Farben gemischt und in Büchern gestöbert hat, um potentielle Schablonenmuster ausfindig zu machen.

Die Preisunterschiede können gewaltig sein, insbesondere für spezielle Künstlerfarben, doch kann man seine Farben mit Hilfe entsprechender Fachbücher auch selbst anmischen.

Breiter Flächenstreicher für Wände und Decken

Lackierpinsel

Schmale Pinsel für feine Details

Glätten/Aufrauhen/Altern Feines Schleifpapier (UNTEN), mittleres Schleifpapier (MITTE), grobes Schleifpapier (OBEN) und Schleifklötze

Bootslack (UNTEN RECHTS) Besonders widerstandsfähig und ideal für Fußböden

Terpentinersatz

Künstlerpapier (UNTEN/OBEN) Hochwertiges Papier, für Entwürfe ideal

Schablonenfolie im Block (UNTEN) Transparente Folie, die das Aneinandersetzen der Muster sehr erleichtert

Schneidunterlage (UNTEN) mit Hilfslinien für genaue Schnitte

Beschneidmesser Universalmesser mit verstellbarer Klinge (UNTEN LINKS)

Künstlermesser (UNTEN RECHTS)

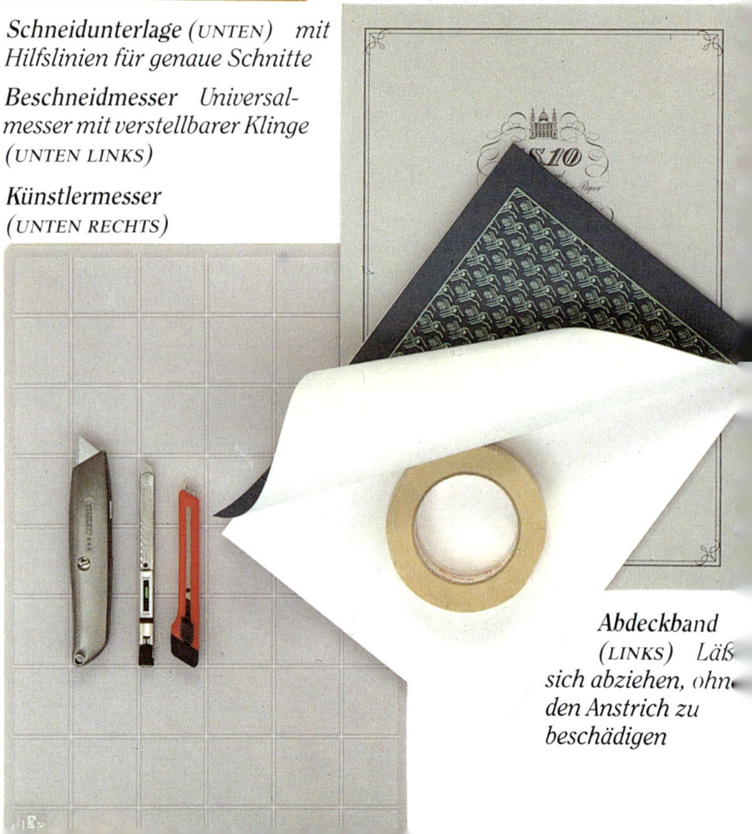

Abdeckband (LINKS) Läßt sich abziehen, ohne den Anstrich zu beschädigen

Tapezierbürste *Läßt sich auch zum Maserieren verwenden*

Schläger für Holzimitationen (RECHTS) *mit langen elastischen Borsten*

Vertreiber *zum Beseitigen von Pinselfurchen*

Kleine Pinsel *für Freihandmalereien und für Ölfarben*

Dispersionsfarben *Farben auf Wasserbasis für matte oder leicht glänzende Anstriche*

Malstock (RECHTS) *Wird zum Abstützen der Hand benutzt*

Senklot *zum Überprüfen der Senkrechten*

Sprühfarben *Gut zum Schablonieren geeignet; möglichst nur FCKW-freie Produkte kaufen*

Seidenglanzfarbe *Farbe auf Ölbasis; ideal als Untergrund für Öllasuren*

Farbpigmente *für kleine Flächen oder zum Anmischen oder Nuancieren von Farben und Lacken auf Öl- und Wasserbasis*

Ölfarben *sind in einer breiten Farbpalette erhältlich und können zum Abtönen von Öllasuren oder für Freihandmalereien verwendet werden*

Acrylfarben (RECHTS) *Schnell trocknende Farben auf Wasserbasis, die für Freihandmalereien und zum Schablonieren verwendet werden*

Schablonierpinsel *Spezielle Pinsel für Schablonenmalereien, die klare Konturen ermöglichen*

Kämme *mit unterschiedlicher Zahnung für verschiedene Kammzugmuster*

Naturschwamm *zum Auf- und Abtupfen von Farbe*

Farbschale *Wird benötigt, wenn man mit Farbrollen arbeitet, kann auch zum Anmischen von Farbe verwendet werden*

Metalllineal

Papierschere

Filzstifte und Bleistift

Stencil-Folie (UNTEN) *als Rollenware*

Geöltes Kraftpapier *Festes, nicht saugfähiges Papier für Farbschablonen*

Farbeimer

Malertechniken

Wenn man Wände mit einem leichten Farbüberzug versehen möchte, vielleicht als Untergrund für kunstvolle Dekorationstechniken oder einfach als zarten Endanstrich, der die raumbestimmenden Elemente und die Inneneinrichtung eines Zimmers betont, sollte man Alternativen zu normaler Dispersionsfarbe in Erwägung ziehen. Schnelle Effekte erzielt man mit dünn aufgetragenen Anstrichen, die an das traditionelle Tünchen mit Kalkfarben erinnern und sich deshalb auch besonders gut für die unebenen Wände älterer Landhäuser eignen.

Dünne Farbüberzüge

Dünn aufgetragene Farbüberzüge ergeben einen ungleichmäßigen malereiartigen Anstrich von brillanter Transparenz. Man verwendet dazu matte oder seidenglänzende Kunststoffdispersionsfarben (matte Farben haben ein weiches milchiges Aussehen, seidenglänzende sind durchscheinender) und verdünnt sie mit Wasser, bis sie die Konsistenz von dünnflüssiger Sahne haben. Die Farbe wird dann rasch kreuz und quer über den Grundanstrich aus Dispersionsfarbe gestrichen. Wenn die Farbe trocken ist, wiederholt man den Arbeitsvorgang mit einer zweiten Schicht verdünnter Farbe. Durch das Überstreichen werden harte Linien und Flecken in der vorherigen Farbschicht abgemildert.

Als Variante kann man auch Farbüberzüge unterschiedlicher, aber freundlicher Farben oder verschiedene Nuancen der gleichen Farbe aufbringen. Als weitere Möglichkeit bietet sich das nachträgliche Abtönen solcher Anstriche an: Man taucht den Pinsel in unverdünnte Farbe und streicht den größten Teil auf einem Bogen Papier heraus. Dann führt man den Pinsel in willkürlichen, aber gleichmäßigen Strichen über die Wandfläche.

Kontemplative Ecke (LINKS) *Durch den richtigen Farbanstrich werden die charakteristischen Merkmale eines Raumes betont. Die Wände und die zeltartige Decke dieses Schlafzimmers wurden zuerst mit Pfirsich und Grau gemasert und anschließend mit einem dünnen Farbüberzug in Magnolienrosa versehen, um die beiden anderen Farben zu dämpfen. Die Fensterläden sind so gestaltet, daß sie dem Lesepult ein fast kirchliches Gepräge verleihen und in geschlossenem Zustand Intimität vermitteln, ohne die hübsche Form des Fensters zu verdecken.*

Simulierter Sonnenschein (RECHTS) *Wieviel Sonnenlicht durch ein Fenster fällt, ist für die Wahl der Farben ein wichtiges Kriterium. Solche, die bei mediterraner Sonne wundervoll aussehen, wirken in Räumen mit kaltem nördlichem Licht vermutlich hart. Weiche Farben sind für unsere Breiten die richtige Wahl: Dieser Raum wirkt warm und sommerlich, was auch immer das Wetter draußen vollführt. Wände und Decken haben einen weißen Grundanstrich und wurden anschließend mit einem umbrafarbenen dünnen Farbüberzug versehen. Der gedämpfte Effekt ergibt sich durch einen weißen durchscheinenden Schlußanstrich.*

Wenn dieser Effekt zu lebhaft wirkt, lassen sich die Farben durch einen transparenten Schlußanstrich mit einer harmonierenden Farbe auf Ölbasis, die mit Terpentinersatz verdünnt wird, homogenisieren. Alternativ kann man dazu auch eine geeignete handelsübliche Lasurfarbe verwenden, die mit etwas Künstlerölfarbe abgetönt wird.

Abtupfen und Wickeln

Um eine weiche, scheckige Fläche zu erzielen, kann man sich der Abtupftechnik bedienen. Hierzu überstreicht man den Grundanstrich mit einer Seidenglanzfarbe auf Ölbasis, die mit der gleichen Menge Terpentinersatz verdünnt wird, und tupft sie anschließend mit einem weichen Tuch ab. Eine andere Möglichkeit ist das Wickeln. Dazu knüllt man ein Tuch zusammen und rollt es über der noch feuchten Farbe ab.

Maserieren mit Kämmen

Das Maserieren mit Kämmen ist eine einfache und gleichzeitig aufregende Technik, mit der man dramatische Effekte auf Wänden, Fußböden, Bilderrahmen und Möbeln erzielen kann. Vereinfacht gesagt, ist es die gerippte oder gestreifte Kombination zweier Farben, die entsteht, wenn man den frischen Anstrich mit einem speziellen Kamm teilweise von der darunterliegenden trockenen Fläche abzieht.

Die Kammzugtechnik

Zum Maserieren sollte der Untergrund glatt sein – hochglänzende, seidenglänzende oder gefirniste Dispersionsfarbe. Für die letzte Anstrichschicht verwendet man eine Seidenglanzfarbe auf Ölbasis, die mit etwas Terpentinersatz verdünnt wird, oder eine mit etwas Künstlerölfarbe versetzte Lasurfarbe.

Kämme gibt es in den unterschiedlichsten Ausführungen mit gleichförmigen oder unregelmäßigen Zacken und Zinken. Ersatzweise kann man auch Zahnspachtel, wie sie zum Auftragen von Kleber verkauft werden, verwenden oder selbst Kämme anfertigen. Dazu eignet sich ein Stück biegsamer Kunststoff oder ein Fensterwischer aus Gummi, in die man nach Belieben feine oder grobe sägezahnähnliche Kerben schneidet.

Betonte Details *(LINKS)* *Durch das Kammzugmuster wird der lineare Aufbau dieser Wandvertäfelung noch stärker betont. Der gesamte Raum wurde zunächst in lichtem Ocker, dann mit einer durch sienabraune Ölfarbe abgetönten Lasur gestrichen und anschließend in zwei Richtungen »gekämmt«. Das Ergebnis ist kraft- und stimmungsvoll, es verleiht dem Holz Farbe und Struktur.*

Neues Leben für alte Möbel *(OBEN)* *Eine übermütige Farbgebung haucht alten, müden Möbelstücken neues Leben ein. Dieser schon etwas mitgenommenen Kommode hat ein sorgfältig aufgebrachtes Kammzugmuster eine gewisse Würde verliehen. Die ursprünglich cremefarbene Kommode erhielt einen gelben Untergrund für eine grüne Lasur.*

Für klar definierte Kanten oder fest umgrenzte Bereiche – wie beispielsweise bei Fußbodenplatten aus Hartfaser – klebt man die Flächen am Rand mit Abdeckband ab. Nun bringt man die letzte Anstrichschicht auf und zieht mit dem gewählten Kamm sanft und gleichmäßig so durch die nasse Farbe, daß die Streifen möglichst parallel verlaufen. Dabei ist es zweckmäßig, sich jeweils auf eine kleine, klar begrenzte Fläche zu konzentrieren. Flächen, die einer starken Beanspruchung ausgesetzt sind, werden abschließend mit Klarlack versiegelt.

Maserieren mit Pinseln

Als Variante zur Kammzugtechnik kann das Maserieren mit Pinseln sehr effektvoll sein, doch erfordert es einige Übung und eine ruhige Hand. Man bringt einen Grundanstrich auf und läßt ihn trocknen. Dann wird eine langsam trocknende Lasurfarbe auf Ölbasis in einer anderen Farbe darübergestrichen, anschließend zieht man einen sauberen Pinsel hindurch, um einen zarten Streifeneffekt zu erzielen, der die untere Farbschicht sichtbar werden läßt.

Tupfen mit Schwämmen

Das Tupfen mit einem Schwamm ist eine einfache Technik, und sie erzeugt einen weichen, wolkenartigen Effekt, mit Farben, die sanft miteinander verschmelzen. Sie hat eine freundliche, kosmetische Wirkung an alten Wänden, die nicht völlig glatt sind; auch kann man aufdringliche Heizkörper auf diese Weise beinahe unsichtbar werden lassen. Für den Grundanstrich kann man entweder Dispersionsfarbe verwenden, die darüberliegende Farben teilweise absorbiert und daher eine eher gedämpfte Wirkung erzeugt, oder eine seidenglänzende oder matte Farbe auf Ölbasis. Für die oberen Schichten wählt man verschiedene, abgestufte Farbtöne. In der Reihenfolge ihrer Transparenz können dies sein: abgetönte Lasurfarben auf Ölbasis, durch die die vorhergehenden Farbschichten schwach durchscheinen; seidenglänzende Farben auf Ölbasis, mit geeignetem Lösungsmittel verdünnt; mit Wasser verdünnte Dispersionsfarbe, die weich wirkt, aber nicht transparent ist.

Arbeiten mit Tupfschwämmen

Man verwendet am besten einen Naturschwamm, der aufgrund seiner unterschiedlich großen Löcher ungleichmäßige Strukturen ermöglicht. Naturschwämme sind teuer, doch tut es ein alter, sauberer Schwamm ebensogut wie ein ganz neuer. Wenn man Farben auf Ölbasis verwendet, taucht man den Schwamm in Terpentinersatz, damit er weich wird; wenn man mit Dispersionsfarben arbeitet, nimmt man Wasser. In jedem Fall muß der Schwamm anschließend fest ausgedrückt werden, damit die Farbe nicht verdünnt wird.

Man gießt die Farbe in eine Farbschale, taucht den Schwamm mit seiner breitesten Seite hinein und probiert den Tupfeffekt zunächst auf Papier aus. Das einzig Schwierige bei dieser Technik ist das Aufnehmen der richtigen Farbmenge, damit der

Anpassungsfähige Schwammtupftechnik (RECHTS) *Ein einfacher Farbeffekt mit Struktur, wie er sich beispielsweise mit Tupfschwämmen erzielen läßt, ist so anpassungsfähig, wie man es sich nur wünschen kann. Diese Wand hat einen coelinfarbenen Grundanstrich, anschließend wurden mit einem Schwamm verschiedene Gelbtöne aufgetupft. Die Farbeffekte haben sich während der Arbeit ergeben – einer ihrer Reize ist die Ungezwungenheit, mit der man Farben verwenden kann. Es ist jedoch sinnvoll, ihre Wirkung zunächst auf einem Stück Hartfaser auszuprobieren, damit man sich anschließend voll und ganz auf den kreativen Prozeß konzentrieren kann.*

Techniken, die Akzente setzen (OBEN) *Das Arbeiten mit Tupfschwämmen oder die konventionelle Stupftechnik ist auf kleineren Flächen ebenso wirkungsvoll wie auf ganzen Wänden. Da man entweder Farben auf Wasserbasis oder Lasuren auf Ölbasis verwenden kann, eignen sich diese Techniken für Wände und Holzwerk gleichermaßen, so daß man so auch Rahmen von Türen und Fenstern akzentuieren kann.*

Kombinierte Techniken zur Belebung von Flächen (LINKS) *Durch die Kombination zweier Techniken – das Maserieren mit einem Pinsel und das Auftupfen von Farbe mit einem Schwamm – werden die einzelnen Elemente dieser Füllungstür optisch gegeneinander abgesetzt: Die Rahmenhölzer der Tür wurden maseriert, die Füllungen mit Farbe betupft. Der ungezwungene sonnengelbe Anstrich paßt gut zu der eigentlich völlig schiefen Tür. Die Farben weichen nicht allzu stark voneinander ab, wodurch Farbsprünge vermieden werden.*

Schwamm einen gleichmäßigen, leichten Abdruck ohne Kleckse und Nasen hinterläßt. Wenn man zwei oder mehr Farben verwendet, sollten die Schwammabdrücke verhältnismäßig weit voneinander entfernt, doch gleichmäßig verteilt sein und einen Großteil des Grundanstrichs sichtbar lassen.

Von Zeit zu Zeit muß der Schwamm gesäubert werden, da er sich mit Farbe zusetzt und klumpig wird. Man drückt ihn dann wie zuvor in Wasser oder Terpentinersatz gut aus. Falls der Schwamm an der Oberfläche auseinanderzufallen beginnt, schneidet man das betreffende Stück einfach ab und fährt anschließend mit der Arbeit fort.

Stupfen

Die Stupftechnik erzeugt pointillistische Farbeffekte, die Tupfen sind feiner als beim Arbeiten mit Schwämmen. Verfahren sowie verwendete Farben sind in beiden Fällen grundsätzlich die gleichen, doch wird beim Stupfen die Farbe mit einer speziellen Stupfbürste aufgetupft. Das gleichmäßige Aufbringen der Farbe verlangt viel Geschick.

Traditionelles Blaugrün

Blaugrüne Anstriche von Wandvertäfelungen und Holzfußböden waren ein häufig anzutreffendes Gestaltungselement in Häusern des 19. Jahrhunderts. Gegenstücke gab es auch in Amerika, Skandinavien und im »Regency Green« englischer Landhäuser. Wenn es zum Stil des Hauses paßt, folgt man einer durchaus überzeugenden Tradition.

Ursprünglich wurde die Farbe an Ort und Stelle von über Land reisenden Malergesellen angemischt, deren Grundausstattung an Materialien auch die Erdfarbe *Terra verde* (grüne Erde) beinhaltete, die Basis des traditionellen blaugrünen Farbtons ist und mit Eiweiß und Buttermilch angemischt wurde.

Traditionelles Blaugrün

Der sanfte Charme des blaugrünen Anstrichs läßt sich auch ohne die Originalingredienzen wieder erschaffen. Die auf der gegenüberliegenden Seite gezeigte Interpretation der traditionellen Farbgebung wurde durch ganz normale Seidenglanzfarben auf Ölbasis erreicht. Man wählt zwei Farbtöne, die der gewünschten Farbe möglichst nahekommen. Rohes Holz wird zunächst glattgeschliffen, um größere Mängel zu beseitigen, die den Anstrich beeinträchtigen würden. Wenn man Schellack zum Versiegeln des rohen Holzes nimmt, erübrigt sich eine Grundierung auf Ölbasis, die später weiß oder rosa durchscheinen würde. Bei Schellack hingegen wird die Farbe des Holzes sichtbar, wenn man die Anstriche behutsam anschleift. Anschließend kann man noch einen Anstrich mit Klarlack vornehmen.

1 *Das rohe Holz mit Schellack (verdünnt mit 2 Teilen Spiritus) streichen. Zum Auftragen einen Flachpinsel oder Flächenstreicher benutzen. Den Anstrich trocknen lassen.*

2 *Mit einem Pinsel guter Qualität einen fleckigen Anstrich im gewählten Blauton aufbringen. Nach dem Trocknen die grüne Farbe gleichmäßig darüberstreichen.*

3 *Wenn die Farbe trocken ist, den Anstrich behutsam mit feuchtem Naßschleifpapier anschleifen, so daß blaue Farbschicht und Holzmaserung durchscheinen.*

4 *Die Oberfläche säubern und trocknen lassen. Dann 1 Teil braune Ölfarbe (gebrannte Umbra) mit 10 Teilen Terpentinersatz mischen, aufstreichen und abwischen.*

Stilgerechter neuer Anstrich (OBEN)
Diese neuen Nut- und Federbretter, zusammen mit einem kleinen Regal, wurden geschickt mit zwei verwandten Tönen einer modernen Farbe gestrichen. Sie wurden so gewählt, daß sie dem traditionellen Blaugrün möglichst nahekommen. Einige künstlich erzeugte Abnutzungsspuren tragen ebenfalls dazu bei, daß eine Wirkung entsteht, die dem Original überzeugend ähnelt und darüber hinaus den perfekten Hintergrund für ländliche Einrichtungsgegenstände bildet.

Dekorationstechniken

Sobald man die Wand mit einem Anstrich versehen hat – sei es nun ein durchscheinender oder ein strukturierter Farbüberzug –, kann man einzelne Bereiche mit Hilfe von Dekorationstechniken stärker hervorheben. Bevor es Wandputze und Arbeitsverfahren gab, die spiegelglatte Wände hervorbrachten, und Tapeten in Massenproduktion hergestellt wurden, waren die Möglichkeiten begrenzt, regelmäßige Muster und Dekors auf großen Flächen zu erzielen. Eine dieser Möglichkeiten war die Verwendung von Farbe, die entweder freihändig oder mit Hilfe von Schablonen oder Druckstöcken aufgebracht wurde.

Diese Techniken haben auch heute nicht ihren Reiz verloren – sorgfältig angewandt, setzen sie interessante farbige Akzente. Moderne Tapeten mögen einfacher in der Verarbeitung sein, doch harmonieren diese alten Techniken vielleicht besser mit dem Alter und dem Charakter des Hauses.

Aus Papier ausgeschnittene Dekorationsmuster

Mit Papierausschnitten lassen sich perfekte dekorative Akzente setzen als Randeinfassungen, an Tür- und Fensterladenfüllung, Schubladen und allen Dingen, die sich für kleine, wiederkehrende Muster eignen. Man kann Ideen kopieren oder eigene Kreationen schaffen – Füllhörner, Cherubime und zweidimensionale Spielereien auf dreidimensionalen Objekten, wie etwa Türklinken und Zierverkleidungen. Motive von Geschenkpapieren, die sich von einem einfarbigen, blassen Untergrund abheben, sind einen Versuch wert.

Die Tradition der Stencil-Malerei

Man nimmt an, daß sich das Wort »Stencil« von einem alten französischen Verb ableitet, das soviel wie »mit Sternen bestreuen« bedeutet – im 13. Jahrhundert hatte man eine Vorliebe für dunkel gestrichene Wände, die mit goldenen Sternen übersät waren. Stencil-Maler zogen im Mittelalter mit einer Vielzahl von Schablonen durch die Lande und verschönerten die Räume ihrer Kundschaft mit farbschablonierten Blättern und Ranken oder Streifen und stilisierten Blüten.

Dekor mit Papier und Farbe *(RECHTS)* *Um den hier verwendeten Papierschablonen einen freundlichen Untergrund zu bereiten, wurde die Wand zunächst mit blauer Dispersionsfarbe gestrichen. Durch den anschließenden Farbüberzug mit verdünnter weißer Farbe, die mit unregelmäßigen Pinselstrichen aufgetragen wurde, wirkt die Fläche durchscheinend.*

Papierausschnitte

Die Verwendung von Papierausschnitten auf Wänden, insbesondere für die Randeinfassung, stellt eine sehr einfache und wirkungsvolle Methode dar, Farbakzente zu setzen und raffinierte Effekte zu erzielen. Man kann Tapete verwenden oder die verschiedensten Geschenkpapiere. Hier wurde marmoriertes Papier gewählt.

1 *Zunächst die Ausschnitte aufzeichnen. Bogenförmige Streifen brauchen nur einmal aufgezeichnet zu werden, da sich die Form nach dem ersten Schnitt praktisch von selbst ergibt. Zum Schneiden ein scharfes Messer oder ein Skalpell benutzen und ein altes Brett oder dicken Karton unterlegen.*

2 *Das Muster mit Bleistift auf die Wand übertragen. Abstände nötigenfalls mit dem Lineal abmessen. Ein regelmäßiges Muster kann besonders reizvoll bei einer Randeinfassung aussehen, die unten an der Wand oder um einen Türrahmen herum verläuft (s. gegenüberliegende Seite).*

3 *Die Papierausschnitte an den markierten Stellen mit Tapetenkleister aufkleben. Bei einer Randeinfassung in den Ecken – wie auf der rechts gezeigten Wand – zusätzliche Dekorelemente hinzufügen.*

Randeinfassungen

1 *(OBEN) Den Rand mit Bleistiftlinien markieren (für den senkrechten Verlauf ein Senklot zu Hilfe nehmen) und mit Abdeckband abkleben.*

2 *(RECHTS) Die Grundfarbe in unregelmäßigen Pinselstrichen mit verdünnter weißer Farbe überstreichen.*

Selbst nachdem im 17. Jahrhundert bedruckte Tapeten ihren Einzug in die Häuser gehalten hatten, war die Schablonenmalerei noch immer als Dekorationstechnik des kleinen Mannes von Bedeutung; bei wohlhabenden Leuten erfreute sie sich neuerlicher Beliebtheit, als Tapeten Mitte des 19. Jahrhunderts zur Billigware verkamen und überall verfügbar waren.

Stencil-Farben

Die ursprünglich verwendeten Farben waren eine Mischung aus Farbpigmenten und Buttermilch – es sind klare, reine, matte Farben. Dieser Effekt läßt sich imitieren, wenn man der Farbe in geringer Menge ein Fungizidkonzentrat zusetzt, doch muß die Malerei in diesem Fall mit Lack versiegelt werden, damit das Muster dauerhaft wird. (Vorsicht im Umgang mit Fungiziden, da es sich um Gifte handelt!) Das bedeutet andererseits, daß man all dies auch wieder entfernen muß, wenn die Wand einmal überstrichen werden soll. Eine andere Möglichkeit ist es, moderne, leicht zu handhabende Farben (einschließlich Sprühfarben) zu verwenden, mit denen sich ebenfalls eine überzeugende – wenngleich auch weniger authentische – Farbgebung erzielen läßt.

Stencil-Muster

Schablonen sind ideal für Muster, die sich ständig wiederholen, obwohl exakte Uniformität ihren Charme nicht eigentlich ausmacht. Sie lassen sich für Möbel, Wände, Fußböden und Textilien verwenden, und die Muster können vom winzigen, regelmäßigen Lochmuster als Hintergrundmotiv bis zu großen, extravertierten Girlanden und Wirbeln als Randeinfassung eines gestrichenen Fußbodens reichen. Die Anziehungskraft ursprünglicher Stencil-Malereien liegt vornehmlich in ihren gebrochenen, abgenutzten Farben wie auch in den winzigen Hintergrundmotiven, durch die große einfarbige Flächen belebt und größere Elemente des Dekors hervorgehoben werden.

Umgekehrtes Schablonieren

Überaus wirkungsvoll kann auch die Negativ-Stencil-Technik sein. Dabei bestimmt man die Farbe, in der das Stencil-Motiv erscheinen soll, und streicht die gesamte Wandfläche in dieser Farbe – hier ist es schlichtes Weiß. Dann werden die gewünschten Formen partieweise aus Vorsatzpapier zugeschnitten und auf die gestrichene Wand geklebt. Hierzu verwendet man Sprühkleber. Nun überstreicht man alles satt mit Dispersionsfarbe. Wenn der Anstrich trocken ist, werden die Papierausschnitte vorsichtig von der Wand abgezogen.

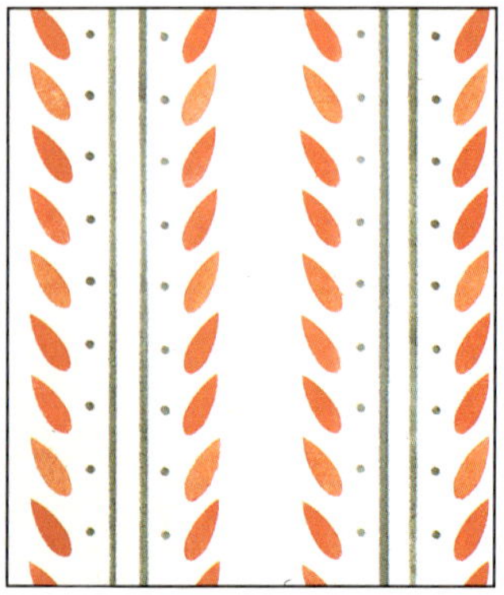

Einfache Motive *Man kann ein sehr einfaches Motiv wählen, wie beispielsweise das Blatt auf diesen beiden Seiten, und ganz unterschiedliche Effekte damit erzielen. Dank der kräftigen Farben und des regelmäßigen, einfachen Musters ist hier ein lebhaftes Ornament im amerikanischen »Country Look« entstanden.*

Farbe nutzen *Ein feinerer Effekt läßt sich durch dünne Farbüberzüge erzielen: Die Wand ist in einem sanften Blau gestrichen, die abgeklebten Streifen (s. S. 87) haben einen grauen Überzug erhalten. Anschließend wurde jedes Blatt mit Hilfe einer Schablone einzeln aufgemalt.*

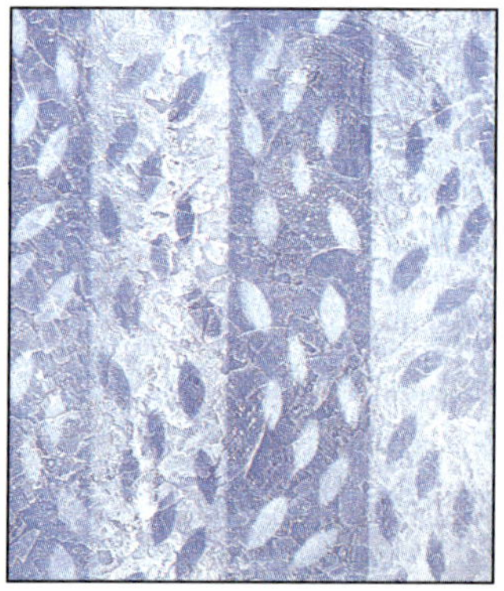

Zwanglose Effekte *Dieses Muster ist weniger förmlich – die schablonierten Blätter sind zwanglos auf den Streifen verteilt. Für solche Arbeiten verwendet man Mischtöne derselben Farbe; hier kontrastieren ein sanftes Kobaltblau und ein leuchtendes Ultramarinblau.*

Bewegung an der Wand (RECHTS) *Obwohl man mit Hilfe von Schablonen ein gleichmäßiges Muster erzielen kann, lassen sie sich ebenso wirkungsvoll für ein bewegtes Dessin verwenden. Für einen zwanglosen ländlichen Stil ist diese Kaskade herbstlicher Blätter ein gutes Beispiel.*

Der Grundanstrich besteht aus einem tiefen Rot, das durch die helleren oberen Farbschichten einen feinen, kraftvollen Ton bekommen hat. Die Schablone wurde für unterschiedliche Rot- und Orangetöne benutzt. Sowohl die Farbverteilung wie auch die Anordnung der Blätter ist ganz zufällig, um die impressionistische Weichheit eines handgemalten Blattregens zu erzielen.

Wunderschöne fertige Schablonen mit architektonischen oder naturalistischen Motiven von unterschiedlicher Komplexität lassen sich mühelos beschaffen, und auch Ideen für ihre Verwendung werden gleich mitgeliefert. Andererseits ist das Entwerfen eigener Vorlagen nicht schwierig, macht darüber hinaus viel Spaß und bietet die Möglichkeit, das Muster genau auf den beabsichtigten Verwendungszweck abzustimmen. Am besten beginnt man mit kleineren Entwürfen und nimmt größere Projekte erst in Angriff, wenn man bereits Erfahrung gesammelt hat.

Man könnte beispielsweise bedeutsame Ereignisse auf sehr individuelle Weise festhalten und würdigen. So kann vielleicht ein Lorbeerkranz, mit Rosetten verziert und mit Datum und Unterschrift versehen, an einen errungenen Preis erinnern oder ein Fries aus Kirschen, Erdbeeren und Johannisbeeren in der Küche eine besonders gute Obsternte ins Gedächtnis zurückrufen; oder ein Ornament aus Muscheln, Krebsen und farnähnlichem Seetang rund um die Badewanne läßt immer wieder gern an die sonnigen, warmen Ferientage am Meer zurückdenken.

Stencil-Muster planen

Damit Schablonenmalereien auf großen Flächen, wie etwa einer Wand, angemessen zur Geltung kommen, müssen sie die richtige Größe haben und sorgfältig ausgearbeitet sein. Winzige Blümchen verschmelzen zum gesprenkelten Schleier, kühne Päoniensträuße, die optisch durch eine schwere schnurartige Einfassung zusammengehalten werden, flößen Respekt ein. Ein sorgfältig geplantes und wohlproportioniertes Muster, das sich über die gesamte Fläche erstreckt, wirkt besser als kleine diskrete Motive hier und da. Und an Wänden rundet eine Einfassung oder ein Fries das Muster ab und hält es zusammen.

Früher kombinierte man Schablonenmalereien an Wänden häufig mit regelmäßigen Streifen oder unterbrochenen Linien, um den Eindruck einer Tapete zu erwecken, oder die Muster wurden durch aufgemalte Kassetten eingefaßt und mit Freihandmalereien kombiniert. Als Möglichkeiten zur Gliederung der Schablonenmalereien sind diese Methoden überaus wirkungsvoll, und sie verleihen selbst bescheidenen Mustern aus ständig wiederkehrenden Blättern und Ranken etwas Würdevolles. Es ist alles nur eine Frage der Präsentation – wie bei vielen Malereien macht auch hier der Rahmen das Bild. Bevor man seine Motive auf die Wand überträgt, sollte man ihre Wirkung zunächst auf einem Bogen Papier testen.

Die meisten gestrichenen Flächen lassen sich durch Schablonenmalereien verschönern. Diese wirken besonders gut auf

Gelungene Eckengestaltung (LINKS) *Schablonenmalereien wirken häufig am besten auf einem leicht strukturierten Untergrund, insbesondere wenn sie nicht ganz symmetrisch sind wie dieses heraldische Motiv. Hier wurden die Wände und die Decke mit einer gelben Öllasur gestrichen und anschließend gewickelt (s. S. 80).*

Stencil-Motive *Die Art eines Stencil-Motivs kann durch den Baustil des Hauses vorgegeben sein. Auf alten Wänden mit grobem Putz und Eichenbalken sehen Motive wie Fleur-de-lis (Wappenlilie) und Tudor-Rosen (OBEN) gut aus. Die kräftige kastanienbraune Ölfarbe kommt wunderbar auf einer weißen verputzten Wand zur Geltung.*

Für Häuser aus späterer Zeit – mit glatteren und größeren Wandflächen – eignet sich eine Kombination verschiedener Farben und unterschiedlicher Motive (FOTO OBEN). Die hier verwendeten Motive stammen aus alten Stencil-Musterbüchern. Das Dessin ist durch senkrechte Streifen streng gegliedert.

leicht strukturierten Anstrichen, wie etwa einem dünnen Farbüberzug oder auf mit dem Schwamm aufgetupften Farben. Die Farbe der Schablonenmalerei muß schnell trocknen und darf nicht zu dünnflüssig sein – Künstleracrylfarben sind am besten geeignet, doch kann man auch Autosprühlack verwenden.

Die Technik des Farbschablonierens

Wenn man verschiedene Schablonen für die einzelnen Farben eines Motivs benutzt, sollte man auf allen Schablonen entsprechende Markierungen anbringen, mit denen sie sich über den Bleistiftpunkten auf der Wand ausrichten lassen. Wenn die Schablonen aus Folie zugeschnitten werden, kann man sie unter Umständen auch ohne Markierungen richtig positionieren. Die Schablonen werden an den Ecken mit Abdeckband festgeklebt, damit sie flach aufliegen.

Zum Auftragen der Farbe einen Schablonierpinsel oder einen Schwamm benutzen: mit Pinsel oder Schwamm etwas Farbe aufnehmen, auf einem Bogen Papier überprüfen, ob die Farbmenge nicht zu groß ist, dann die ausgesparte Fläche mit Farbe betupfen. Die Farbe sollte decken, aber noch Struktur haben, und es müssen alle Details sichtbar werden. Die Farbe etwas trocknen lassen und die Schablone versetzen, um den Vorgang an anderer Stelle zu wiederholen. Das Schablonieren ständig wiederkehrender Motive läßt sich beschleunigen, indem man eine ganze Partie von Schablonen zuschneidet, sie sorgfältig ausrichtet und der Reihe nach ausmalt, so daß das erste Motiv trocken ist, wenn man das letzte fertiggestellt hat, und man mit einer zweiten Farbe fortfahren kann. Die fertige Malerei wird abschließend durch matten Klarlack oder – bei der Verwendung von Autosprühlack – durch Sprühlack geschützt.

Farbschablonieren mit Sprühfarben

Dieses winzige Fenster (UNTEN) vermittelt Intimität bei maximalem Lichteinfall, der durch die Transparenz des Autosprühlacks gewährleistet wird. Das zarte Grün, das für die Farnmotive verwendet wurde, setzt sich aus acht verschiedenen Farbtönen zusammen. Die spitzenähnliche Einfassung bindet das Gesamtdessin.

Die Verglasung (RECHTS) wurde mit einer gekauften Stencil-Vorlage verschönert. Auch hier hat man Autosprühfarben benutzt, um einen Tüpfeleffekt zu erzielen. Der Erfolg liegt im sorgfältigen Abkleben und der sparsam verwendeten Farbe begründet.

Ein neues Blatt (RECHTS) *Für diese feine Gestaltung einer Laibung wurden die einfachsten Schablonen benutzt, die man sich denken kann – bei einem Spaziergang gesammeltes Herbstlaub. Die Blätter wurden vorübergehend auf die Wand geklebt und mit einer gelben, transparenten Farbe überstrichen.*

Für die Fensterumrandung wurde eine sehr trockene Mischung aus grüner, weißer und einem Hauch roter Seidenglanzfarbe über blattförmige Papierschablonen auf die Wand gerieben.

Schablonen selbst anfertigen

Zum Anfertigen der Schablonen benötigt man geöltes Kraftpapier oder starke Stencil-Folie, ein scharfes Künstlermesser oder Skalpell, einen Filzstift zum Übertragen des Motivs auf das Kraftpapier oder bei Folie einen Folienschreiber sowie ein Stück Hartfaser oder eine dicke Glasscheibe (Vorsicht bei scharfen Kanten!) als Schneidunterlage. Das Motiv wird mit Kohlepapier übertragen, sofern man Kraftpapier für die Schablonen verwendet. Da Stencil-Folie durchsichtig ist, läßt sich das Motiv hier einfach durchzeichnen und kann anschließend vorsichtig mit einem Messer herausgeschnitten werden. Mehrfarbige Motive, bei denen man für jede Farbe eine andere Schablone benötigt, lassen sich am einfachsten mit Folie ausführen.

Druckstöcke und Stempel

Eine weitere Möglichkeit, große Flächen, wie beispielsweise einen Gardinenstoff oder eine Wand, mit einem sich wiederholenden Muster zu versehen, ist die Verwendung von Druckstökken oder Stempeln. Hierzu wird das Motiv in flexibles und elastisches Material geschnitten – für kleine Motive reicht schon ein Radiergummi, ein synthetischer Schwamm oder gar eine Kartoffel. Das Motiv mit einem Künstlermesser ausarbeiten, den Stempel leicht in die Farbe tauchen und auf die vorbereitete Fläche drucken. Kleine Musterfolgen – aus Blättern und Sternen – eignen sich wunderbar für Randeinfassungen.

Für größere Entwürfe kann man einen etwas professionelleren Druckstock selbst anfertigen. Man nimmt dazu einen Holzklotz, klebt entlang der Umrisse des Motivs Schnur oder Kordel auf und füllt die Zwischenräume mit konzentrischen Kreisen aus. Harte Druckstöcke eignen sich am besten für glatte, ebene Wandflächen, auf denen sich die Konturen klar abzeichnen – kleine Unregelmäßigkeiten lassen sich später mit einem Pinsel ausbessern. Für Wände mit einer rauhen Oberfläche sollte man einen weicheren Druckstock aus einem Schwamm anfertigen.

Beim Arbeiten mit Druckstöcken erzielt man die besten Ergebnisse mit dickflüssiger Farbe. Als Alternative zu den üblichen Haushaltsfarben kann man Kindermalfarben ausprobieren oder bei versiegelten Oberflächen auch Linoldruckfarben. Zum Bedrucken von Stoffen verwendet man Acryl- oder Ölfarben oder spezielle Textilfarben. Auch hier gilt: Das Experimentieren mit unterschiedlichen Materialien und Farben zahlt sich aus.

Das Arbeiten mit Druckstöcken

Zum Bedrucken müssen Wände sorgfältig vorbereitet werden – sie sollten so glatt und so eben wie möglich sein, damit sich die Konturen des Druckmotivs klar abzeichnen. Der Druckstock läßt sich aus einem Stück Tischlerplatte anfertigen, das man mit einem Griff versieht (jeder einfache Möbelknopf ist dazu geeignet). Für das erhabene Druckmotiv klebt man (wie hier) Schnur oder ausgeschnittene Formen aus Polystyrol-Hartschaum oder dicker Pappe auf. Bei Wänden mit einer rauhen Oberfläche versucht man, einen Druckstock aus einem rechteckigen Schwamm zu verwenden.

1 *Das gewünschte Motiv auf ein Stück Tischlerplatte zeichnen. Diagonale Linien markieren den Mittelpunkt für das Motiv und zeigen auf der Rückseite an, wo später der Griff festgeschraubt wird. Entlang der aufgezeichneten Linien mit Epoxidharzkleber Bindfaden aufkleben.*

2 *Zum Einfärben des Druckstocks mit Seidenglanzfarbe einen Pinsel verwenden. Damit nicht zuviel Farbe auf den Druckstock gelangt und das Motiv sich nicht zusetzt, überschüssige Farbe mit einem Stück Küchenkrepp vom Pinsel wischen.*

3 *Die Wand vor dem Bedrukken mit Bleistiftlinien markieren. Den Druckstock fest gegen die Wand drücken. Bei diesem Beispiel zeichnen sich die Konturen etwas undeutlich ab, was allerdings sehr reizvoll wirkt. Kleine Unregelmäßigkeiten lassen sich nach Belieben mit einem Pinsel beseitigen.*

Die fertige Wand (RECHTS) *Durch einen raffinierten Untergrund läßt sich der Effekt eines aufgedruckten Musters noch verstärken. Das dunkle Grün dieses einfachen Paisley-Musters wird durch eine Kombination kühler Grüntöne hervorgehoben. Die Wandfläche wurde zunächst mit grüner Dispersionsfarbe gestrichen und anschließend mit einem Überzug aus verdünnter weißer Dispersionsfarbe versehen. Der Streifen unterhalb der Wandleiste hat einen zweiten weißen Farbüberzug erhalten.*

Freihandmalerei

Freihandmalereien erfordern etwas Selbstvertrauen. Man kann eigene Motive entwerfen – und sie zunächst probeweise mit Buntstiften oder Wasserfarben auf einen Bogen Papier malen – oder Entwürfe anderer übernehmen und sie in Farben kopieren, die zur übrigen Raumausstattung passen.

Am besten schaut man sich zunächst nach einfachen Motiven um und plagiiert sie dreist auf der gewählten Fläche – einen Korb mit Gemüse von einem elisabethanischen Gemälde beispielsweise oder einen kühnen Blumenstrauß von Picasso. Auch traditionelle Motive gemalter Volkskunst stellen einen guten Ausgangspunkt für den Anfänger dar, da sie recht einfach sind und keinen Anspruch auf Perfektion erheben (s. S. 138). Das Original läßt sich mit Hilfe von Rasterzeichnungen und Karopapier oder auf dem Fotokopierer vergrößern.

Der Besuch von Museen und Antiquitätengeschäften kann bei der Suche nach authentischen Motiven sehr hilfreich sein; nach Möglichkeit sollte man sich mit einer Kamera auf den Weg machen – ein Foto ist ein unschätzbares Dokument des genauen Designs, der Farben und des Erhaltungszustandes des Originals.

Teppich-Halluzinationen (OBEN) *Dieser fabelhafte »Kelim« ist ein Stück künstlerischer Freiheit auf einem Steinfußboden. Als erstes wurde das rotbraune Rechteck aufgemalt, dann die cremefarbenen Muster und Motive. Die gesamte Malerei ist durch einige Schichten Polyurethanlack geschützt.*

Tudor-Ranken *(LINKS) Örtliche Museen sind eine gute Quelle für Originalmotive – diese Tudor-Ranke ist das Ergebnis intensiver Nachforschungen im Christchurch Museum in Ipswich. Das Motiv wurde mit Dispersionsfarben freihändig auf eine verputzte Wand gemalt.*

Kreative Möglichkeiten *(RECHTS) Durch ihre einladend kleine Fläche sind Fensterläden der perfekte Platz für Freihandmalereien. Diese Motive wurden zunächst dünn mit Bleistift vorgezeichnet und anschließend in Künstlerölfarben gemalt. Die Rahmen der Füllungen sind mit einem sehr trockenen Pinsel altrosa gestrichen. Türen lassen sich in ähnlicher Weise verschönern, man kann ihre Füllungen jedoch auch ausschließlich farblich absetzen. Eine weitere Möglichkeit ist es, eine prachtvolle florentinische Tür zu kopieren (s. S. 70).*

Bescheidene mittelalterliche Kirchen sind häufig eine wahre Fundgrube für Motive, die sich gut in ein Fachwerkhaus aus der Tudor-Zeit einfügen. So findet man vielleicht Inschriften, gemalt in mattem, dunklem Grau und rosabraunen Tönen, die von einem kunstvollen Rahmen aus Blättern und Schnörkeln eingefaßt werden. Man kann die Farben übernehmen und den Rahmen so anpassen, daß er die richtige Größe für die eigenen Balken bekommt. Vielleicht trifft man in Kirchen auch prachtvoll bemalte Holzfüllungen an, die ein oder zwei Heilige vor einem gemusterten Hintergrund, eingefaßt von dekorativen Medaillons, zeigen. Elemente, die man übernehmen möchte, kann man plagiieren. Als Einfassung malt man einen dunklen Rand, der in regelmäßigen Abständen Akzente durch kleine goldene Blumen erhält.

Das Malen der Motive

Der probeweise auf Papier ausgeführte Entwurf wird mit Abdeckband auf den betreffenden Untergrund geklebt, damit man die Wirkung der Farben und die Proportionen beurteilen kann. Wenn man damit zufrieden ist, zeichnet man das Motiv dünn mit Bleistift auf die Fläche – die Linien sind später kaum sichtbar. Eine andere Möglichkeit ist es, das Motiv mit Kohlepapier zu übertragen und es dann mit Farben auszuarbeiten. Dabei sollte man versuchen, weiche und leichte Pinselstriche zu ziehen, was sich am besten mit einem nicht zu dünnen Künstlerpinsel erreichen läßt.

Für kleine Flächen bieten Künstlerölfarben die größte Farbauswahl. Wenn auch der Untergrund mit Ölfarbe gestrichen wird, lassen sich Fehler einfach wegwischen.

Künstlerische Freiheit (UNTEN) Das Schöne an Freihandmalereien ist, daß sie ganz ungezwungen sein können. Bei diesen Pappeln wurden die Farben mit einem Lappen verrieben, wodurch sich ein besonders weicher Farbeffekt ergibt; die Vögel sind mit der Holzspitze eines Pinsels in die Farbe hineingekratzt; der Türrahmen hat einen ungleichmäßigen, wolkigen Anstrich erhalten.

Malerische Aussicht (LINKS) Wenn das Haus keinen spektakulären Ausblick bietet, malt man ihn. Dieser Blick ins »Freie« belebt einen langen Korridor und ist ein reines Phantasieprodukt.

Trompe l'œil-Girlanden (RECHTS) Diese täuschend echt wirkende Girlande verleiht der Treppe einen Anflug von Fröhlichkeit und lenkt den Blick nach oben.

KAPITEL 3

LÄNDLICHE TEXTILWAREN

Ländliche Textilwaren haben eine starke Affinität zu frischer Luft. Es sind Stoffe, denen Hunde und Kinder nichts anhaben können, die einem Fest unter freiem Himmel eine zwanglose Förmlichkeit verleihen oder sich im Luftzug eines offenen Fensters blähen. Nur äußerst selten kommen sie vom Pfad natürlicher Rechtschaffenheit ab. Textiles Material, das sich am besten in einen ländlichen Rahmen einfügt, ist tierischen oder pflanzlichen Ursprungs: Wolle, Leinen, Baumwolle, Sisal. Gewöhnlich sind solche Stoffe ziemlich haltbar, erlangen mit den Jahren Charakter und Würde und schaffen, liebevoll geflickt und altersschwach, weiche Farbharmonien.

Naturfasern sehen gut aus, weil sie bestimmte Eigenschaften aufweisen. Polsterleinen bleicht mit der Zeit aus und trägt sich ab – durch Falten und Unebenheiten werden ehrwürdige Polsterkissen noch reizvoller; Vorhänge aus feinem Baumwollmusselin fallen auf eine Art und Weise, die Perlongeweben völlig fremd ist; Sisal und Seegras kratzen an den Füßen, sind jedoch von einer soliden Zuverlässigkeit, die kein Bodenbelag aus Kunstfasern je erreichen wird; traditionelles, auf eine Wolldecke gesteptes Patchwork fällt und liegt ganz anders als seine modernen synthetischen Gegenstücke.

Ländliche Stoffe scheinen unbeugsam durchs Leben zu gehen – Leinen wird wieder blendend weiß, wenn man es kocht, und Baumwolle reagiert mit neuer Frische auf den traditionellen Hauch von Stärke. Leinen wie auch Baumwolle lassen sich normalerweise problemlos waschen und auf der Leine trocknen. Sie bringen einen frischen Duft mit ins Haus, den es entgegen vieler Werbeversprechungen noch immer nicht aus der Flasche gibt.

Sicher verstaut (LINKS) *Ein alter englischer Vorratsschrank ist der richtige Platz für diese beneidenswerte Sammlung amerikanischer Patchwork-Quilts, deren Farben im Laufe der Jahre immer weicher geworden sind.*

Stoffe

Ländliche Stoffe haben den unschätzbaren Vorteil, daß sie zumeist recht preiswert sind. Drell, Musselin und ungebleichter Nessel sind bescheidene, aber großartige Stoffe, und sie kosten so wenig, daß man es sich leisten kann, verschwenderisch damit umzugehen und sich im Färben und Steppen zu versuchen. Baumwollsamt nimmt Farbe wunderbar an (verliert sie aber leider mit weniger Charme), und schmal gerippter Cord, in kräftigen, satten Farben, verdient ebenfalls eine Wiederentdekkung. Es gibt durchaus auch kostbare ländliche Textilwaren – prächtig floralen Chintz, leicht verblichenes Patchwork der Amish und dunkle alte Paisley-Stoffe. Hier erzeugen schon Einzelstücke eine große Wirkung.

Der Stil, der am besten in ein ländliches Ambiente paßt, entwickelt sich oft dank all der Kleinigkeiten, die man im Laufe der Zeit auf Flohmärkten und bei Trödlern ergattert. Wer vielleicht zu wenig Zeit hat, selbst etwas zu nähen, kann die Arbeit anderer würdigen und einem alten Leinentischtuch mit handgearbeiteter Häkelspitze oder einem Bettüberwurf mit herrlicher Hohlsaumarbeit ein neues Zuhause geben.

Ein Auge für gute Stoffe

Man sollte einen Blick für gute Stoffe entwickeln – so wie ein Schreiner jedes Holz als potentiellen Werkstoff betrachtet und beurteilt. In Second-Hand-Läden und auf Basaren findet man häufig schöne alte Wolldecken. In Dunkelgrau oder Marineblau stellen sie im Winter einen behaglichen Überwurf für Sofas und Lehnstühle dar, insbesondere wenn man sie an den Kanten mit glänzender Wolle oder italianisierten Fransenbüscheln einfaßt. Auch nach elegant geblümten Leinenvorhängen sollte man die Augen offenhalten – sie lassen sich auftrennen und zu Bezügen für Polsterkissen umarbeiten. Leinenhandtücher mit Spitzenbesatz finden als Gardinen für verglaste Türen ebenfalls einen neuen Verwendungszweck. Bestickte Bettlaken, vom jahrzehntelangen Gebrauch dünn geworden, kann man zu frischen, waschbaren Küchengardinen umfunktionieren. Und Baumwolltaschentücher, geziert von Stickereien im Platt- und Knötchenstich, sind vielleicht am besten als Kissenbezug auf einer Chaiselongue im Schlafzimmer aufgehoben. Wer allerdings das Glück haben sollte, schöne alte Bettwäsche aus Baumwolle oder, noch besser, aus feinem Leinen zu finden, kann nichts Klügeres tun, als sie ihrem ursprünglichen Verwendungszweck gemäß zu benutzen – und süß darin zu träumen.

Naturfasern

Stoffe aus Naturfasern, in dem klassischen Nebeneinander von Braun- und Blautönen – den Farben der Erde und des Himmels –, werden hier durch einen Hauch von cremefarbener Spitze und ein Bouquet gestickter Anemonen aufgehellt. Manche altmodischen Dinge lassen sich wohl nicht verbessern: daunengefüllte, geblümte und karierte Patchwork-Quilts, duftige Stoffe aus Baumwolle, Leinen und Drell, weicher Samt und die traditionelle Feinheit handbedruckter Stoffe.

Baumwoll-tischdecke mit Spitze

Baumwoll-musselin

Baumwoll-spitzenstoff

Dekoratives Tischleinen *Handbedruckt (LINKS) und Durchbruchstickerei (RECHTS)*

Schlichte Stoffe *Jute, Nessel, Drell und Leinen*

Steppdecke aus Paisley-Stoff *(OBEN)*

Baumwolldaunendecke *Blaukariert, im 19. Jahrhundert in Frankreich hergestellt*

Patchwork-Quilt *aus großen und kleinen Stoffquadraten*

Baumwollbettüberwurf *aus dem frühen 19. Jahrhundert mit feiner Weißstickerei*

Kokosmatte *(RECHTS OBEN), aus strapazierfähigen Kokosfasern gewebt*

Bettüberwurf *Leinen mit Crewel-Stickerei aus dem Jahr 1710*

Türkischer Teppich *aus reiner Wolle*

Blauweiße Stoffe *Reine Baumwolle mit einem Muster, das an antike Keramik erinnert (LINKS), Baumwollchintz (MITTE) und handbedruckter Baumwollstoff*

Teppiche und Matten

So bedauerlich es auch sein mag: Teppichböden passen nicht wirklich gut in einen ländlichen Rahmen. Wenn man dennoch auf ihren unbestreitbaren Komfort und ihre Bequemlichkeit nicht verzichten möchte, dann gibt es immerhin einige Arten, die sich besser einfügen als andere. Feingemusterte oder einfarbige Wollbeläge in den Farben ländlicher Pfarrhäuser geben einem Raum eine innere Linie und Wärme. Feingerippten Teppichboden bekommt man in einer großen Auswahl an Farben, wobei die dunklen Töne ein exzellenter Untergrund für farbenfrohe kleine Orientteppiche sind.

Terrakotta und gewachstes Holz harmonieren gut mit schlichten Matten aus Sisal, geflochteten Binsen, Kokosfaser oder Seegras, die den perfekten ländlichen Bodenbelag darstellen. Farbe kann man dem Ganzen durch ein Mosaik aus Teppichen verleihen – granatroten und indigoblauen Perserbrücken, ausgeblichenen türkischen Teppichen oder einigen Kelims.

Selbstgemachte Teppiche

Teppiche sind freundlich zu den Füßen und lassen sich erstaunlich schnell anfertigen. Man kann dazu Garn durch eine Unterlage ziehen, so daß Schlingen entstehen, oder Fäden an Stramin knüpfen, was einen dichten Flor ergibt. Alternativ dazu bieten einfache Webteppiche und *Petit-point*-Arbeiten eine wunderbare Möglichkeit, mit Farben zu experimentieren. Darüber hinaus kann man beispielsweise auch Motive von Postkarten oder bemalten Blechtabletts übernehmen und sie vergrößert mit Filzstift auf das Grundgewebe übertragen. Um die Farbgebung der Vorlage zu kopieren, verwendet man Gobelinwolle, die es in allen nur erdenklichen Farben gibt. Dies ist eine erschwingliche Möglichkeit, der sanften Fülle französischer Aubusson-Teppiche oder dem Glanz eines kostbaren Gebetsteppichs nachzueifern.

Flickenteppiche sind rasch angefertigt und besitzen eine bodenständige Authentizität – ovale Teppiche aus geflochtenen Stoffstreifen in gedämpften Farben sehen gut aus, ebenso wie kühnere Entwürfe auf einem Jutegrund mit in Schlingen durchgezogenen Stoffbändern. In früherer Zeit nahm man als Grundgewebe für solche Teppiche alte Jutesäcke, und alle Kinder des Hauses hatten die Aufgabe, bergeweise abgetragene Stoffe in schmale Streifen zu schneiden, die dann in Schlingen durch die Unterlage gezogen wurden (s. S. 178).

Eine weitere Möglichkeit bieten bemalte Scheuertücher, die allerdings oft etwas kalt wirken.

Wiederentdeckte Kunst (LINKS) *Scheuertücher aus Canvas (Leinen) wurden in Amerika seit Beginn des 18. Jahrhunderts verwendet, da sie haltbar und leicht zu säubern waren. Diese moderne Version mit Schablonenmalereien ist in ihren Farben und Motiven von unbeschwerter Eleganz.*

Ländlicher Charme (LINKS) *Dieser robuste Teppich aus Pennsylvania, der eine schwarzbunte Kuh zeigt, wurde von Pat Hornafius aus handgefärbter Wolle gearbeitet. Die etwas unregelmäßige Rechteckform ist charakteristisch für von Hand gefertigte Teppiche.*

Inspirationen der 30er Jahre (RECHTS) *Dieser lange schmale Schlingenteppich mit kühnen geblümten Diagonalstreifen wurde von den Farben und Entwürfen inspiriert, die die englischen Künstler Vanessa Bell und Duncan Grant in den 30er Jahren in ihrem Landhaus »Charleston« verwendeten. Das leuchtende Blumenmuster findet sein Echo in den gelb angelegten Wänden.*

GOD
all things are possible
OCTOBER
1928
October 1877

Vorhänge und Rollos

Ländliche Fenster gibt es in allen möglichen Größen und Formen. Eine etwas genauere Analyse kann für die Planung der Fenstergestaltung hilfreich sein. Manche Zimmer nehmen gegenüber Licht und Luft eine eindeutige Haltung ein – etwa sommerliche Räume, die nur einen wehenden Hauch von Musselin an den Fenstern benötigen. Andere Zimmer haben den unerschütterlichen, entschlossenen Charakter winterlicher Zurückgezogenheit und vertragen auch größere Mengen großzügig geraffter Stoffe.

Andere Fenster sehen wiederum ganz ohne Gardinen am besten aus. Einem Fenster, das einen wunderbaren Ausblick einrahmt, wird man am ehesten gerecht, wenn man es als das wirken läßt, was es eigentlich ist – als (gestrichener) Bilderrahmen. Fensterläden können eine beruhigende Würde ausstrahlen, wenn sie nicht mit Stoffen verhängt werden. Ihre Füllungen laden zu Freihandversuchen mit Farbe ein.

Stoffe für Rollos

Springrollos sind schnell angefertigt, lassen soviel Sonne wie möglich herein und kosten nicht viel. In den kräftigen Farben bunter Glasscheiben sehen sie besonders schön aus und können überzeugend ein kräftiges Stoffmuster zur Schau stellen. Feste Stoffe sind ideal – von Drell und Nessel bis zu Chintz und Polsterstoffen aus Baumwolle. Ihre starren Linien können durch einen Langettensaum gemildert werden oder – für alle, die ungestört sein wollen – durch zusätzliche Vorhänge. Für Falt- und Raffrollos steht eine größere Vielfalt an Stoffen zur Verfügung. Auch solche Rollos sind leicht anzufertigen, und das erforderliche Zubehör bekommt man bei den meisten Raumausstattern. Bei rüschenbesetzten Wolken-Raffrollos ist Vorsicht geboten – sie beanspruchen viel Platz und Licht, und an kleinen Fenstern sehen sie meist wie eine aufgetakelte Galeone aus, die unerlaubt in fremde Gewässer eingedrungen ist.

Vorhang auf (RECHTS) *Vorhänge aus bescheidenem Nessel können so prächtig und großzügig wie diese aussehen, wenn sie mit bühnenhafter Pracht zusammengerafft werden. Der Erfolg dieser Gardinen liegt im Färben und der Verarbeitung des Stoffes: Die Vorhänge wurden auf dem Rasen ausgebreitet und mit Textilfarbe in zwei verschiedenen Blautönen – Wedgwood-Blau und Indigo – bespritzt. Anschließend wurden sie gefüttert und im oberen Bereich zusätzlich wattiert.*

Pfauenaugen (OBEN) *Dieser klassische Liberty-Stoff mit aufgedruckten Pfauenaugen hat die Leuchtkraft bemalten Glases – nachts wirkt das Muster verworren, bei Tageslicht strahlt es hell und klar. Das kleine rechteckige Bleiglasfenster verstärkt diesen Effekt zusätzlich durch seine kaleidoskopischen Farben.*

Ländliche Vorhänge anbringen

Einfache Falten *Faltenbänder, die es fertig zu kaufen gibt, sind unter Umständen für manche Vorhänge nicht gerade vorteilhaft. Vorhänge aus Tuchstoffen sehen am besten ohne regelmäßigen Faltenwurf aus. Hier wird der Vorhang durch Ringe zusammengehalten, die mit kleinen Schleifen dekoriert sind.*

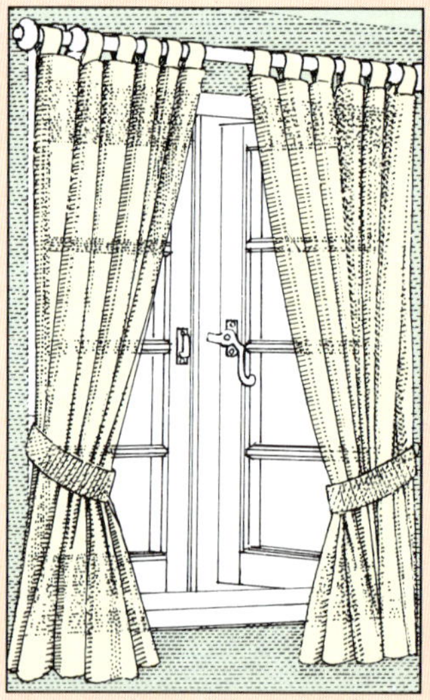

Angenähte Schlaufen *Eine einfache Lösung ist es, am oberen Rand des Vorhangs Schlaufen aus dem gleichen Material anzunähen und diese über die Gardinenstange zu ziehen. Für die Schlaufen kann man auch farbige Litze nehmen oder den oberen Gardinenrand als Langettensaum ausführen.*

Umfunktionierte Bettlaken *Aus alten Bettüchern werden sommerliche Vorhänge, insbesondere dann, wenn sie wie hier durch aufgestickte Blüten und Zweige verziert sind. Man nimmt das Laken doppelt und näht es oben für die Gardinenstange ab.*

Jeder, der eine Naht zuwege bringt, kann seine Vorhänge selbst nähen. Generell ist es dabei besser, preiswerte Stoffe großzügig zu verarbeiten, als mit etwas Großartigem zu geizen. Vorhänge sehen am besten mit einem reichen Faltenwurf aus und fallen normalerweise sehr schön, wenn man sie unten am Saum zusammennimmt oder in einem ausladenden Bogen rafft.

Vorhänge verschönern

Es gibt zahllose Möglichkeiten, Vorhänge zu verschönern. Einfarbige Baumwollstoffe kann man mit Schablonenmalereien oder Kartoffeldrucken versehen (und dabei Muster aufnehmen, die bereits im Raum vorhanden sind). Zarte Stoffe sehen wunderbar aus, wenn sie mit einfachen Stichen bestickt sind; grobe Baumwolle und Leinen kann man mit Crewel-Stickereien verschönern. Fransen, Borten und Troddeln verleihen dem Ganzen Gewicht und einen gewissen Luxus, was sich ebenso durch ein dickes Futter erreichen läßt; ein Futterstoff schützt den Vorhang außerdem vor Sonnenlicht.

Ungefütterte Vorhänge

Vorhänge aus Baumwollmusselin, naturbelassen oder in Tee oder Kaffee gefärbt, wirken unbeschwert und belebend, haben aber dennoch genügend Volumen, um die Dunkelheit der Nacht auszusperren. Ihre luftige Blässe hat den zusätzlichen Reiz der Bewegung – schon der leiseste Luftzug läßt sie romantisch und sinnlich wehen, und sie sehen am besten aus, wenn sie großzügig in Falten gelegt sind. Für ein etwas formelleres Aussehen kann man sie mit Borten einfassen. Zarte indische Baumwolle, von Natur aus ein wenig unregelmäßig, hat eine wundervolle Frische, und wenn man sie in einem blauweißen Streifenmuster findet, bekommen die Fenster etwas von der vergnügten Heiterkeit des blauen Himmels und der Sonne am Meer.

Feine bestickte Baumwollaken, jenseits ihrer jugendlichen Robustheit, ergeben zarte, sommerliche Vorhänge, wenn man sie schneeweiß kocht, ein klein wenig stärkt und dann in weichen Falten so mit Ringen an der Gardinenstange aufhängt, daß der Stoff oben doppelt liegt und die dekorative Stickerei schön zur Geltung kommt. Ungefütterte, fein eingefaßte Patchwork-Vorhänge leuchten wie Edelsteine, wenn die Sonne durch sie hindurchfällt.

Einfache, ungekünstelte Stoffe sehen am vorteilhaftesten aus, wenn sie zwanglos in Falten gelegt und mit Haken und möglichst schmalem, unauffälligem Gardinenband an Holz- oder Bambusstangen angebracht werden. Noch besser ist es, Schlitze in den Saum einzuarbeiten und schmale Bänder hindurchzuziehen, die an altmodischen Gardinenringen festgebunden werden.

Schwere Vorhänge

Wintervorhänge können dick wattiert sein, um vor Kälte abzuschirmen. Schwere Stoffe müssen bis auf den Fußboden reichen, damit sie Zugluft abhalten und weniger steif wirken – andernfalls hängen sie einfach nur in langweiligen, parallelen Falten nach unten. Mit Borten eingefaßte Säume geben solchen Vorhängen mehr Gewicht und Volumen. Paisley-Stoffe in kräftigen, warmen Rot- und Brauntönen nehmen winterlichen Fenstern einen Teil ihrer Kälte, und wer sich mit Schottland verbunden fühlt, kann Gardinen im Tartanmuster verwenden, die ein erstaunlich fröhliches, heiteres Wesen besitzen.

Vorhangleisten und Querbehänge

Vorhangleisten sind gewöhnlich dreiseitige Holzrahmen, die mit Winkeln an Wänden, Fensterrahmen oder Decken angebracht werden, um die wenig attraktiven Gardinenschienen zu verdecken. Sie müssen nicht besonders stabil sein – bescheidene Hartfaser sollte schon genügen. Mit Kleber, Drahtstiften, Klettband und Heftstichen bringt man dann einen zu den Vorhängen passenden Stoff daran an. Mit etwas Glück findet man vielleicht auch eine schön geschnitzte Holzleiste, die man vergolden und als barocke Vorhangleiste verwenden kann (s. S. 169).

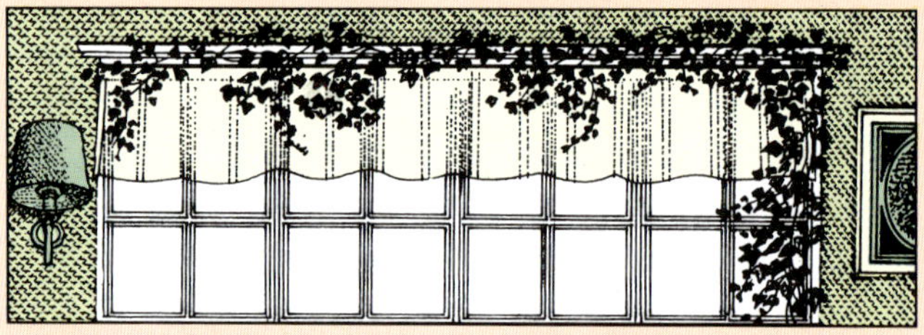

Ein lebendiger Querbehang *Der perfekte ländliche Stil – blasser Musselin wurde oben am Fensterrahmen befestigt, und ein Efeu rankt von der Fensterbank aus am Rahmen empor.*

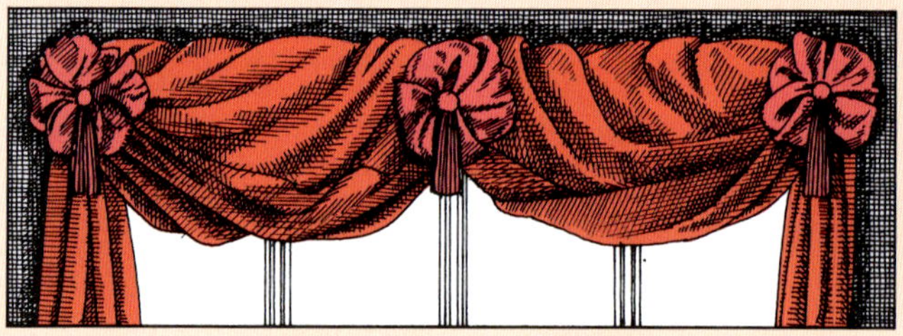

Opulenter Querbehang *Geraffte Querbehänge haben eine prächtige, opulente Wirkung. Der Stoff wird mit Tackerklammern befestigt und mit Rosetten oder Schleifen dekoriert.*

Farbschablonierte Vorhangleiste *Traditionelle Motive bemalter Möbel aus Amerika verleihen einer Vorhangleiste aus Holz ein neues Gesicht.*

Theater pur (RECHTS) *Zur Dekoration dieses Fensters wurden zwei unterschiedliche Stoffe effektvoll miteinander kombiniert und einfach über eine Bambusstange gehängt. Zunächst wurde ein preiswerter indischer Baumwollstoff drapiert und anschließend durch ein altes, rosafarbenes Bettlaken ergänzt. Die weichen, warmen Farben am Fenster harmonieren gut mit dem ausgeblichenen Patchwork-Quilt, der über einem Sessel aus den 40er Jahren liegt, und mit den schönen alten Tapisserien, die aus einem Trödlerladen stammen.*

Quilts, Patchwork und Tapisserien

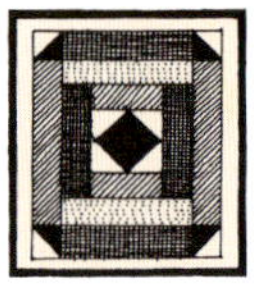

Dies sind die unerläßlichen Accessoires ländlicher Textilien: ausgeblichene Tapisserie-Ofenschirme mit zerzausten rosaroten Rosen; alte Patchwork-Arbeiten, deren Farben im Laufe der Jahre ihre Leuchtkraft verloren haben; und Quilts, fest am Zwischenfutter angenäht und mit der Zeit etwas faltig geworden oder mit Daunen gefüllt und schwerelos, in Wirbeln auf bunte Baumwolle genäht.

Der Zauber alter Quilts

Nur selten findet man alte Quilts in einwandfreiem Zustand, doch auch leicht ramponierte Exemplare sehen fabelhaft aus, und wenn sie schon zu mürbe geworden sind, um als Bettüberwurf zu dienen, können sie immer noch als Wandbehang bewundert werden (s. S. 180). Alte Baumwoll-Quilts scheinen am robustesten zu sein – entstanden aus den klaren roten und blauen Stoffen von Flanellröcken und schweren, kragenlosen Hemden. Schadhafte Patchwork-Stücke kann man ausbessern oder – wenn alles nicht hilft – die Teile, die noch in Ordnung sind, herausschneiden und daraus Kissenbezüge arbeiten.

Selbstgefertigte Patchwork-Quilts

Es gibt auch heute noch Patchwork-Zirkel – Frauen mit Engagement, Besessene möchte man beinahe sagen, die man mit dem Anfertigen des lang ersehnten Quilts beauftragen kann. Vom puritanischen Standpunkt aus betrachtet, hat man das eigentliche Ziel dann allerdings gründlich verfehlt, denn Patchwork-Quilts können zu persönlichen Aufzeichnungen werden, das Schicksal von Menschen, Plätzen und der Zeit in sich tragend. Das Anfertigen von Quilts ist nicht schwierig – viele Musterentwürfe lassen sich auch mit der Nähmaschine realisieren.

Dreifarbiger Quilt *(RECHTS) Dieser Quilt aus Cumberland ist über 100 Jahre alt. Er besteht aus einer traditionellen Kombination der Stoffreste von roten Flanellröcken sowie blauen und weißen Arbeitshemden. Das Farbschema ist so einfach, daß es heute ebenso frisch wirkt wie zu der Zeit, als der Quilt noch neu war. Durch einen Flickenteppich wird das Bild abgerundet.*

Militärischer Mittelpunkt *(RECHTS) Dieses ehrwürdige »Feldbett« ist ein Relikt aus den Tagen englischer Offiziere in Übersee. Es läßt sich zerlegen und wurde von einem Camp zum anderen transportiert. Der jetzige Besitzer hatte es als Bündel unidentifizierbarer Metallteile erstanden und brauchte beim Zusammensetzen seine ganze Phantasie. Die romantischen Ursprünge werden durch die – in Tee gefärbten – Musselinvorhänge, einen leuchtenden Patchwork-Quilt aus unregelmäßigen Patch-Teilen und wunderbar weichen Kopfkissen aus weißer Spitze und Leinen betont. Um das Bild zu vervollständigen, rankt ein Efeu um einen Holzbalken.*

Traditionelle Patchwork-Muster

Viele der traditionellen Musterentwürfe für Patchwork-Arbeiten lassen sich auch mit der Nähmaschine verwirklichen, vorausgesetzt, die Patch-Teile sind nicht zu klein und die Muster nicht zu komplex. Am besten wählt man Dessins wie diese, die auf geraden Linien basieren.

ROMAN SQUARE

LOG CABIN

PINEAPPLES

Wenn alle Patch-Teile ihre kleine persönliche Geschichte beinhalten, wird die fertige Arbeit die gleiche freudige Präsenz haben wie eine Sammlung alter Ansichtskarten oder Liebesbriefe. Früher war es Brauch, für eine bevorstehende Hochzeit oder Geburt einen Freundschaftsquilt anzufertigen. Daran beteiligten sich alle Frauen der Gemeinschaft, und jede stickte als bleibende Erinnerung ihre guten Wünsche auf ihren Teil des Quilts.

Applikationen und einfarbige Quilts

Applikationen kann man heutzutage sehr rasch anfertigen, da sich einige Arbeitsschritte beschleunigen lassen. Man kann die Applikationen mit Textilkleber an ihrem Platz halten, bevor man sie aufnäht, und mit dem Zickzackstich der Nähmaschine läßt sich ein durchaus respektables Ergebnis erzielen.

Einfarbige handgenähte Baumwoll-Quilts besitzen einen würdevollen Charme, müssen jedoch auf einem Quilt-Rahmen angefertigt werden, damit sie sich nicht verziehen. Die erlesenste Ausführung ist der weiße Quilt – weiße Stiche auf weißem Stoff. Auch farbiges Nähgarn sieht sehr hübsch aus.

Tapisserien

Vorlagen zum Sticken von Kissenbezügen und Teppichen gibt es zusammen mit dem kompletten Zubehör in allen erdenklichen Mustern und Formen zu kaufen. Wer die wichtigsten Stiche beherrscht und genügend Selbstvertrauen hat, um sich an die äußerst komplizierte Kunst des Musterentwurfs und der Farbgebung zu wagen, kann sich von den Fertigpackungen lösen und seine eigenen kleinen Meisterwerke schaffen.

Mit Farbe kann man, je nach Geschmack, dezent oder kühn umgehen. Um Abstufungen und weiche Übergänge zu erzielen, benutzt man eine Mischung verschiedener Wollstränge. Vermutlich ist es am einfachsten, nach einem Foto zu arbeiten, wobei man auch ohne weiteres vom Original abweichen kann. Andernfalls zeichnet man seinen Entwurf auf Karopapier. Damit später die Proportionen stimmen, ist in jedem Fall eine maßstabgerechte Zeichnung mit Hilfe eines Plangitters nützlich. Das Muster überträgt man dann mit Filzstiften auf den Stramin, läßt einen großzügigen Rand stehen und – stickt munter drauflos, wobei man mit den dunklen Farben beginnt. Auf gleiche Weise kann man auch bei gestickten Kissen-, Stuhl- und Sesselbezügen oder bei Teppichen verfahren (s. S. 104).

***Erfolgreiches Recycling** (RECHTS OBEN) Hier wurde ein türkischer Teppich als Bespannung für einen rustikalen Schaukelstuhl wiederverwendet (s. S. 178). Die Farben des Teppichs finden sich auch in dem gestickten Kissenbezug.*

***Ländliche Würde** (RECHTS UNTEN) Die kräftigen und würdevollen Farben dieses Gobelinbezuges bilden das Gegenstück zu dem geschwungenen Barockunterteil des thronähnlichen Stuhles. Die schweren, förmlichen Seidenvorhänge sind in hellstem Aquamarinblau eingefaßt.*

***Stars and Stripes** (GANZ RECHTS) Einfache Elemente vereinen sich in diesem Wintergarten zu sommerlicher Frische – das bequeme Sofa hat lose Polsterkissen, die mit bescheidenem Kopfkissendrell bezogen sind, und die Wand ziert ein Patchwork-Quilt mit Sternenmuster.*

Stickereien und Häkelarbeiten

Die Kunst der Handarbeit wird in unserem von Maschinen und Geschwindigkeit beherrschten Zeitalter mitunter völlig übersehen. Ihr Reiz liegt in ihren kleinen Unzulänglichkeiten – Maschinenstickereien sind absolut regelmäßig und vergleichsweise langweilig. Wer heute nicht mehr die Zeit für kunstvolle Hohlsäume und Durchbrucharbeiten oder für winzige Stiche mit doppeltem Faden hat, kann auch mit Gobelinwolle und Kettenstichen kleine Kunstwerke schaffen oder mit Plattstichen im Handumdrehen eine zarte Blütenpracht aus Tulpen und Rosen zaubern. Kreuzsticharbeiten wachsen schnell und haben einen rustikalen Charme, insbesondere wenn man kräftige Rot- und Blautöne verwendet.

Mit Stickereien kann man Arbeiten das gewisse Etwas verleihen – als Verzierung eines Saumes oder als praktische und attraktive Einfassung. Der Schlingstich könnte nicht einfacher sein und gibt Stoffen einen besonderen Abschluß und Fülle.

Man sollte den Franzosen nacheifern, deren anspruchsvolle Textilkunst auf einem aufmerksamen Gesamtentwurf und einer gewissenhaften Farbauswahl beruht. Wer allzusehr bei dem Gedanken erschrickt, selbst etwas von Hand zu nähen, findet in Antiquitätengeschäften und bei Trödlern oft sehr begehrenswerte käufliche Stücke.

Häkelkreationen

Seit den 60er Jahren, als man sie gedanklich mit der Hippie-Bewegung in Zusammenhang brachte, haben Häkelarbeiten keinen guten Ruf. Doch fallen feine Häkelspitzen so schön, daß sie wahrlich ein besseres Schicksal verdienen. Man sollte sich auf die Suche nach Mustern für eigene Häkelarbeiten begeben, um den Fenstern durch impressionistische Licht- und Schattenwirkungen ein neues Gesicht zu verleihen.

Die einfachste und zugleich eine der erfreulichsten Vorlagen für Häkelkreationen ist der Afghanteppich, im Grunde nichts weiter als ein von der Mitte aus gearbeitetes und fest eingefaßtes Viereck. In ein oder zwei mit Sorgfalt gewählten Farben besitzt der Afghan eindeutige Designer-Qualitäten.

Begeisterte Häkler können Bettüberwürfe aus dicker naturfarbener Baumwolle oder sogar schwere Baumwollteppiche in Angriff nehmen. Solche großen Stücke setzen sich zumeist aus mehreren Teilen zusammen, nehmen allerdings einige Zeit in Anspruch.

Ein Hauch von Spitze

Die Viktorianer waren große Spitzenliebhaber. So wie sie ihre Reihenhäuser außen reichlich mit filigranem Gitterwerk schmückten, litt das Innere der Häuser unter Quadratmetern von Spitze. Heute sollten wir zurückhaltender mit Spitzen umgehen und ihre Eigenschaften als visuelle Reize nutzen – ein wehender Vorhang aus Baumwollspitze gibt einem Fenster weiche Konturen, zerstreut das harte Licht an grauen Tagen und hält die neugierigen Blicke von Passanten ab. Und wenn die Sonne scheint, projiziert er sein eigenes Netzwerk durch das Gewebe in den Raum.

Verzierungen aus Spitze

Grobe Spitze ist ein schöner Abschluß für Rollos und verleiht ihnen zusätzliches Gewicht. Sie stellt die perfekte Ergänzung zu dunklen, geschnitzten Bettgestellen oder strengen Wandvertäfelungen dar. Die Bewohner der französischen Île d'Ouessant dekorieren die Kaminsimse in ihren hellgestrichenen, holzverkleideten Wohnräumen mit einem Band aus Spitze. Und die Holländer erreichen ein Maximum an Licht und Intimität durch Halbgardinen aus Spitze, die an Messingstangen hängen. Spitzenbesetzte Tischwäsche gibt einem Abendessen bei Kerzenlicht einen altmodischen Hauch von Luxus.

Die beste Spitze ist von Hand gearbeitet und schmückt Kissen, Bettbezüge und Kopfpolster. Weil das Anfertigen von Spitzen so zeitaufwendig ist, gibt es vor allem viele kleine Stücke – Tischläufer, Untersetzer für Gläser, Taschen für Nachthemden, Spitzendeckchen und so weiter. Auf solche Accessoires sollte man am besten verzichten, denn sie bringen immer eine gewisse Unruhe in einen Raum.

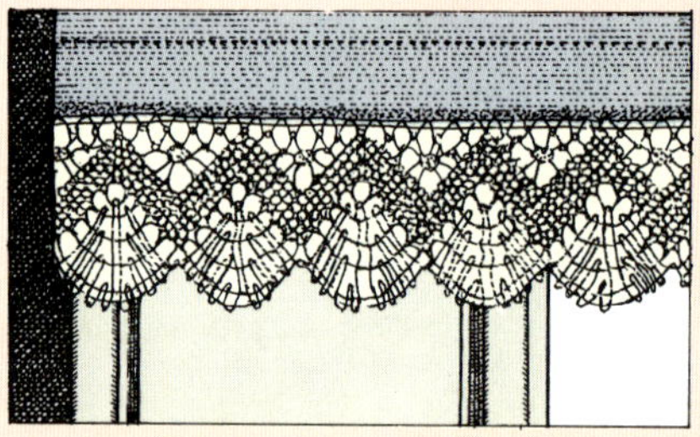

Spitze an Rollos *Als unterer Abschluß eines Rollos eignet sich am besten eine schwere Baumwollspitze, die geklöppelt, wie hier, oder gehäkelt sein kann.*

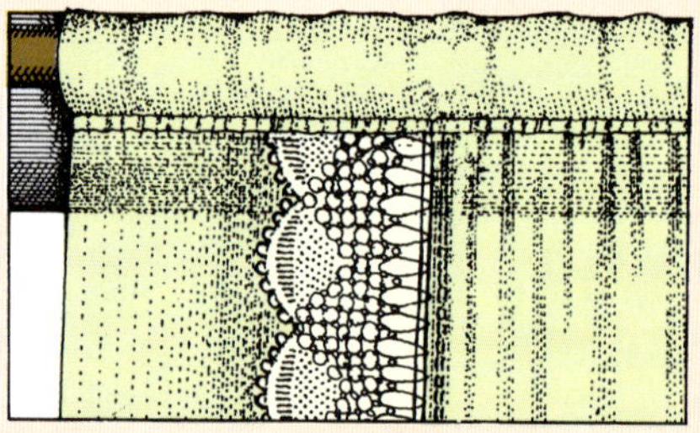

Spitzenbesatz für Vorhänge *Auch bei Vorhängen sollte man Baumwollspitze verwenden. Man kann sie seitlich aufsetzen, was zart und sommerlich wirkt.*

Spitzeneinsatz *Ein eingesetzter Streifen aus Spitze verleiht Kissenbezügen ein zusätzliches dekoratives Element.*

Trügerisches Bild (RECHTS) *Dieses Baldachinbett ist reich mit indischer Buntstickerei ausgestattet, die an Crewel-Arbeiten aus der Zeit Jakobs I. erinnert. Grundmaterial ist ein naturfarbener dicker Wollstoff, der wunderschön fällt, und die Farben der Wollstickerei sind von leuchtender Intensität.*

Polsterkissen, Kopfpolster und Kissen

Ein weicher, nestähnlicher Lehnstuhl mit Polsterkissen – ausgeblichene, paspelierte Baumwolle mit Blumendekor, an den Armlehnen etwas abgegriffen und schon leicht faltig gesessen – ist ein Kernstück ländlicher Inneneinrichtung. Auch alte Sofas gehören dazu, mit schweren Leinenbezügen und durch all die Jahre intensiver Benutzung zu würdevoller Unterwürfigkeit gezwungen. Polsterkissen werden am besten mit einem traditionellen, kräftigen Baumwoll- oder Leinenstoff bezogen. Dies ist zwar eine zeitaufwendige Arbeit, doch halten solche Bezüge auch viele Jahre, wenn man einen strapazierfähigen Stoff wählt, von dem man sicher weiß, daß er beim Waschen oder Reinigen nicht einläuft.

Kissen anfertigen

Lose Polsterkissen für Sofas und Lehnstühle wirken gewöhnlich am besten in einer traditionellen Ausführung, mit paspelierten Nähten und eleganten Schürzen mit Kellerfalten, die ihnen Gewicht geben und die durchgesessenen Sprungfedern verbergen. Kombinationen bedruckter und einfarbiger Stoffe sollten der gleichen Farbskala angehören, und unterschiedliche Muster passen am besten zusammen, wenn ihr Dessin dieselbe Dichte hat – doch ist anzustreben, daß sie die freundliche Harmonie einer Blumenrabatte und nicht die Farbmusterkarten eines Innenarchitekten widerspiegeln.

Kissen geben einem Raum den letzten Pfiff und setzen Akzente. Sie können beispielsweise ein bereits vorhandenes Muster aufgreifen oder eine bestimmte Farbe stärker hervorheben. Man arrangiert sie so, daß sie leger auf dem Bett herumliegen, und füllt Ecken mit Kopfpolstern aus – Spitze, Batist und Stickereien für das Schlafzimmer; Seidensamt, gerafft und an den Enden mit Troddeln verziert, für das Sofa und den Sessel am Fenster.

An Kissen kann man all seine textilen Fachkenntnisse demonstrieren, auch wenn man sie erst kurz zuvor erworben hat. Jeder ist in der Lage, ein Gobelinbild für ein Kissen anzufertigen, dieses mit einer seidenen Schnur zu dekorieren und an den Ecken mit Troddeln zu versehen. Bargello-Arbeiten, deren waagerechte Stiche über mehrere Straminfäden reichen, sind stilecht und einfach zu sticken, und es gibt so viele herrliche Vorlagen, daß selbst das lustloseste Herz inspiriert wird. Naturfarbene gestrickte Aranmuster oder fest gehäkelte Quadrate in einem traditionellen regelmäßigen Design aus Noppen und Lochmustern passen gut zu Paisley-Stoffen. Gesteppte provenzalische Baumwolle hat ein prächtiges und festliches Aussehen, und ein kleines perfektes Patchwork-Quadrat bringt jeder zustande. Man kann mit Plattstichen ein Kaleidoskop von Sommerblumen sticken oder in unterschiedlichen Blautönen eine eindrucksvolle Crewel-Stickerei in Traubenform fabrizieren. Als Kissenfüllung wählt man (sofern man nicht unter Asthma leidet) stets Federn – nichts anderes sieht so gut aus und fühlt sich angenehmer an.

Stilvoller Rahmen (LINKS) *Dies ist ein Sofa für gesittete Familien. Seidig glänzender weißer Stoff ist ein klassischer Kontrast zu kraftvollen Tapisserien und Samtkissen. Kunstvoll gerahmte Gemälde hängen ordentlich in den ihnen zugedachten Wandkassetten, doch wird die zurückhaltende, würdevolle Atmosphäre durch einen außergewöhnlichen barocken Tisch aufgelockert.*

Kissenmeer (RECHTS) *Auf diesem amerikanischen Himmelbett, das nach einem Entwurf aus dem frühen 19. Jahrhundert angefertigt wurde, liegt ein ganzer Berg von Kissen. Vervollständigt wird dieser Überschwang durch Spitzenbehänge, einen floralen Petitpoint-Teppich auf dem Fußboden sowie Gobelinkissen und weiche wollene Decken auf der Wäschetruhe.*

KAPITEL 4

Klassische Landhaus-Möbel

Möbelstücke, die sich am besten in die ländliche Abgeschiedenheit einfügen, machen einen etwas strapazierten, aber dennoch würdevollen Eindruck. Sie sind von den Spuren der Zeit gezeichnet – Tische mit Stoßkerben, die Töpfe und Pfannen hinterlassen haben, Anrichten, deren Ecken sich gerundet und deren Griffe das Holz verkratzt haben, und Stühle, deren Stabilität sich ausschließlich auf den geschickten Einsatz von Holzleim und Versteifungsplatten gründet.

Generell ist Mobiliar, das Festigkeit und Schlichtheit verkörpert, für den ländlichen Wohnstil das Angemessene, das heißt: geschnitzte, gebeizte, lasierte oder bemalte Möbelstücke aus Massivholz. Bei Furnierholz wie auch bei ausgefallenen Details und ungewöhnlichen Verschlüssen ist Vorsicht geboten. Moderne Einbaumöbel mögen im Schlafzimmer und in der Küche zwar praktisch sein, doch werden sie niemals den Charakter altmodischer Anrichten und Schränke besitzen, deren kleine Unzulänglichkeiten einen Teil ihres Reizes ausmachen. Originale Einbaumöbel sind in der Regel so alt wie das betreffende Haus und ebensooft überstrichen worden.

Wichtig ist, nicht vor Farbe zurückzuschrecken: Die Zeiten der allgegenwärtigen abgelaugten Weichholzmöbel sind vorüber. Es ist nicht länger vonnöten, sich mit Hilfe von Lötlampe und Abbeizmitteln um eine perfekte, gleichmäßige Holzoberfläche zu bemühen. Kundige Innenausstatter verbringen heute viel Zeit damit, Techniken der Farbgebung zu erlernen, mit denen sich Abnutzungs- und Gebrauchsspuren nachahmen lassen, und in diesem Buch finden sich zahlreiche Behandlungsmethoden, die diesem Zweck dienen.

Wirkungsvolles Zusammenspiel (LINKS) *Die strenge Disziplin dieses alten Schreibpultes aus den amerikanischen Südstaaten wird durch den bequemen Klubsessel, der mit einem schottischen Tartanstoff bezogen ist, gemildert.*

Möbelzubehör

Wie eine Signatur scheinen die verwendeten Beschläge – Schlüssellochschilder, Schubladengriffe, Laufrollen und Verschlüsse – den Charakter von Möbelstücken zu offenbaren. Probleme entstehen, wenn das Verlangen nach dem Alten, möglicherweise sogar Authentischen, zur schlechten Parodie des Originals gerät. Hier lenken Anspruch und Fälschung ein Maß an Aufmerksamkeit auf sich, das in keinem Verhältnis zu ihrer eigentlichen Bedeutung steht.

Andererseits können gute, solide, funktionale Beschläge selbst einem recht gewöhnlichen Möbelstück Charakter und Charme verleihen. Und auch durch Kleinigkeiten, wie ein oder zwei Profilleisten, die eine Holzfüllung oder eine Schreibtischplatte begrenzen, lassen sich langweilige Möbel aufwerten.

Angemessene Details

Dies ist ein Bereich, wo sich gewissenhafte Nachforschungen stets lohnen. Möbel aus der zweiten Hälfte des 16. Jahrhunderts und der ersten Hälfte des 17. Jahrhunderts besaßen noch nicht den zweifelhaften Vorteil maschinell gefertigter Scharniere und Schlösser – ihr Charakter erwuchs aus den Eigenheiten und kleinen Schwächen des betreffenden Metall- oder Holzhandwerkers. Eine Instandsetzung ist hier häufig sinnvoller als ein Austausch. Die andere Möglichkeit wäre, einen Metall- oder Holzhandwerker zu suchen, der eine Kopie des Originals anfertigen kann.

Zierliche Schreibtische und Sekretäre aus dem 18. Jahrhundert verlangen eine behutsame Behandlung: Elegante Klapp- und Ringgriffe sind solchen Möbeln angemessen, doch können moderne Ersatzstücke wie dürftige Fälschungen aussehen. Wirklich erlesene Möbelstücke aus dem 18. und frühen 19. Jahrhundert sind oft an ihren zurückhaltenden Beschlägen zu erkennen. Alte Ersatzbeschläge zeichnen sich durch eine Qualität und Finesse aus, die eine nicht stilgerechte Authentizität erstrebenswerter erscheinen lassen als eine funkelnde neue Uniformität.

Details aus Holz

Um einen indifferenten Stil von vager Eleganz zu simulieren – beispielsweise durch den Bau eines Fenstersofas, das Anfertigen schmaler Küchenregale für Teller und kleine Schauobjekte oder den Bau einer Aufsatzvitrine für eine Kommode – ist es das Beste, ein im betreffenden Raum befindliches gleichwertiges Detail zu kopieren. So könnte man etwa in einem viktorianischen Haus die Ausführung der Türfüllungen durch die einfallsreiche Verwendung ähnlicher Profilleisten am Fenstersofa wieder aufnehmen; oder die Träger der Regalböden durch Zierleisten verdekken und die Böden selbst mit senkrechten Holzbrettern hinterbauen, damit das Regal ein rustikales Aussehen erhält.

Regale gewinnen allgemein an Charakter, wenn ihre Kanten durch dekorative Holzleisten betont werden. Die Viktorianer beispielsweise bevorzugten kunstvolles Holzgitterwerk. Einfachere Ausführungen sind auch heute noch erhältlich.

***Schrankgriffe** aus mattschwarzem Eisen (OBEN) und Messing (UNTEN)*

***Schubladengriffe** aus Messing, passend für alle Arten von Schreibtischen und Schränken*

***Keramikknöpfe** Schlichte weiße Knöpfe passen gut zu soliden ländlichen Möbelstücken*

***Dekorative Schrankbeschläge** Knopf aus geschliffenem Glas (LINKS) und ringförmiger Griff (RECHTS)*

***Schrankknöpfe** aus Buchenholz und Messing*

***Knebelverschluß** (LINKS) Eine einfache Alternative zu Schrankknöpfen*

***Schlüssellochschild** (RECHTS) aus Messing*

***Bordüren** zur schnellen und wirkungsvollen Dekoration von Einrichtungsgegenständen, Vorhängen und Rollos*

***Besatzborte und Litze** Solche Borten verleihen Polstermöbeln eine besondere Note*

***Profilleisten aus Holz** Künstliche Abnutzungsspuren und eine entsprechende Farbgebung können ein gewisses Alter vortäuschen*

Beschläge und andere Accessoires

Diese schlichten Ausstattungsgegenstände sind Akzente, die den Blick auf sich ziehen und an denen man Stil, Charakter und Authentizität erkennt. Der falsche Griff an einer Schublade oder Schranktür lenkt die Aufmerksamkeit auf sich, und das Austauschen unpassender oder defekter Beschläge gegen stilgerechte Ausführungen macht sich sofort positiv bemerkbar.

Details müssen mit einem Gespür für die unverfälschte Wirkung des Ganzen ausgewählt werden. Winkelbeschläge aus Messing sehen an einfachen Militärkommoden wunderbar aus, sind jedoch in jedem anderen Kontext von aufdringlicher Funktionalität. Schlichte Schubladengriffe aus Keramik oder Holz passen zu Weichholzmöbeln – sie verleihen selbst Einbauküchen mit Kiefernfront eine gewisse Erhabenheit –, würden aber eine *Arts and Crafts*-Kommode oder einer gotischen Anrichte keinen Dienst erweisen.

Das Geheimnis liegt darin, den Blick für angemessene Details zu schulen und ein visuelles Gedächtnis für ihren Kontext zu entwickeln. Blankes Aluminium und glänzende Kunststoffbeschläge sollte man unter allen Umständen vermeiden und statt dessen auf Flohmärkten die Kisten voller rostiger Beschlagteile durchstöbern, selbst wenn dies stundenlange Arbeiten mit Drahtbürsten und Reinigern zur Folge hat.

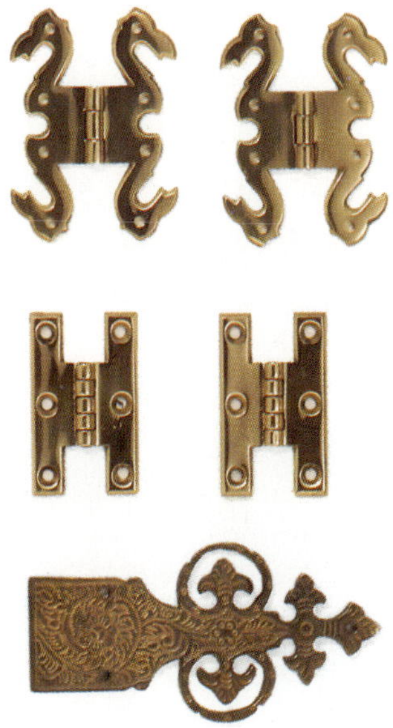

***Dekorative Scharniere** Schlangenförmige Scharniere (OBEN), »H«-Scharniere (MITTE) und Türband*

***Laufrollen** in traditionellen Ausführungen aus Messing und Holz*

Tisch-Gespräch

Der ideale ländliche Küchen- oder Eßzimmertisch ist solide gebaut und hat schwere, geschwungene Beine. Er ist groß genug, daß die Hausaufgaben der Kinder an seinem einen Ende und Zeitschriften am anderen liegen können, in der Mitte aber immer noch sieben Personen genügend Platz zum Kaffeetrinken finden. Früher wurden solche großen Tische aus Eiche oder Rüster gefertigt und bestanden lediglich aus Holzbohlen, die auf Böcken lagen.

Runde Tische scheinen generell einladender zu wirken als rechteckige, doch sind sie meist nicht eben standfest, was aber gerade bei Küchentischen ärgerlich und störend ist.

Praktische Arbeitsflächen

Außer dem Vater aller Tische benötigt man noch einige kleinere Gefährten: Küchenarbeitsstationen, die in Großbritannien in den 40er Jahren im Rahmen des Utility-Programms – einer Art gemeinnützigen Möbelbaus – gefertigt wurden, haben mit ihren massiven Kiefernbeinen, geräumigen Besteckschubladen und blau umrandeten weißen oder cremefarbenen Emailoberteilen eine nostalgische Ausstrahlung. Andere ansehnliche Küchenbewohner sind schmale Anrichten aus Weichholz, wie man sie in französischen Bauernhäusern findet. Unten verfügen sie über ein Ablagebrett, das zum Abstellen von Kochtöpfen praktisch ist; sitzen kann man daran jedoch nicht sonderlich bequem.

Viktorianische Waschtische mit Marmorplatte und einem Fries aus Jugendstilkacheln sehen nicht nur im Badezimmer schön aus, sondern können auch in der Küche ein nützliches Möbelstück darstellen – sie haben die ideale kühle Arbeitsfläche zum Kneten von Teig, darunter einen Schrank und eine praktische Handtuchstange.

Tische für alle Gelegenheiten

Die anderen Tische im Haus brauchen nicht ausschließlich nach praktischen Gesichtspunkten ausgewählt zu werden. Korbtische, alt oder neu, gibt es in einer Vielzahl regional typischer Ausführungen, und sie nehmen freudig ihren Platz im Wintergarten oder im Badezimmer ein. Im Wohnzimmer oder im Schlafzimmer können Tische kunstvoller sein und als Ausstellungsfläche für einige erstklassige Sammelobjekte fungieren. Dies sind die Räume, wo sich weiche Linien harmonisch einfügen – wo poliertes Holz zwar möglich ist, doch alte Patchwork-Decken, die als Unterlage für weniger kostbare Baumwolltischtücher dienen, freundlicher wirken. Der Tisch unter solchen ausgeblichenen Textilien braucht nicht mehr als eine runde Spanplatte auf einem stabilen Unterteil zu sein. Im Grunde kann sich unter großzügig drapierten Stoffen alles verbergen.

Viele Dinge können zu Tischen werden – jede stabile Kiste oder ein wundervolles Tablett aus Papiermaché, für das man ein zusammenklappbares Untergestell bauen kann (s. S. 170).

Bukolische Idylle (LINKS)
Geschwungene Cabriole legs tragen einen liebenswerten Tisch aus den 30er Jahren, um den sich – beinahe identische – Eßzimmerstühle versammelt haben. Die wesentlichen Dinge des täglichen Lebens wurden nicht vergessen – die Stühle sind bequem, es ist genügend Platz für Zierrat vorhanden, und die Mittagssonne lädt zu einem kleinen Festmahl auf Geschirr aus den 30er Jahren ein.

Solide Schlichtheit (OBEN)
Dies ist der Inbegriff eines Küchentisches, gekauft für eine absurd niedrige Summe. Ursprünglich wurde er in einem Geschäft als Auslagefläche genutzt und war mit grünem Vorhangstoff verhängt. Nun ist er aufpoliert und steht glänzend auf seinen gedrechselten Beinen, die der neue Besitzer geschickt verlängert hat, damit die Tischplatte die richtige Höhe erhält.

Ländliche Sitzmöbel

Sitzgelegenheiten im ländlichen Stil sind anspruchslos. Ein traditionelles, geräumiges Sofa mit einer kleinen Gefolgschaft bequemer Sessel ist durch nichts zu übertreffen. In bester klassischer Ausführung haben solche Möbel Holzrahmen und sind gepolstert – mit all den erschreckenden Eingeweiden wie Segeltuch, Gurtband und Roßhaar –, und es liegen viele Kissen darauf. Dies sind die Stücke, nach denen man bei Versteigerungen und Auktionen Ausschau halten sollte, nicht nach Möbeln aus den schlimmen Zeiten der Schaumstoffleidenschaft. Sitzpolster mit verwandten (nicht identischen) Stoffdekoren schaffen zusammen mit all den Decken, Paisley-Überwürfen und Bergen von Kissen die richtige, einladende Atmosphäre.

Stühle zum Entspannen

Bequeme Lehnstühle gibt es in allen erdenklichen Formen und Größen. Lange, verstellbare Ruhesessel, bei denen Sitz und Lehnen häufig aus Rohrgeflecht bestehen, oder eine *Bergère* sind wie dazu geschaffen, um nach einem harten Arbeitstag darin zu versinken. Dies gilt ebenso für Ohrensessel mit ausgeblichenen Gobelinbezügen, deren Seitenteile ein herrliches Gefühl der Privatheit vermitteln. Lederbezogene Klubsessel, vom vielen Gebrauch schon glattpoliert, und faßförmige Sessel mit weit vorgezogener Lehne – sogenannte *Tub-chairs* – sind etwas konventioneller, finden aber dennoch ihren Platz im ländlichen Wohnstil, ermuntern sie doch zu einer feinen Kombination von Entspannung und kerzengerader Körperhaltung.

Die allerbeste Entspannung nach einem anstrengenden Arbeitstag bietet jedoch zweifellos der Schaukelstuhl. Schaukelstühle mit Binsensitz und leiterförmigen Rückenlehnen oder mit Blumen bemalte *Boston rocker* aus dem 19. Jahrhundert sind vermutlich der Inbegriff schlichten ländlichen Komforts. Gepolsterte Thonet-Schaukelstühle, mit Rahmen und Armlehnen aus Bugholz, wirken beruhigend. Weniger graziös, dafür

Der perfekte Gartenstuhl (OBEN) *Dieser Aststuhl aus dem nordamerikanischen Appalachengebirge ist von solch organischer Schlichtheit, daß es den Anschein hat, als wäre er von ganz allein aus dem verwitterten, gemaserten Holzplankenboden herausgewachsen. Das krummlinige Design ist überraschend bequem.*

Schaukelstühle

Die ersten Schaukelstühle waren sehr einfach gearbeitet, gewöhnlich unbequem, mit leiterartiger Rükkenlehne und Kufen unter den Stuhlbeinen. Im frühen 19. Jahrhundert wurde beim *Boston rocker* das Design erstmals durch die revolutionäre neue Idee des Komforts erweitert – bei solchen Schaukelstühlen sind die Sitzflächen und die Armlehnen von vorn nach hinten geschwungen. In den 60er Jahren des 19. Jahrhunderts entwarf der Österreicher Michael Thonet den klassischen Bugholz-Schaukelstuhl, dessen elegante Kurven in Metall kopiert wurden. Englische Stuhlmacher fertigten eigene Versionen an: Schaukelstühle mit Sitzen aus Rohrgeflecht und den *Swing rocker,* der auf ein feststehendes Unterteil montiert ist und daher erheblich weniger Platz benötigt als konventionelle Schaukelstühle.

SCHAUKELSTUHL AUS BUGHOLZ VON THONET

SCHAUKELSTUHL MIT METALLRAHMEN

Sonntagnachmittag (OBEN) *Eine gemütliche Ecke wie diese – mit einem perfekten Fenstersofa und weichen Sesseln – ist ein Muß für Sonntagnachmittage auf dem Lande. Der traditionelle englische Chintz war im übrigen ein Sonderangebot in einem Kaufhaus auf der Lower East Side von New York. Die alten Tapisserien auf den Kissen stammen von alten Kirchen-Kniekissen.*

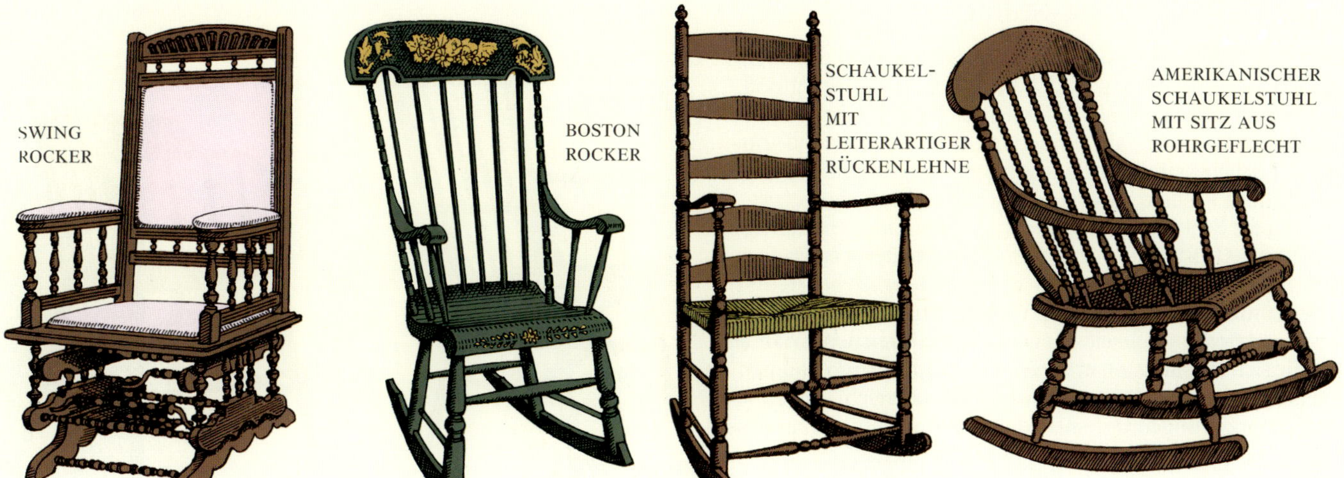

platzsparender, sind ländliche *Swing rocker,* die meist quietschende Federn und wackelige Unterteile haben.

Wenn man genügend Raum hat, sind Korbstühle mit weichen Kissen wunderbare Sitzgelegenheiten im Eßzimmer. Von besonderem nostalgischem Reiz sind jene maschinell gefertigten Stühle mit dichtem Korbgeflecht, die produziert wurden, nachdem Marshall Lloyd 1917 in Amerika seine neue Flechtmaschine hatte patentieren lassen. Solche Stühle erwachen zu neuem Leben, wenn man sie in den staubigen Rosa- und Graugrüntönen der 30er Jahre streicht.

Eßzimmerstühle

Einer der Grundsätze von Raumausstattern, die auf Einrichtungen im ländlichen Stil spezialisiert sind, ist es, daß Eßzimmerstühle nicht gleich sein müssen. Ihre wichtigste Voraussetzung ist Bequemlichkeit – Stühle, deren Sitze die Durchblutung der Beine behindern, sollte man meiden. Windsor-Stühle, beliebt seit dem 18. Jahrhundert, sind kaum zu übertreffen, was Bequemlichkeit und schlichte Eleganz anbetrifft. Regionale Stilvarianten – amerikanische wie auch englische – bieten eine große Auswahl, die von Stühlen mit einfachen Stab-Rückenlehnen bis zu solchen mit kunstvoll gedrechselten Spindelbeinen reicht, deren Sitzflächen durch jahrelangen Gebrauch auf Hochglanz poliert sind.

Eßzimmermöbel auswählen

Eßzimmerstühle mit Sitzen aus Rohr- oder Binsengeflecht können gut aussehen und sind bequem. Gestrichene Caxton-Stühle, mit ihren Sitzen aus Rohrgeflecht, den leicht konischen Beinen und drei einfachen Stäben als Rückenlehne, sind elegant.

Auch die gute alte Holzbank paßt in das ländliche Eßzimmer, lädt allerdings keinen Gast zum längeren Verweilen ein. Gepolsterte Sitzgelegenheiten hingegen sind einladend weich. Hier bietet sich die Möglichkeit, alte oder auch selbstgemachte Tapisserien zu verwenden und jedem Stuhl ein würdiges Aussehen zu verleihen. Die elegant geformten Thonet-Stühle haben hübsch gemusterte oder durchbrochene Sitze, die sehr schön aussehen, aber der Durchblutung weniger förderlich sind.

Raucherstuhl (OBEN) *Die schroffe Männlichkeit der einzelnen Elemente – massive Ziegelmauern, nackte Holzdielen und flache Steinstufen – stellt einen perfekten Hintergrund für diesen englischen Windsor-Stuhl aus dem 19. Jahrhundert dar, der gedrechselte Beine und Spindeln besitzt (von denen die Rücken- und Armlehnen gehalten werden).*

Windsor-Stühle

Windsor-Stühle sind daran zu erkennen, daß Rücken- und Armlehnen durch einen sattelförmigen Sitz von den Beinen getrennt sind. Die frühesten Windsor-Stühle stammen aus dem 17. Jahrhundert und erfreuten sich im 18. Jahrhundert in Großbritannien und Amerika großer Beliebtheit. In England waren sie ursprünglich das gemeinschaftliche Produkt von über Land fahrenden *Bodgers* (sie drechselten die Stuhlbeine), ortsansässigen *Bottomers* (sie fertigten die Sitze aus Rüster) und den *Finishers* (normalerweise Wagner, die einzelne Teile nötigenfalls in die gewünschte Form bogen und dann die Stühle zusammenbauten). Windsor-Stühle vereinen gutes Aussehen und Bequemlichkeit. Sie wurden in zahlreichen Varianten gebaut, die sich am stärksten in der Ausführung der Rückenlehnen unterscheiden. Die Grundform hat man durch ein reichhaltiges Repertoire an Verzierungen verfeinert. Es sind Stühle, die in ein kleines Landhaus ebensogut passen wie in ein fürstliches Schloß.

STUHL MIT SPINDELLEHNE

KAPITÄNSSTUHL

Kinderstuhl (RECHTS) *Ein besonderes Möbelstück, wie beispielsweise diesen reichverzierten hohen Kinderstuhl, kann man zu rein dekorativen Zwecken aufstellen. Das Fußbrett für diesen Stuhl gibt es schon lange nicht mehr, nur die Einstecklöcher sind geblieben. Die etwas düstere Pracht des Stuhls paßt gut zu der dunklen Wandvertäfelung des Landhauses aus dem 16. Jahrhundert.*

Nachtstuhl (OBEN) *Eine altmodische Lösung, um Eleganz und Diskretion zu vereinen – unter diesem würdevollen Stuhl mit einem Sitz aus Rohrgeflecht verbirgt sich eine Toilette. Solche Stühle findet man gelegentlich noch bei Antiquitätenhändlern. Sie können ohne größere Veränderungen an die meisten Installationssysteme angeschlossen werden.*

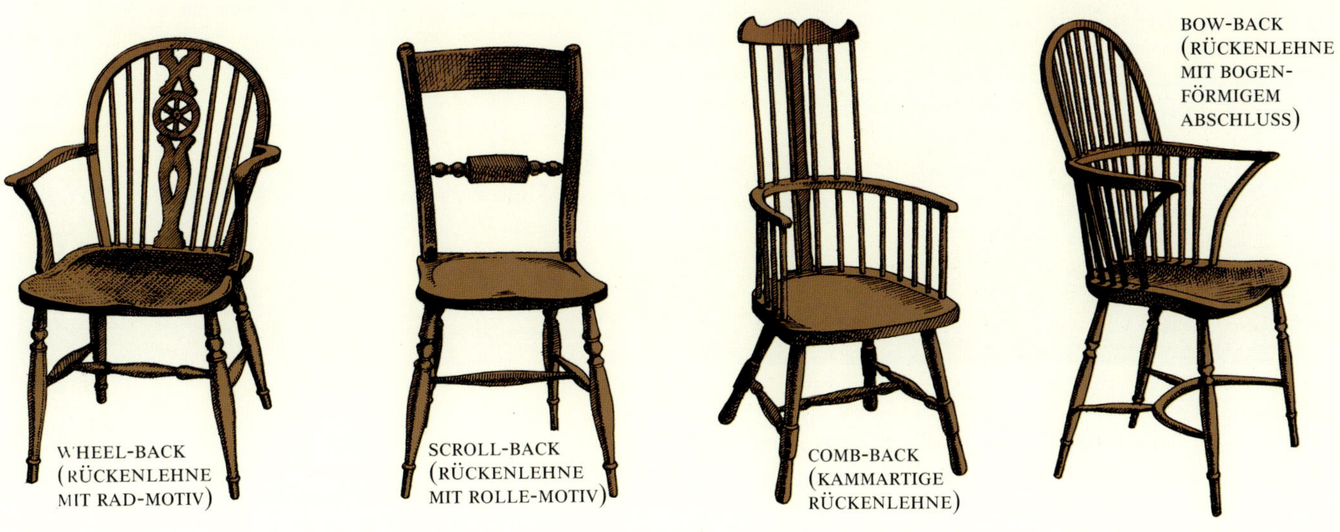

Truhen, Schränke und Anrichten

Eine Holztruhe ist das elementarste und anpassungsfähigste Möbelstück überhaupt. Und um Dinge in hübscher Form zu verstauen, braucht man auch den bescheidenen Schrankkoffer oder die alten ledernen Reisekoffer nicht zu verschmähen. Unabhängig vom Aussehen sollten Truhen und Kästen stabil sein und einen Hauch von Geschichte vermitteln.

Wenn das Holz eines Kastens oder einer Truhe alt und arg mitgenommen ist, aber über ein wenig Persönlichkeit verfügt, kann man es abbeizen, so daß es eine würdevolle silbergraue Blässe erhält, und wachsen. Besteht ein solches Stück aus unruhigem neuem Kiefernholz, schleift man die Oberfläche ab, um einen Teil des unvermeidbaren Polyurethanlacks zu entfernen, streicht das Holz in einer kräftigen Farbe (so daß die Ecken und Griffe abgenutzt aussehen) und versiegelt die gesamte Truhe mit einem Überzeug aus Bienenwachs.

Die Vielseitigkeit von Truhen

Truhen können bescheiden oder prachtvoll sein, je nach Geschmack; sie können makellos gepolstert, mit Tapisserien bezogen und mit Fransen geschmückt sein und sich dann Ottomanen nennen (s. S. 177) oder kunstvolle Beispiele für Chinoiserien darstellen, geschnitzt aus duftendem (mottenvertreibendem) Kampferholz und mit chinesischen Medaillons und Drachen verziert. Stabile, metallbeschlagene englische Eichentruhen, die man als *Coffer* bezeichnet, gibt es mit geschnitzten heraldischen Moti-

Anrichte im Stil des frühen 17. Jahrhunderts (OBEN) *Das dunkle Holz und die stark hervortretenden Schnitzereien dieser Anrichte gehen auf Vorläufer aus der Zeit Jakobs I. zurück. Die Schwere dieses Möbelstücks wird auf gekonnte Weise durch die sonnengelben Wände und funkelndes venezianisches Glas kompensiert.*

Truhen im Tudor-Stil (RECHTS) *Alte geschnitzte Coffer, eindrucksvoll poliert, finden den ihnen angemessenen Standort in einem ehrwürdigen Landhaus aus der Tudor-Zeit, wo sie neben offenen Regalen und einer Reihe von Wandhaken früher vermutlich den einzigen Stauraum darstellten.*

ven und schwarz gebeizt. Einige Wäschetruhen haben unten Schubkästen, wie die Bastardtruhen – die Vorläufer der Kommode –, oder Beine und Rückenteile, die an schwedische Sitzbänke erinnern.

Schrank-Liebe

Massivholz, einfache Formen und Beschläge sind die Markenzeichen eines Schrankes im ländlichen Stil. Moderne Einbauelemente wirken gewöhnlich deplaziert, obwohl sich im Schlafzimmer durchaus eine ansprechende Schrankwand aus sorgfältig zusammengestellten alten Weichholztüren bauen läßt und auch aus alten Schrankunterteilen und Schubladenschränken respektable Küchenmöbel entstehen. Unter Umständen passen solche Möbel besser in eine Küche als nagelneue Kiefernschränke.

Alte französische oder bemalte italienische Aufsatzschränke sowie Wäscheschränke sind überaus attraktive Schlafzimmermöbel – sofern man sie irgendwo entdeckt und die Energie aufbringt, sie nach Hause zu transportieren. Die Viktorianer hatten eine Begabung für voluminöse Mahagonischränke mit Flügeltüren, die mit einem faszinierenden Innenleben aus Schubladen, Ablagebrettern und Fächern aufwarten können und selbst in das unaufgeräumteste Ankleidezimmer Ordnung bringen. Ein Jahrhundert zuvor hatte man in England schlichtere Wäscheschränke mit großen Flügeltüren und ausziehbaren Fächern im Oberteil sowie Schubladen im Unterteil.

Funktionale Schränke für die Küche

Kuriose, praktische, alte Schränke können sich harmonisch in heutige Küchen einfügen. Da gibt es Schränke mit großen niedrigen Fächern, in denen man früher Speckseiten lagerte, Truhen, Putzzeugschränke aus Weichholz und amerikanische Vorratsschränke mit gelochten Metallblechfüllungen in den Türen – sie

***Ländlich schlicht: Massivholz** (LINKS) Dieses einfache Eckregal aus Weichholz ist ein hübscher Rahmen für das alte Salzgefäß und einige ehrbare Bücher. Die Wände sind mit einem dünnen Anstrich in einem großzügig angelegten Flechtmuster versehen.*

***Ländlich schlicht: Holz und Weißblech** (RECHTS) Die Verwendung punzierter Bleche in den Türen von Küchenschränken ist eine praktische Tradition aus Amerika – Luft kann zirkulieren, damit die Lebensmittel kühl bleiben, und Fliegen werden abgehalten. Solche Türen sind außerdem sehr dekorativ, insbesondere wenn sie offenstehen und Licht hindurchfällt. Weißblech läßt sich auf unerwartete und kreative Weise verwenden; in Amerika findet man beispielsweise mitunter reichverzierte Bleche an Zimmerdecken.*

alle hatten eine ganz bestimmte Funktion und sind voll ländlicher Anmut.

Darüber hinaus gibt es sehr schlichte amerikanische Möbel, die als Inspiration für eigene Schreinerarbeiten dienen können. Dazu gehören Anrichten mit zurücktretenden Aufsätzen sowie Schränke, die mit Hilfe einfachster handwerklicher Methoden aus massiven Holzplanken gebaut sind. Das Holz ist in den klassischen Farben Rostbraun, Graugrün und Schieferblau gestrichen und bekommt später einen ungleichmäßigen Glanz.

Küchenanrichten

Die Anrichte ist der Inbegriff eines ländlichen Möbels. Anrichten haben oft einen langen Stammbaum, und Varianten im Stil offenbaren häufig ihre Herkunft. So lassen sich beispielsweise Anrichten aus Yorkshire von anderen nordenglischen Anrichten häufig durch eine eingebaute Uhr unterscheiden, während Anrichten aus Wales sich aus einem Schrankteil mit Schubladen und Regal zusammensetzen. Doch ihre Funktion ist immer die gleiche – eine Kombination von Schaukasten und zweckmäßigem Möbelstück.

Die ideale Anrichte ist von ehrbarem Alter und trägt ihre abgenutzten Farbanstriche aus raffinierten Grüntönen mit Würde. Eine schöne Küchenanrichte sollte das erklärte Ziel jedes Landhaus-Besitzers sein, der sich stilgerecht einrichten möchte.

Schlichte Bauernmöbel

Solche einfachen Bauernmöbel sind leicht nachzubauen. Die Seitenteile aus Brettern halten alles zusammen und fungieren gleichzeitig als Füße. Die Möbel werden nacheinander in unterschiedlichen Farben gestrichen: altes Drillichblau über ausgeblichenes Lärchengrün oder warmes Braun über Fuchsrot. Zwischen den Anstrichen schleift man die Oberfläche leicht ab.

KLEIDERSCHRANK

WANDSCHRANK
mit einfacher Brettür

ZWEI SCHRÄNKE
übereinander

ECKSCHRANK
MIT AUFSATZ

Authentische Ausstattung *Einfache Beschläge, wie Knebelverschlüsse und Holzknöpfe, sind eine hübsche Variante bei Bauernmöbeln.*

Praktisches Küchen-Display (LINKS) *Der Bau eines solchen Regals bereitet Hobby-Tischlern keine Probleme – das ansprechende Ergebnis liegt im unbefangenen Design begründet. Der Grundrahmen ist durch eine Rückwand aus Nut- und Federbrettern verstärkt und mit Bogenleisten verziert. Das Regal ist an der Wand befestigt und bildet einen ordentlichen und funktionalen Rahmen für die darunter befindliche Spüle.*

Kosmopolitische Anrichte (RECHTS) *Diese alte Yorkshire-Anrichte ist voll von Geschirr aus aller Herren Länder – Keramik aus Portugal, England und Amerika, dazwischen Kuriositäten von Auktionen, Flohmärkten und aus Versandhauskatalogen. Auch hier verleiht die Rückwand aus Nut- und Federbrettern dem Regal Stabilität und stellt einen warmen, einfühlsamen Hintergrund für die sorgfältig zusammengestellte Sammlung dar.*

Arbeitsmöbel

Einen Gegensatz zu den schlichten, zweckmäßigen Möbeln in der Küche bilden die Möbel, die mit Würde ihren Platz im Arbeitszimmer einnehmen. Kunstvoll gearbeitete Kabinettschränke, mit schwarzem oder zinnoberrotem Lack im chinesischen Stil verziert, und lackierte Schreibpulte aus Papiermaché, bemalt mit üppigen Blumen und mit Perlmutt eingelegt, sind von reicher Schönheit vor dem Hintergrund ländlicher Schlichtheit.

Jeder Haushalt braucht einen Schreibtisch oder sogar zwei – vielleicht einen maskulinen viktorianischen Aufsatzsekretär mit zahllosen schrulligen Schubladen und Fächern oder ein kleines Davenport-Schreibpult mit seitlichen Schubfächern und einer schrägen Platte. Solche Schreibmöbel können unauffällig in einer Zimmerecke stehen.

Auktionen und Antiquitätengeschäfte bieten eine verwirrende Auswahl massiver alter Regale und Eckschränke. Solche mit Holzgitterwerk sind besonders verführerisch. Es ist verblüffend, welche Wirkung eine einfache wellenförmige oder durchbrochene Randleiste hat. Und weil das Leben langweilig werden kann, wenn es allzu bieder ist, sollte man sich gegenüber den überschwenglichen, frivolen Schnörkeleien freistehender Étagèren aus dem 19. Jahrhundert tolerant verhalten. Auf den drei oder vier Ablagebrettern kann man Zimmerpflanzen oder geschmackvollen Zierrat zur Schau stellen.

Selbstgebaute Regale

Bücherregale sehen am besten aus, wenn sie aus Massivholz bestehen und von Haltern aus Holz oder Gußeisen getragen werden. In Wandnischen können sie auch auf Holzlatten aufliegen, die vorn an den Regalbrettern durch eine Zierleiste verdeckt werden. Die Vorderkanten der Regalböden kann man mit Perlrundstäben versehen oder mit einem alten Hohlkehlenhobel bearbeiten (sofern sich ein solcher finden läßt). Wenn man an den Seiten und oben Zierverkleidungen anbringt, wirken Regale in Nischen als fester Bestandteil der Inneneinrichtung.

Buchausstellung (OBEN) *Der gotische Bücherschrank hat das Aussehen einer Miniatur-Kathedrale aus dem 12. Jahrhundert. Die weißroten Originalscheiben sind an einigen Stellen zerbrochen, so daß sie einen Blick auf einen Teil der schön gebundenen Bücher erlauben.*

Ordnung, die Ruhe ausstrahlt (RECHTS) *Wohlgeordnete und reizvolle Arbeitsplätze sind ein maßvoller Anreiz, Briefe zu schreiben und Rechnungen zu bezahlen. Dieser Nußbaum-Sekretär aus dem 19. Jahrhundert ist ein Tribut an die zivilisierte Lebensführung und die Ordnungsliebe seines Besitzers.*

Selbstgebaute Bücherwand (LINKS) *Diese geräumigen, nach hinten versetzten Bücherregale wurden nicht von einem Tischler, sondern von einem Schauspieler gebaut. Das Grunddesign ist einfach, doch Profilleisten und Messingbeschläge verleihen der Regalwand eine stille Würde, die durch den zinnoberroten Anstrich unterstützt wird. Einen Kontrast bilden die tannengrünen Kissen und die bunten Buchrücken.*

Paravents und Kaminschirme

Vornehmes 18. Jahrhundert (OBEN) *Ein Ofenschirm kann belebend auf eine Fläche wirken, die sonst vielleicht nur der Platz für traurig aussehende, staubige Trockensträuße oder ängstliche Grünpflanzen wäre. Diese Jagdszene ergibt einen dekorativen Kaminschirm, der gleichermaßen vor heftig lodernden Flammen und Zugluft schützt. Und wie es sich so trifft, kann dieser Kaminschirm auch als Kartentisch benutzt werden.*

Ein einfacher Ofenschirm läßt sich leicht anfertigen und dekorieren: eine einladend kleine Fläche, an der man seine kreativen Fähigkeiten unter Beweis stellen kann.

Wandschirme verbergen eine Vielzahl von Sünden – selbst den Berg schmutziger Wäsche im Badezimmer – und können einen großen Raum in kleine, leichter zu bewältigende Bereiche unterteilen. Darüber hinaus sind sie der ideale Anlaß, kreativ tätig zu werden. Sobald der Rohling gebaut ist (s. S. 171) oder man einen stabilen alten Wandschirm gefunden hat, können die Verschönerungsarbeiten beginnen. Man sollte Farbeffekte mit kühnen Randeinfassungen ausprobieren, sich im Farbschablonieren versuchen (Mißerfolge lassen sich problemlos überstreichen), den Schirm mit den wundervollen überzähligen Leinengardinen bespannen, die für kein Fenster im Haus die passende Größe haben, einen Stoff mit Hilfe von Schablonen in einem großzügigen Paisley-Muster bemalen oder den Wandschirm passend zu den Polstermöbeln beziehen. Oder man beklebt einen Wandschirm mit ausgeschnittenen Motiven (s. rechts).

Kaminschirme dekorieren

Ein Ofenschirm kann ein freistehendes Kunstwerk sein, um einem wenig attraktiven schwarzen Kaminloch einen optischen Reiz zu verleihen, oder man kann ihn so anpassen, daß er in der Größe zum Kamin paßt und Zugluft abhält.

Es gibt bezaubernde historische Beispiele handgemalter Motive auf Ofenschirmen – eine Vase mit Blumen, eingefaßt von imitierten Wandkacheln, oder Satyre und Cherubim mit einer schlichten geometrischen Randeinfassung. Man kann sich selbst an ähnlichen Motiven versuchen oder nach der Vergrößerung eines Postkartenmotivs arbeiten, das grob auf dem Schirm vorgezeichnet wird. Andere Ideen lassen sich aus den Mustern türkischer Teppiche oder der feinen, gleichförmigen Zartheit farbschablonierter Farnwedel ableiten – alles, was sich auf ein Rechteck übertragen läßt und eine ausgewogene Dichte und Farbgebung hat, sieht gut aus. Auch die Verwendung von Tapisserien sollte man in Erwägung ziehen.

Großer Paravent (OBEN) *Dies ist der ideale Wandschirm – spanisches Leder aus dem 19. Jahrhundert, in zarten, gedämpften Farben bemalt. Eine ähnliche Wirkung ließe sich erzielen, wenn man ausgeschnittene Figuren verwenden und die reliefartige Einfassung mit rot-goldener venezianischer Anaglypta-Tapete imitieren würde. Alternativ könnte man die hier gewählten Farben als Grundlage für Freihandmalereien verwenden und sie mit Firnis mattieren.*

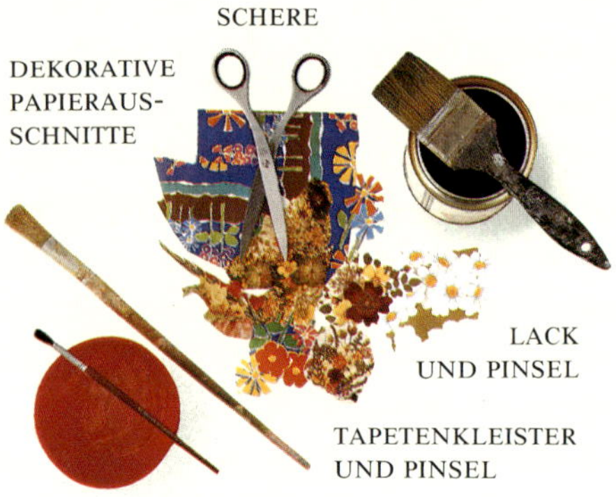

Ein Wandschirm als Sammelalbum

Für einen solchen Wandschirm muß man Erinnerungen sammeln – Fotos, Urkunden, Briefe, Postkarten, Speisekarten, Eintrittskarten, Theaterprogramme oder Notenblätter. Man schneidet so viele Motive aus, wie man für den betreffenden Wandschirm benötigt. Als Untergrund wird eine Farbe gewählt, von der sich die Motive gut abheben. Damit der Paravent ein »antikes« Aussehen erhält, schleift man die gestrichene Oberfläche leicht ab.

Die Ausschnitte werden in der gewünschten Anordnung mit Tapetenkleister aufgeklebt. Zum Schluß versieht man den gesamten Wandschirm mit mehreren Schichten Mattlack, der stets in der gleichen Richtung aufgetragen wird. Die einzelnen Anstriche müssen jeweils gut durchtrocknen, und die Oberfläche soll am Ende vollkommen glatt sein. Zusätzlich kann man auch einige dreidimensionale Elemente, wie etwa Bänder oder Rosetten, hinzufügen.

Kunstvolle Ausschneidearbeit (OBEN) *Der farbintensive Untergrund dieses Paravents aus Holz wurde durch eine weiße Grundierung und anschließende Anstriche mit grüner, rosa sowie zwei Schichten roter Lackfarbe (seidenglänzend) erreicht. Dann wurde die Farbe so weit abgeschliffen, daß die unteren Schichten durchscheinen und der Wandschirm alt aussieht. Durch die aufgeklebten floralen Motive wirkt der Paravent beinahe viktorianisch. Mehrere Lacküberzüge schützen ihn.*

Bemalte Möbel

Der Charme alter Möbel liegt zu einem großen Teil in der liebevollen Pflege begründet, die ihnen vorherige Besitzer zuteil werden ließen. Nirgendwo ist dies offensichtlicher als bei bemalten Möbelstücken – mit Sorgfalt gewählte Farben und Motive sowie Schnörkel und wackelige Pinselstriche, aus denen große Zuneigung spricht. Die Blumen, die üppigen Randeinfassungen, die kühnen Pinselstriche der skandinavischen Rosenmalerei – dies alles geht auf die Jahre zurück, als man noch Zeit für Dekor hatte. Da gab es noch keine Fabriken, die Millionen identischer Kunstprodukte fertigten – was immer möglich war, wurde zu Hause aus verfügbaren Materialien hergestellt und liebevoll geschnitzt, gestrichen und poliert. In jenen Tagen war man nicht der Ansicht, daß jede Tätigkeit kostenorientiert-effizient sein müsse – und diese Haltung entspricht dem Geist des ländlichen Wohnstils.

Möbeln Farbe geben

Das puritanische Beharren auf unbehandeltem Holz ist heute nicht mehr verbindlich. Abgelaugtes Weichholz ist für die Platte eines Arbeitstisches in der Küche gewiß zweckmäßig, doch gibt es keinen Grund, weshalb die Beine und die Kanten des Tisches nicht bemalt sein dürfen.

Stencil-Vorlagen erhält man in großer Zahl, und sie sind eine altbewährte Methode, Möbel zu verschönern – Schablonenmalereien wirken besonders gut in erlesenen dunklen Farben, wobei

Einfache Behandlung (OBEN) *Dieser Stuhl aus dem 19. Jahrhundert, der aus Neuengland stammt, hat eine klare, anmutige Form und ist eigenwillig mit Ebenholz abgesetzt.*

Zarte Schablonenmalerei (OBEN) *Die Solidität dieses alten Stuhles aus Amerika verlangt eine formgerechte Behandlung: Stencil-Malereien in einer melancholischen Farbharmonie.*

Motive für Freihandmalereien

Motive für Freihandmalereien können sehr einfach sein, wie beispielsweise ein schlichtes Ornament als Umrandung oder naive Tiergestalten. Unsere Vorfahren haben die Umrisse der von ihnen dargestellten Objekte häufig durch kleine Punkte oder Schnörkel aufgelockert, was zur strukturellen Bereicherung der Malereien beiträgt.

Alt und neu (OBEN) *Dieser kleine Weichholzschrank aus dem 19. Jahrhundert wurde nachträglich im Stil seiner Zeit bemalt. Er hat kräftige Farben, künstlich erzeugte Abnutzungsspuren, ein untypisches asymmetrisches Motiv und eine marmorierte Platte. Wenngleich Authentizität hervorragend wirkt, ist sie nicht zwingend erforderlich – eine beherzte Fälschung wie diese kann ebenso reizvoll sein wie ein Original. Darüber hinaus ist sie preiswert, und die Arbeit macht Spaß.*

die Skala auf wenige Farbtöne beschränkt bleibt. Etwas mehr Aufwand erfordert es, wenn man Negativschablonen aus Farnwedeln oder Blättern verwendet und Farbe darübersprüht oder -streicht. Wenn dies gut und mit sorgfältig ausgewählten Rohmaterialien gemacht wird, ergibt sich eine Oberfläche, die all den filigranen Charme handgeklöppelter Spitze aufweist.

Freihandmalereien

Doch der Anreiz zum Bemalen von Möbeln liegt in der Tatsache, daß man hier – im Gegensatz zu Wänden, wo man in der Lage sein muß, das gleiche Motiv endlose Male zu wiederholen, damit ein gleichmäßiges Muster entsteht – nur ein einziges Motiv zu produzieren braucht, dessen Unregelmäßigkeit einen Teil seines Charmes ausmacht. Jedes Buch über Volkskunst erbringt den Beweis, daß Perfektion nicht das anzustrebende Ziel ist.

Man sollte nach hübschen Motiven suchen und sie ohne Scham plagiieren – Originalität war zu keiner Zeit Teil dieser Tradition. Und neben den vertrauten Motiven, wie Rosen und Früchten, gibt es weniger bekannte Dessins mit ähnlichem Charme.– eine eigenwillige Menagerie von Tiergestalten etwa oder die eleganten Buchstaben und Ziffern einer Frakturschrift des 19. Jahrhunderts. Das Hinzufügen von Namen und Daten verleiht Möbelstücken den authentischen Hauch von Individualität. Anregungen für gelungene Schriftzüge kann man beispielsweise auf schönen alten Grabsteinen finden.

Das Design sollte sich die Besonderheiten des betreffenden Möbelstücks zunutze machen – Füllungen kann man in einer Kontrastfarbe absetzen und am Rand mit einer detaillierten Einfassung versehen; Schlösser und Griffe können den Mittelpunkt eines geometrischen Musters bilden.

Farben authentisch verwenden

Es gibt einen gefährlichen Grenzbereich zwischen volkstümlichem Kitsch und natürlich-würdevoller Volkskunst. Eine wirkungsvolle Vorsichtsmaßnahme ist es, leuchtend bunte Malereien vollständig zu verbannen und sich statt dessen an die weichen Blau- und Grüntöne alter Möbel aus Skandinavien zu halten oder auf das dunkle Rot, Schwarz, Beige und das tiefe Blau französischer Möbel sowie das Spektrum verwitterter Erd- und Meeresfarben amerikanischer Möbel zurückzugreifen. Die Hintergrundfarbe ist von großer Bedeutung, und sie muß eine wohlüberlegte Ergänzung zum Raum und zur eigentlichen Malerei darstellen. Dunkle Farben als Untergrund schmeicheln den hellen Bereichen eines Motivs.

Eine Tischplatte bemalen

Eine Tischplatte sollte man als leere Leinwand für eigene Malereien betrachten. Die meisten Oberflächen nehmen Farbe gut an, wenn sie nicht zu stark gewachst sind. Wachs entfernt man mit Terpentinersatz und Stahlwolle und reibt mit einem Lappen nach; dabei stets in Richtung der Maserung arbeiten. Für Tische, die ständig benutzt werden, verwendet man strapazierfähige Farbe – Seidenglanzlack oder mit Lack angemischte Farbpigmente.

1 *Das Motiv mit Bleistift vorzeichnen und Hilfslinien ziehen, falls das Muster mittig ausgerichtet werden muß. Die Lackfarbe für zarte Farbtöne mit Terpentinersatz verdünnen. Zum Auftragen einen dünnen Pinsel benutzen.*

2 *Die trockene Farbe leicht abschleifen. Dabei in Richtung der Holzmaserung arbeiten und nur wenig Druck ausüben – es ist nur eine einzige Farbschicht vorhanden –, bis der gewünschte Effekt erreicht ist. Die Tischplatte gründlich abbürsten; sie muß für den nächsten Arbeitsschritt vollkommen staubfrei sein.*

Skandinavisches Flair (RECHTS) *Dieser Eichentisch hat durch raffinierte Farben und ein einfaches Muster eine neue Identität bekommen, die an bemalte skandinavische Möbel erinnert. Eichenholz spricht besonders gut auf Farbanstriche an, denn es hat eine tiefe Maserung, in der die Farbe nach dem Abschleifen stehenbleibt. Bescheidene Weichholzmöbel sind ebenfalls gut geeignet. Ursprünglich bemalte man Bauernmöbel nicht allein zu Dekorationszwecken, sondern auch, um die mindere Qualität des Holzes zu kaschieren.*

3 *Die gesamte Tischplatte mit klarem Mattlack streichen. Dadurch werden Holz und Malerei geschützt, was bei Tischen, die ständig in Gebrauch sind, besonders wichtig ist. Darüber hinaus verleiht der Mattlack dem Tisch ein verhalten »antikes« Aussehen.*

Die Leidenschaft des Sammelns

Sammlungen schleichen sich oft unbemerkt in unser Leben ein. So finden sich vielleicht im Laufe der Zeit in allen möglichen Winkeln des Hauses billige und dekorativ bemalte chinesische Emailwaren ein, ohne daß man sich dessen wirklich bewußt wird. Ein Augenblick der Inspiration bringt dann die befriedigende Entdeckung, daß die Gesamtheit mehr als nur die Summe der Einzelteile ist.

Heutzutage sind Sammlungen zum großen Geschäft geworden, und der erfahrene Antiquitätenhändler kennt jede Wende, die der Geschmack seiner Kunden nehmen könnte, ganz genau. Es ist eine wirkliche Herausforderung an die eigene Genialität, Sammelobjekte zu finden, die noch nicht von irgendeinem Händler aufpoliert und mit einem überaus kreativen Preisschild versehen wurden.

Schönheit zu entdecken, die noch niemand zuvor erkannt hat, ist ein Teil des tatsächlichen Vergnügens eines Sammlers. Es ist das Vergnügen der Jagd, den Händlern zuvorzukommen, ungewöhnliche Quellen aufzutun, Trödelläden und Basare zu durchstöbern oder interessante Stücke auf Auktionen zu entdecken – bei Garagen- und Kofferraumverkäufen werden oft ungeahnte Rabatte gewährt. Sammler müssen die verschlagene Kunst der beiläufigen Anfrage erlernen – die Frage nach einer Anzahl von Objekten, zwischen denen sich das begehrte Stück unauffällig verbirgt.

Die besten Sammlungen sind solche, die man nach und nach zusammengetragen hat, bei denen jedes einzelne Stück von sentimentaler Herkunft ist und einen vielleicht an jenen sonnigen Nachmittag erinnert, als man zusammen mit einem alten Freund zufällig einen Trödler entdeckte. Auf diese Weise erworbene Objekte sind Schlüssel zu schönen Erinnerungen.

Lichteffekte (LINKS) *Das Sonnenlicht, das durch das Fenster fällt, läßt diese alten Lampen funkeln und glühen und bringt die klaren Umrisse der Reproduktionen von Wetterfahnen (ein weiteres Beispiel ist unten abgebildet) dramatisch zur Geltung.*

Sammlungen präsentieren

Im Idealfall sind Sammlungen das dekorative Äquivalent zu Schmuck. Sie erweitern sich ständig, werden liebevoll zur Schau gestellt und mit Hingabe gepflegt. Man muß sich stets vor Augen halten, daß bei praktisch jeder Sammlung die Präsentation das Ausschlaggebende ist. Exquisite Stickmustertücher aus dem 19. Jahrhundert sind nicht viel mehr als zerknitterte alte Lappen, solange sie nicht stolz in passenden Rahmen hängen (s. S. 148).

Eine Sammlung kann zum Katalysator für eine andere werden. Unmengen kleiner, themenbezogener Objekte – beispielsweise die Vielzahl antiker Schweinchen, deren Anfang ein verdrießlicher Schabernack war – können den Besitzer zum Wahnsinn treiben, wenn er keinen Standort für sie findet, an dem sie vor Staub, schwungvollen Gesten und neugierigen Kinderhänden sicher sind. So muß man sich erneut auf den Weg machen, um auf Auktionen oder bei Trödlern geeignete alte Ladeneinrichtungsteile mit Glastüren und Messinggriffen aufzutreiben, in denen man seine Schätze ausstellen kann.

Das Beste aus einer Sammlung machen

Zu allererst muß man das, was man hat, auf das genaueste begutachten und den wesentlichen Charakter und die Besonderheiten erkennen. So ergeben zum Beispiel Glasobjekte in Verbindung

Schauplatz Fenster (UNTEN)
Alle möglichen freien Plätzchen können zu wirkungsvollen Ausstellungsflächen für Sammlungen werden. Dieser Fenstersims ist ein perfekter Rahmen für einen reizenden Fries aus winzigen Holzhäusern – das Miniaturbild der Häuserzeilen entlang der Straße.

Schrankausstellung (LINKS)
Amerikanischer Volkskunst wohnt eine feierliche Stimmung inne, die hier eine glückliche Verbindung mit einer schlichten Weichholz-Anrichte eingeht. Durch die Kombination von geradlinigem Design und raffinierter Farbigkeit entsteht eine Wirkung, die in bester Amish-Tradition schlicht, aber kraftvoll ist.

Treppensammlung (OBEN) *Eine Treppe kann der ideale Ort sein, um sich rokokohaften Ausschweifungen hinzugeben. Hier wurden sowohl die Wandflächen wie auch die Simse voll genutzt. Eine farbige Fensterscheibe wirft ein fast kirchliches Licht auf die kunterbunte Ansammlung unterschiedlichster Gegenstände.*

Light-Show (RECHTS) *Diese seltene Sammlung alter Kerzengußformen, Binsenlicht- und Kerzenhalter beinhaltet Leuchter, an denen man die Brenndauer der Kerze einstellen kann. Konzentriertes Kerzenlicht wirkt bekanntermaßen außerordentlich verführerisch – man sollte also die Augen nach preiswerten Reproduktionen offenhalten.*

mit einfallenden Sonnenstrahlen eine glitzernde prismatische Light-Show; unbeleuchtetes Glas hingegen funkelt in keiner Weise. Aus diesem Grunde ließe sich etwa eine Sammlung geschliffener Glasgefäße auf einer Glasplatte, quer vor einem Fenster oder an einem Platz, der von der Morgensonne beschienen wird, vorteilhaft zur Schau stellen. Wenn Glas außerdem vor einem Spiegel steht, verstärkt sich seine Leuchtkraft.

Farbiges Glas, wie saphirblaues Bristol-Glas, zeigt ein brillantes Glühen, wenn Licht hindurchfällt. Ähnliche Effekte lassen sich erzielen, wenn man normale Glasgefäße mit alten Murmeln in leuchtend bunten Farben füllt oder im Badezimmer Badeöle in den Farben des Regenbogens aufstellt.

Wände als Ausstellungsflächen

Ausgeblichene Patchwork-Quilts und brüchige Kelims sehen wundervoll an einer Wand aus, die sanft eine der Textilfarben aufgreift. Solche Kostbarkeiten müssen behutsam aufgehangen werden – Holzlatten, die mit Ketten an einer Bilderleiste befestigt oder an der Wand festgeschraubt sind und dann mit Klettband versehen werden, sind eine gute Lösung. Den dazugehörigen zweiten Klettbandstreifen näht man vorsichtig an den Textilien fest (s. S. 180). Gemälde und ihre Rahmen wollen mit einem einfühlsamen Auge zusammengestellt und präsentiert werden. Jede Bildersammlung sollte ein oder zwei gemeinsame Komponenten haben – Stil, Farbe, Stimmung oder Struktur –, und die Rahmen sollten in einer Beziehung zu den Bildern stehen. Man kann auch über eine harmonierende Hintergrundfarbe nachdenken, durch die die Komposition zu einer Einheit verschmilzt.

Unerwartete Schätze

Die bescheidensten Objekte können in einer einfühlsamen Umgebung ungeahnte Qualitäten zeigen. Alte Bonbonbüchsen und Tee- oder Keksdosen gibt es in einem herrlichen Spektrum kraftvoller Farben und ausgeklügelter Dekors, die – einfach bunt zusammengewürfelt – vermutlich nicht großartiger aussehen als die Blechdosensammlung in der Werkstatt eines Automechanikers. Ein kurzer Moment der Überlegung könnte aber durchaus zu dem Ergebnis führen, daß sich der gesamte Bestand in ein ge-

Alter Rahmen (OBEN) *Die Wirkung dieser modernen Version einer amerikanischen Theoremmalerei – farbschablonierte Blumen auf Samt, in subtilen Farben und naiven Formen – wird in gelungener Weise durch einen ungewöhnlichen, antiken Bilderrahmen ergänzt, der schon etwas mitgenommen aussieht.*

Triumph der Wände (RECHTS *und* GANZ RECHTS) *Zwei Ecken desselben Zimmers: Die warmen terrakottafarbenen Wände, die nachträglich durch einen mageren Anstrich mit verdünnter Dispersionsfarbe magnolienrosa abgetönt wurden, ergeben einen strukturierten Hintergrund für ein Übermaß an Kunst. Die Wandfarbe greift Details zahlreicher Gemälde auf, während die Tapisserien die lebenden Pflanzen reflektieren; auch in den nicht mehr neuen Vergoldungen der Bilderrahmen liegt Harmonie. Kein Effekt, der sich unmittelbar erreichen läßt, doch einer, der die Faszination von Farben zum Ausdruck bringt.*

Maßgefertigter Bilderrahmen *(OBEN) Neue Rahmen, im Stil antiker Vorläufer, lassen sich problemlos bemalen – Übung und etwas Schwung vorausgesetzt. Der dunkle und getragene Rahmen dieses Scherenschnittes mit einem Hochzeitsmotiv, angefertigt von Blanche Turner aus Pennsylvania, wurde einfach, aber wirkungsvoll zweifarbig bemalt.*

ordnetes Farbspektrum – mit einem Übergewicht an Kastanienbraun – gliedern läßt. Wenn man die Wand durch einen mageren Anstrich in einem helleren Braunton nachträglich abtönt, hat man den perfekten Hintergrund für die betreffenden Blechdosen geschaffen und zusätzlich dem gesamten Raum Wärme verliehen.

Schlüssel sind ein anderes klassisches Beispiel. Die meisten Leute besitzen eine bunte Mischung unidentifizierbarer Schlüssel, von denen einige – speziell die geschwärzten und krenelierten Exemplare aus Eisen – über einen gewissen Charme verfügen. Es könnte sich herausstellen, daß die eigene Sammlung hübsch zur Geltung kommt, wenn die Schlüssel in Reih und Glied an eingeschlagenen Nägeln vor einer weißen Wand hängen.

Oder Muscheln. In den Tagen der windgetriebenen Seefahrt wurden Muscheln als Ballast verwendet, und bedeutende Grundbesitzer ließen sich eine naßkalte, düstere Grotte oder eine seltsam rustikale Einsiedlerklause anlegen, in der sie ihre reiche Beute aus aller Welt zur Schau stellten.

Es gibt bescheidenere Möglichkeiten, die eigene Sammlung zu präsentieren: Ein Fächer aus Muscheln, der auf einer Fensterbank ausgelegt ist, kann sehr hübsch aussehen, oder man zwängt sie in ein Glasgefäß und stellt sie gegen das Licht an einem geeigneten Plätzchen auf.

Ein Bild vorteilhaft zur Geltung bringen *(RECHTS) Der Rahmen, der wie unten gezeigt verschönert wurde, verleiht dieser handkolorierten Fotografie aus den 30er Jahren ein klassisches Aussehen. Die beschriebene Technik mit Farbe und Tapete bringt preiswerte Drucke, Illustrationen aus alten Büchern oder auch ein Gobelinbild wirkungsvoll zur Geltung. Man sollte dazu ein Bild mit klarem Sujet auswählen, das von der Rahmenverzierung nicht in den Hintergrund gedrängt wird.*

Einen Bilderrahmen verschönern

Einfache Bilderrahmen lassen sich auf vielfältige Weise dekorieren, um die besondere Stimmung eines Bildes hervorzuheben. Einige Techniken wirken besser auf flachen Rahmen – beispielsweise Farbeffekte, die mit Hilfe von Tupfschwämmen oder Kämmen entstehen. Hier wurde der Rahmen aus Profilleisten angefertigt (s. S. 180). Die Leisten wurden am Rand zunächst mit Goldfarbe gestrichen und anschließend mit einem Streifen Tapete beklebt. Für diese Technik steht eine reiche Auswahl unterschiedlichster Tapetendessins zur Verfügung; sie ist weniger schwierig und kostspielig als das traditionelle Vergolden. Raffiniert hinzugefügte Farben sowie ein Schutzanstrich erwecken den Eindruck eines alten handbemalten Bilderrahmens.

1 *Einen Streifen Tapete in passender Breite zuschneiden und mit Tapetenkleister auf den Bilderrahmen kleben (vorgeleimte Tapete einfach mit Wasser anfeuchten).*

2 *Das Tapetendessin mit Ölfarben, die mit Terpentinersatz verdünnt sind, nachmalen, so daß der Eindruck handgemalter Motive entsteht.*

3 *Mattlack mit einer kleinen Menge umbrabrauner Ölfarbe anmischen und die Tapete mit diesem sepiabraunen Schutzanstrich versehen, damit der Bilderrahmen ein »antikes« Aussehen erhält.*

Reaping

Sammlungen in Regalen

Regale bieten die Möglichkeit, Sammelobjekte auf einfache Weise zusammenzufassen und ihnen einen gemeinsamen Nenner zu geben, insbesondere wenn man die Fachböden mit Stoff, Papier, Filz oder Stoff bezieht. Ein großartiger Effekt läßt sich bereits durch einen festgeklammerten Stoffbezug erzielen, doch muß man hierbei (an den Ecken, auf der Ober- und der Unterseite) sorgfältig arbeiten und sich um professionelle Perfektion bemühen, da das Ganze sonst einfach nur unordentlich aussieht. Es gab Zeiten, da wurden die Kanten eingebauter Bücherregale mit geschnitzten Holzleisten oder geprägten Lederstreifen verziert. Dies könnte man nachahmen oder statt dessen Tapetenstreifen oder Borten verwenden. Auch hier muß die Arbeit perfekt ausgeführt sein. Man mißt die Kanten, die dekoriert werden sollen, genau aus und schneidet das Material an allen Ecken exakt zu. Leder und Borten werden mit Messingstiften befestigt, Papierstreifen mit Kleber.

Altes Porzellan verlangt geradezu danach, in einer ehrwürdigen Anrichte präsentiert zu werden. Es ist ratsam, sich bei der Farbzusammenstellung diszipliniert zu verhalten – Blau und Weiß erhöhen immer den Pulsschlag, doch gibt es auch esoterischere Alternativen. Die ausgelassenen Arbeiten englischer Töpferinnen der 30er Jahre (Clarice Cliffe, Charlotte Rhead, Suzie Cooper) oder die klaren Linien und Farben der *Fiesta ware* aus den USA sehen wundervoll aus vor einer maserierten Wandfläche oder einem kräftigen Anstrich in einer matten, harmonierenden Farbe. In den 30er Jahren waren Nilgrün sowie ein spezielles warmes Kirschrot beliebte Farben.

Einfarbiges Porzellan

Das andere Extrem bilden ein schwarzer Hintergrund und schwarze Regale, die die Farben der ausgestellten Objekte hell erklingen lassen, insbesondere bei Porzellan in warmen Herbstfarben. Ist das Porzellan zum überwiegenden Teil weiß, sieht es vor einem weißen Hintergrund merkwürdig schmuddelig und unbedeutend aus. Doch schon dem alltäglichsten weißen Geschirr wird auf grünen, mit Vorhangstoff bezogenen Regalen durch den Kontrast Brillanz und Schönheit zuteil.

Bewußtes Miteinander (LINKS) *Die Wandfläche hinter diesem Regal war ursprünglich fleischfarben gestrichen, was zu dem Ergebnis führte, daß alle Ausstellungsstücke mit dem Hintergrund verschmolzen. Nachdem die Wand einen Neuanstrich in einem mit Bedacht gewählten Grün erhalten hatte, erwachten die Keramik- und Glaswaren zu neuem – glänzendem – Leben. Die verwendete verdünnte Acrylfarbe wurde mit einem großen Pinsel aufgetragen und dann grob mit einem Lappen abgewischt.*

Schmeichelhafte Regale (RECHTS) *Einfache Regale und Schränke, selbstgebaut aus Weichholzbrettern, sind klassische ländliche Einrichtungsgegenstände. Diese wurden mit einer leicht durchscheinenden weißen Öllasur gestrichen, die die Aststellen im Holz und die forsche Strenge der schwarzen Scharniere und Verschlüsse enthüllt, gleichzeitig jedoch sehr schmeichelnd auf die feinen Details und die ruhigen Farben der ausgestellten Stücke wirkt.*

THE HORSE OWNER'S VET BOOK
A PRIEST & A GIRL
The Pillow Fight
Ulysses
GIELGUD
PRESS BOX
THE DOUGHBOYS
ADAM SMITH
POWERS OF MIND
Black Jack

Altes Hausgerät

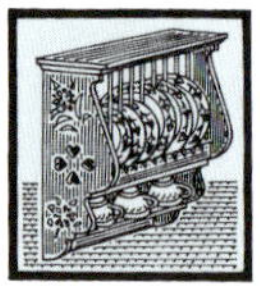

Das Sammeln altmodischer Küchengerätschaften und Gefäße ist immer eine befriedigende Angelegenheit, und je zwangloser ihre Präsentation, desto besser ihre Wirkung. Einrichtungsgegenstände aus Metzgereien bieten die perfekte Kombination von Lagerraum und Ausstellungsfläche und nehmen liebevoll ein ganzes Sammelsurium an Krügen und Durchschlägen, Girlanden aus getrocknetem Rosmarin und Thymian, ehrbare schwarze Emailtöpfe oder Weidenkörbe auf.

Küchen-Ephemeriden

Küchen verlocken dazu, kurzlebige Dauer zur Schau zu stellen – Collagen aus bunten Etiketten oder Verpackungen, stibitzte Speisekarten oder Berge dekorativer Blechdosen. Eine riesige filzbezogene Pinnwand – entweder kreuz und quer mit Gummiband bespannt, das von Heftzwecken gehalten wird, oder mit Stoff beklebt und mit Reißnägeln gespickt – könnte eine anarchische Sammlung von Eintrittskarten, Theaterprogrammen und Postkarten oder eine sorgfältige Komposition aus Ansichtskarten mit exotischen Sonnenuntergängen oder Lebensmitteln aufnehmen. Ausrangierte Setzkästen aus Druckereien können der willkommene Rahmen für winzige Schätze sein. Man kann sie an die Wand hängen oder in Regale stellen.

Das Problem in der Küche ist, daß alles sehr staubig und klebrig werden kann. Das Säubern einer Unzahl zierlicher kleiner Objekte in offenen Regalen kann selbst das sanftmütigste Naturell verbittern. Wer eine staubfreie Sammlung von – sagen wir einmal – Eierbechern mit amüsanten Hühnermotiven bewundern möchte, muß auf verglaste Regale und Schränke zurückgreifen.

Badezimmer

Badezimmer sind der richtige Platz für Sammlungen wertvoller Fliesen, wie beispielsweise kühne Art-Nouveau-Kacheln von William de Morgan. Viktorianische Fliesen in einem begrenzten Farbspektrum ergeben einen kraftvollen Patchwork-Effekt; ein Mosaik aus Fliesen in warmen Braun- und Rottönen oder tiefem Grün und Indigoblau ist eine herrliche und praktische Lösung, um die Platte eines Wandtischchens zu verschönern oder Badewanne und Waschbecken einzufassen.

Badezimmer ermuntern zu wertlosen, aber amüsanten Sammlungen von Enten und Schwänen, Muscheln und Fischen. Oder aber man hält Körbe mit wohlriechender, perlmuttartiger Seife für angemessener. Ebenso kann man eine überschwengliche Zurschaustellung von Verpackungen in Erwägung ziehen – reizvolle Seifenschachteln, Flaschen mit Glasstöpseln oder ein alchimistisches Aufgebot an Tiegeln und Töpfchen. Für ihre Fabrikation und das Design geben die Hersteller enorme finanzielle Mittel aus.

Badetücher und Bettwäsche haben eine beruhigende Ausstrahlung – Regale voller sorgsam zusammengelegter, farblich aufeinander abgestimmter Handtücher und bestickter Bettlaken und Kopfkissen, versehen mit Lavendelsäckchen, können wundervoll aussehen, insbesondere wenn sie in einem alten Armoire liegen, dessen Ablagebretter mit Stoff bezogen sind.

Wildbrethaken (OBEN) *Diese furchterregenden, ursprünglich zum Abhängen von Wildbret gedachten Haken haben einen neuen, weniger übelriechenden Verwendungszweck als Halter für eine ganze Anzahl Küchengerätschaften gefunden. Kochzubehör braucht nicht alt zu sein, um schön auszusehen. Eine mit Bedacht zusammengestellte Auswahl moderner Emailwaren ist ebenso hübsch und muß nicht poliert werden. Damit das Ganze ein entsprechend rustikales Aussehen erhält, hängt man zusätzlich Kräutersträußchen sowie Zwiebel- und Knoblauchzöpfe auf.*

Hübsch angerichtet (OBEN) *Diese gewaltige Anrichte mußte verkleinert werden, damit sie unter die niedrigen Deckenbalken einer alten Küche paßte. Wände und Anrichte wurden in einem Petersiliengrün gestrichen, das belebend auf die eindrucksvolle Sammlung weißer Aspikformen wirkt. Das Grün ist auch eine Ergänzung zu dem Steingutgeschirr und der hübschen zinnoberroten Chinoiserie-Uhr. Die Aspikformen haben auch noch andere Verwendungszwecke – eine fungiert als Schüssel für Potpourri.*

Französische Küche (RECHTS) *Bequem für Köche mit langen Armen, besitzt diese »Batterie de cuisine« (Küchengeschirr) einen unerwarteten Charme – glitzernder Tribut an die Originalität des Besitzers und die unbesungene Schönheit von Aluminium. Die Atmosphäre einer alten französischen Küche ist nur Schein: Obwohl die Deckenbalken aus einem älteren abbruchreifen Gebäude geborgen wurden, ist das Haus selbst neu.*

Florale Arrangements

Grünpflanzen und Blumen waren immer schon eine gute Lösung, wenn es unattraktive Ecken und häßliche Rohrleitungen zu verstekken galt. Sie bieten die Möglichkeit, harte Konturen und lückenhafte Arrangements im Nu zu mildern und zu verschönern. Und man kann mit ihnen optische Akzente setzen – eine winterliche Fensterbank, auf der außen Schnee liegt, sieht prächtig aus, verwandelt sich dank einer scharlachroten Begonie, durch die das Winterlicht fällt, jedoch zu einem kleinen Kunstwerk.

Pflanzen sind ein Bereich, wo man gnadenlos sein muß – nur allzu leicht wird man zu einem halbherzigen gärtnerischen Wohlfahrtsinstitut, mit Fensterbänken voller bleichsüchtiger, vergeilter Geranien und einem langbeinigen Fleißigen Lieschen, das die nette Nachbarin herübergebracht hat. Behalten sollte man nur solche Exemplare, die alle Nachlässigkeiten überlebt haben, und gleichzeitig beschließen, sie in Zukunft fürsorglicher zu behandeln – Geranien sind glücklich, wenn man sie die meiste Zeit einfach ignoriert, und zeigen sich ungeheuer dankbar für eine gelegentliche Düngergabe. In ähnlicher Weise hat *Streptocarpus* (Drehfrucht) elegante, launische Blätter und besteht darauf, unter widrigen Umständen zu blühen.

Pflanzen sehen am besten in Gruppen aus – ein Korb voller Usambaraveilchen hat eine Wirkung, die keine Solitärpflanze je erreichen wird, ganz gleich, wie hübsch sie auch eingetopft sein mag. Wenn schon drei kobaltblaue Hyazinthen hinreißend aussehen und duften, kann man sich unschwer die Wirkung von 20 Exemplaren vorstellen, die in einer hübschen blauweißen Fußbadewanne wachsen. Maiglöckchen lassen sich ohne weiteres dazu überreden, im Hause zu blühen – am besten versucht man es mit einem großen Kübel voll und sät Grassamen dazwischen. Terrinen mit Schneeglöckchen haben eine zarte Vollkommenheit. Im Haus lassen sie sich ganz aus der Nähe betrachten – was im Freien nur der Tollkühnste wagen würde.

Ein Garten im Haus

Man wählt Pflanzen aus, die in etwa die gleichen Wachstumsbedingungen benötigen, und pflanzt sie alle zusammen oder stellt sie gemeinsam in einen großen Kübel – mit anderen Worten, man strebt eine Art Zimmergarten an. Ein großer *Ficus benjamina* (Birkenfeige) mit elegant herabhängenden Zweigen würde in einem großen Terrakottatopf zusammen mit einem untergepflanzten Efeu gut aussehen. *Sparmannia africana* (Zimmerlinde) ist eine gefällige immergrüne Pflanze mit lindgrünen Blättern und vereinzelten weißen Blütentrauben im Sommer. Sie kann so groß werden, daß sie einen von der Außenwelt abschirmt. *Passiflora* (Passionsblume) läßt sich ebenfalls als lebender Vorhang verwenden. An einem Gerüst am Fenster gezogen, eilt diese rankende Kletterpflanze hinauf in große Höhen, bildet an einem geschützten sonnigen Platz zahlreiche ihrer eigenartigen, duftenden Blüten aus und wirft einen wohltuenden, gesprenkelten Schatten. Lilien in Blumentöpfen sind eine ganz zauberhafte Wahl.

Fedriger Rittersporn *in einer pastellfarbenen Vase aus den 30er Jahren*

Tradescantia (GANZ OBEN) *Robuste und dekorative Zimmerpflanze, die schnell wächst*

Keramikkrüge (OBEN) *In einer Vielzahl traditioneller Ausführungen erhältlich*

Glasvasen (LINKS OBEN) *Das Glas bleibt funkelnd sauber, wenn man dem Spülwasser einen Tropfen Haushaltsbleiche oder Essig zugibt*

Obst-Arrangement *in einer handbemalten Schüssel*

Flieder Weiße Blüten sehen immer frisch aus, besonders in ungemusterten Vasen von kräftiger Farbe wie in diesem grünen Keramikfisch

Kräuter sind dekorativ und praktisch; Petersilie (UNTEN) stellt man in Wasser, damit sie frisch bleibt

Calathea makoyana mit einem wundervollen Kontrast von dunklem und hellem Grün in den Blättern

Anemonen glühen brillant in unverfälschten Farben

Begonia rex in verhaltenen Farben

Alte Gartengeräte verfügen über einen Charme, den kein Kunststoffartikel erreicht

Gemüse, in einer alten Porzellanschüssel arrangiert

Primeln blühen in der ersten Jahreshälfte und sehen am schönsten in Gruppen aus

Passende Gefäße auswählen

Für jede Art von Stilleben – ein Mosaik aus Gemüse, ein weihnachtlicher Berg rotgelber Früchte und brauner Nüsse, ein nach Vanille duftendes Sträußchen früher Quittenblüten, das reiche Füllhorn einer Sommerrabatte oder ein herbstliches Tagebuch in Form getrockneter Hortensienblüten und Samenkapseln – braucht man passende Gefäße.

Man sollte nach ungewöhnlichen Behältnissen Ausschau halten: Die hübschen weißen Keramiktöpfe, die sich früher in altmodischen Kommoden versteckten, sind ideale Gefäße für große Topfpflanzen; fast alle Früchte sehen in Körben gut aus; Apotheken-Utensilien wie Phiolen und Glasfläschchen sind mit ihrer schlichten Form hervorragend für einzelne Blütenstengel, etwa scharlachrote Anemonen, geeignet, die am Fenster wie farbiges Glas leuchten.

Pflanzen selbst ziehen

Man sollte mit Saatgut experimentieren. Es gibt keine Vorschrift, die festlegt, wo Pflanzen gezogen werden müssen, und es gibt nichts Spannenderes als den Zauber keimender Pflanzen. Wenn sich ein Platz findet, der hell genug ist, kann man unter Umständen perfekte Zimmerexemplare von seinen in der freien Natur vorkommenden Lieblingspflanzen ziehen. Pflanzen an Gittern um ein Fenster herumwachsen zu lassen, macht viel Spaß – *Ipomoea* (Prunkwinde) ist gut geeignet; man kann sogar versuchen, Gemüse, wie grüne Bohnen, am Fenster zu kultivieren.

Kräuter sind selbstverständlich unentbehrliche Topfpflanzen in der ländlichen Küche. Eine sonnige Fensterbank kann zum Kräuterbeet werden, auf dem dicht gedrängt in einem langen Terrakottatrog Basilikum, Thymian, Schnittlauch, Pimpernell und Estragon wachsen.

Wunderbare Effekte mit Blattpflanzen

Blühende Pflanzen sollte man selbstverständlich so auswählen, daß sie die bereits in einem Raum vorhandenen Farben vorteilhaft zur Geltung bringen. Doch haftet auch einigen Blattpflanzen etwas ausgesprochen Designerhaftes an: Die graugrüne Färbung der Blätter von *Aechmea* (Lanzenrosette) und *Tradescantia* (Wasserranke), das feine Netzwerk auf *Fittonia verschaffeltii* (Fittonie oder Mosaikpflanze) und silbrig gesprenkelter Efeu – all das sieht wunderbar vor einer weißen oder roséfarbenen Wandfläche aus. Kühn gemustertes Blattwerk hat eine erstaunliche Affinität zu klassischen Paisley-Drucken – rostbraune und chromgrüne Arten von *Maranta* (Pfeilwurz), *Calathea* (Korbmarante) und *Caladium* (Buntwurz) sowie die etwas finstere *Begonia rex* in all ihren gebänderten und gepunkteten Manifestationen.

Eßbarer Augenschmaus

Der kurzlebige dekorative Reiz von Obst und Gemüse wird häufig übersehen. Es liegt Schönheit in einem unkomplizierten Arrangement aus dunklen, glänzenden Früchten und Weinlaub auf einem ovalen Teller, und es hat den großen Vorteil, daß man seine Kunst aufessen und beim nächsten Einkauf ein neues Meisterwerk schaffen kann. In diesem Zusammenhang sollte man sich auch seiner sperrigen Sammlung von Körben erinnern – sie strahlen eine Natürlichkeit aus, die den perfekten Rahmen für farbenfrohes Obst und Gemüse darstellt.

Schnittblumen

Im Idealfall holt man seine Schnittblumen im Morgengrauen oder bei Einbruch der Dunkelheit aus dem eigenen Garten. Damit sie so lange wie möglich halten, nimmt man einen Eimer lauwarmes Wasser mit, so daß sich die Schnittflächen nicht schließen können, bis man die Blumen in Vasen gestellt hat. Harte Stiele schneidet man schräg ab, und die Stengelenden von Rosen klopft man. Veilchen, Hortensien und Maiglöckchen liegen gerne vollständig unter Wasser, wenigstens für eine kurze Zeit. Wenn man zurück ins Haus kommt, schneidet man als erstes erneut die Stengel unter Wasser an – ebenso bei gekauften Blumen – und stellt den ganzen Strauß am besten für einige Stunden an einen kühlen und dunklen Ort. Hierdurch kann sich das Stoma schließen, und der Feuchtigkeitsverlust wird auf ein Minimum begrenzt.

Eigenwillige Schönheit (LINKS) *Lilien sind Filmstars der Blumenwelt – exotisch, aufsehenerregend und häufig von überwältigendem Duft. Ihre buntgescheckte Schönheit ist aus nächster Nähe besonders faszinierend, wenngleich ihre Pollen verdrießliche Flecken verursachen. Lilien passen in einen formellen Rahmen und drängen alle anderen blühenden Gefährten unbarmherzig in den Hintergrund.*

Wildblumen (RECHTS) *Das dekorative Potential von Wildblumen ist ebenfalls nicht zu verachten. Es besteht kein Grund, seltene Arten auszuräubern – stets nur Blumen pflücken, die man zuhauf findet, und darauf achten, daß die Pflanzen nicht verletzt werden. Hübsch sind rosa und weißes Leimkraut oder Klatschmohn (als Knospen gepflückt und die Stengel über einer Flamme versiegelt). Hopfen, Hagebutten und herbstliches Ahornlaub verleihen einer besonderen Jahreszeit Farbe und Anmut. Es gibt unzählige schäumend weiße Doldengewächse, wie diesen Wiesenbärenklau (der behutsam behandelt werden will), die Blumenarrangements eine zusätzliche Zartheit verleihen.*

Anspruchsloses Vergnügen (LINKS) *Ein solcher Strauß von Margeriten, ungezwungen in einen Krug gestellt, hat einen unwiderstehlichen Charme. Mit ihrer kindlich einfachen Form und ihren unschuldigen Gesichtern verfügen auch andere Mitglieder der Familie der Korbblütler, wie Gänseblümchen, Astern und Schmuckkörbchen, über diese Entzücken erwekkende Anziehungskraft.*

Selbstgezogene Blumen sind immer die besten; gekaufte Blumen sind meist steif und perfekt, und es mangelt ihnen an Charme. Die hinreißendsten Blüten haben wohl Obstbäume, von denen man in den unwirtlichen grauen Tagen des Vorfrühlings Zweige mit fest geschlossenen Blütenknospen abschneiden kann, die sich dann im Haus zu überwältigenden, optimistischen Zauberträumen in Rosa und Weiß entfalten.

Blumen aus dem Bauerngarten

Blumen aus dem Bauerngarten sind die Versinnbildlichung des Landlebens und sollten nicht zu ordentlich aussehen: Rosen und Wicken, Blaustern, Osterglocken, Rittersporn, leuchtende Anemonen, struppige Astern – selbst Zinnien – und unschuldige weiße Margeriten. Sie muß man zusammen mit Kerbel, Efeu, Farn und Gräsern präsentieren. Bauernblumen sehen in üppigen Mengen am besten aus; winzige perfektionistische Sträußchen sind hier und da ganz hübsch, doch bringen überschäumende blühende Wogen die bukolische Atmosphäre des Raums besser zum Ausdruck. Und auch Blütenblätter dürfen herunterfallen – innerhalb vernünftiger Grenzen besitzt ein solch buntes Konfetti unter der Vase eindeutige Reize.

Man sollte außerdem nicht davor zurückschrecken, große Künstler zu plagiieren. Wer sich in Monets herbstlichen Garten in Giverny verliebt hat, ahmt das Spektrum floraler Kompliziertheit durch ein Arrangement unterschiedlicher Blumen nach. Und wenn das Herz beim Anblick von Renoirs Früchten des Südens einen Hüpfer macht, reproduziert man seine Palette von Gold, Purpurrot und Pfirsich mit prächtigen Rosen und blaugrünen Hortensien. Wenn ein Gemälde von Tissot die Schönheit von Lilien zelebriert oder eine *Nocturne* von Whistler in ihren dämmrigen Farben verschwimmt und man diese Kunstwerke einfach besitzen muß, versucht man eine florale Reproduktion.

Trockenblumen

Genau wie frische Blumen sehen auch Trockenblumen am besten in großen Mengen aus. Ein riesiges Bündel Lavendel in einem blaugrauen Weidenkorb muß man zur Kenntnis nehmen, während kleine uneinheitliche bunte Sträußchen einfach nur irritierend sind. In ähnlicher Weise sollte auch ein Potpourri große Schüsseln und Schalen füllen, damit man eine Handvoll herausnehmen und die Nase hineinstecken kann.

Weil Trockenblumen zerzaust aussehen können, ist die anzustrebende Wirkung die des reichen und kraftvollen Spektrums von Tapisserien. Um die Gesamtkomposition beurteilen zu können, betrachtet man das Arrangement am besten – mit zugekniffenen Augen – aus einiger Entfernung. Es ist eine gute Idee, zum Kauf von Trockenblumen ein Stück des dominierenden Stoffes oder der Tapete des betreffenden Raumes mitzunehmen und deren Farben im Strauß wieder aufzunehmen.

Körbe aus Weide, Ginster und Rattan gehen eine innige Beziehung mit Trockenblumen ein. Auch Terrakotta sieht wunderbar aus. Die meisten Keramikvasen hingegen wirken zu lebhaft.

Dekorative Kränze und Girlanden

Für ein Weihnachtsfest im ländlichen Stil kann man einfache Kränze aus verschiedenen Kletterpflanzen und Weidenruten binden (oder fertig kaufen) und sie mit Efeu, Eibenzweigen, Hagebutten und allen möglichen Beeren dekorieren. Große Seiden- oder Tartanschleifen lassen solche Kränze festlich aussehen.

Alternativ dazu kann man Girlanden anfertigen und sie an der Wand, über der Tür oder am Treppengeländer anbringen. Man verwendet dazu ein Stück Seil, geflochtene grobe Schnüre oder Bänder, befestigt als Weihnachtsschmuck Tannengrün und Zapfen und schmückt die Girlanden mit roten Seidenschleifen.

Florale Inspirationen

Bei dem runden Tablett handelt es sich um ein altes, bemaltes Tôle-Tablett, das liebevoll restauriert wurde; das rechte ist ein Tablett aus Papiermaché. Designs wie diese, mit Blumen, Früchten und Blattwerk, sind typische Beispiele amerikanischer Volkskunst.

Beide Motive ließen sich ohne große Mühe auf bescheidene Metalltabletts kopieren. Hier ist das eine farbschabloniert, das andere freihändig bemalt; beide verdanken ihre Brillanz einem schwarzen Untergrund.

Herbstliche Haustür (RECHTS) *Dies ist der Inbegriff eines herbstlichen Eingangs – die Tür ist ungewöhnlich und alt, ungleichmäßig gestrichen in einem Grün, das entsteht, wenn man Schwarz und Gelb mischt. An der Tür hängt ein hübscher amerikanischer Herbstkranz aus Georgia. Einen Kontrast zu der weißen Holzverkleidung bilden dekorative – wenngleich kurzlebige – sonnenbeschienene Zweige, die von den Kutschenlampen herunterhängen; rotgefärbtes Ahornlaub liegt vor der Tür.*

Do-It-Yourself-Techniken

Wer es nie versucht hat, weiß nicht um das Vergnügen, Dinge selbst anzufertigen. Es stillt ein menschliches Grundbedürfnis, und jede gelungene Arbeit läßt einen vor rechtschaffener Kreativität erstrahlen. Die spartanischen Reparatur- und Instandsetzungsjahre der Nachkriegszeit haben eine sehnsüchtige Erinnerung an die Zufriedenheit hinterlassen, mit der man zwei völlig unbrauchbare Dinge zu etwas prächtig Neuem zusammengesetzt hat. Die eigene Intelligenz auf die Probe stellen, Ordnung schaffen, Häßliches verschönern – Do-it-yourself kann die Antwort auf all diese Bedürfnisse sein und Ergebnisse hervorbringen, auf die man stolz ist.

Das Problem stellen seit jeher weniger die Anstrengungen selbst dar, als vielmehr die Objekte und die Methoden. Die Freude darüber, endlich sämtliche alten Fußbodenbretter und bergeweise angesammeltes Leinen aufzubrauchen, macht nur allzuleicht blind gegenüber der Tatsache, daß man im Begriff ist, ein scheußliches Ungetüm zu schaffen, bei dem nichts mehr an die Biedermeier-Ottomane erinnert, die man ursprünglich im Sinn hatte.

Pläne machen

Man muß sich darüber im klaren sein, was man anfertigen oder wie man ein vorhandenes Stück verändern will – man kann Zeichnungen machen, Farben ausprobieren und Ideen aus Büchern und Zeitschriften aufgreifen.

Die folgenden Abbildungen zeigen Einzelheiten unterschiedlicher Ideen und Vorhaben. Wer seine eigene Kreativität unter Beweis stellen möchte, sollte sie eher als Ausgangspunkt betrachten und weniger als Musterbeispiele, die es zu kopieren gilt – so wie auch diese Vorschläge vom Einfallsreichtum der in diesem Buch abgebildeten Häuser inspiriert wurden. Und die Möglichkeiten zusätzlicher dekorativer Elemente sind endlos.

Perfektion ist nicht erforderlich, wenngleich es sinnvoll erscheint, sich eine Arbeit vorzunehmen, deren Umfang und Komplexität nicht bedrückend wirkt. Dinge, die man reizvoll findet und für die man sich kompetent fühlt, sind die beste Wahl. Man sollte sich vorstellen, wie das fertige Objekt aussieht und welche Verbesserungen es für die eigene Lebensqualität bedeutet. Auch ein grober Zeitplan für die Durchführung der Arbeiten kann nützlich sein. Die meisten der Projekte lassen sich an einem Wochenende in die Tat umsetzen und machen es auch nicht nötig, vorübergehend umzuziehen.

Die Freuden des Heimwerkers

Das, was man anfertigt, verfügt zwangsläufig über eine eigene Persönlichkeit – eine Eigenschaft, die innerhalb unserer Massenkultur endlich an Wertschätzung gewinnt. Von Hand gearbeitete Dinge, geschaffen mit Geschmack und anspruchsvollen Augen, haben Charakter. Der Blick in die Mustermappe jedes Innenarchitekten bestätigt es: Die Vorlieben für Raffrollos und passende Textilien an Möbeln, Wänden und Fenstern – die müden alten Klischees – sind nur erträglich, wenn sie durch starke persönliche Akzente der Bewohner belebt werden.

Do-it-yourself ist im wörtlichen und befriedigenden Sinne der Inbegriff des Selbermachens. Es bedeutet, eine gute Beziehung zu seinem Haus zu pflegen, die Qualitäten hervorzuheben und die negativen Seiten zu tarnen. Ein Haus, das geliebt, gepflegt und von Zeit zu Zeit mit neuen Augen betrachtet wird, ein solches Haus belohnt die Aufmerksamkeit, die man ihm schenkt, immer wieder durch seine einladende Atmosphäre – kein schlechter Lohn für einen Tag, den man ärgerlich und voller Farbspritzer damit verbracht hat, fehlendes Werkzeug zu suchen.

Anmerkung zum Holzeinkauf

Man kann entweder gehobeltes oder sägerauhes Holz kaufen. Die Maßangaben des Holzhändlers beziehen sich jedoch stets auf sägerauhes Holz, auch wenn er gehobeltes verkauft, da die abgehobelte Menge nicht immer exakt gleich ist. Die hier angegebenen Maße beziehen sich auf sägerauhes Holz. Dennoch sollte man sich des besseren Aussehens wegen für gehobeltes Holz entscheiden und die Abweichungen beim Anfertigen der Baupläne berücksichtigen. Sägerauhes Holz verwendet man nur dann, wenn es nicht sichtbar bleibt. Bei gehobeltem Hartholz entsprechen die Angaben den tatsächlichen Abmessungen.

Hinweis: *Beim Kauf von Werkstoffen sollte man darauf achten, daß die Materialien keine Stoffe wie FCKW und Formaldehyd enthalten. – Im Umgang mit Fungiziden und Polyurethanlacken ist Vorsicht geboten; hier sind die Schutzempfehlungen der Hersteller zu beachten.*

Restaurierungsarbeiten

Postamentvertäfelung

Hier geben Nut- und Federbretter dem unteren Wandbereich ein traditionelles Aussehen. Die beste Wirkung erzielt man bei Wiederverwendung alter Bretter, die im Vergleich zu neuen nur minimal schwinden. Die Unterkonstruktion besteht idealerweise aus 50 mm breiten, 25 mm starken Latten. Beim Befestigen fixiert man sie zunächst an den äußeren Enden.

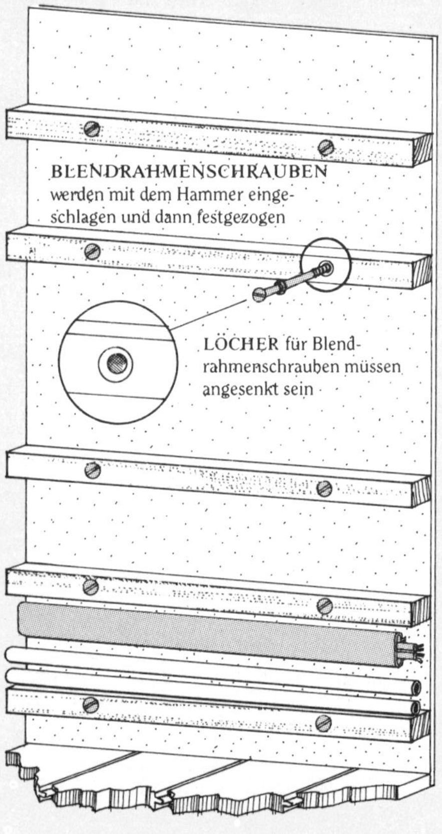

1 *Als Unterkonstruktion parallel verlaufende Latten anbringen. Dazu mit einem Steinbohrer Löcher durch die Latten bis ins Mauerwerk bohren. Zum Befestigen Blendrahmenschrauben verwenden.*

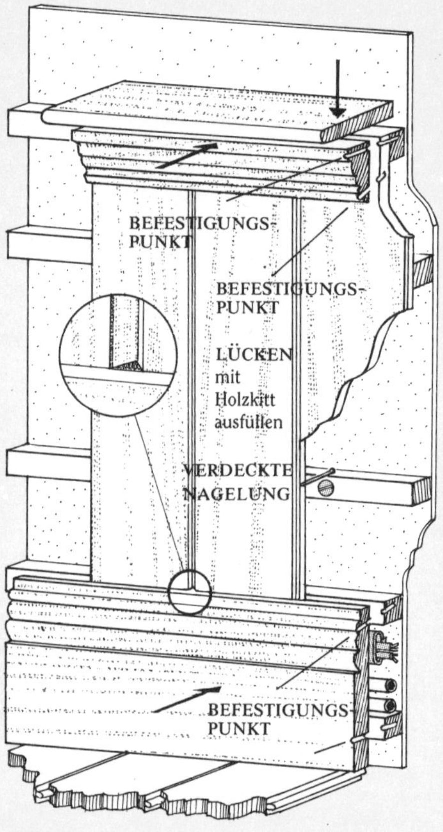

2 *Das erste Brett zur obersten Latte ausrichten und verdeckt durch die Feder an der Unterkonstruktion annageln. Die Nut des nächsten Brettes über die Feder des ersten schieben. Das Brett mit einem Hammer nachsetzen, um einen strammen Sitz zu erreichen. Das Brett wie beschrieben befestigen. Zum Schluß Wand- und Sockelleisten anbringen. Die Nägel mit einem Senkstift versenken und die Löcher mit Holzkitt verspachteln.*

Wandvertäfelung

Diese Form der Wandvertäfelung kann insbesondere bei Trennwänden sehr wirkungsvoll sein.

Vor dem Beizen oder Lasieren kann man das Holz entsprechend bearbeiten, um ihm sein neues Aussehen zu nehmen (s. S. 50). Eichenholz läßt sich mit Ammoniak oder Ätznatron künstlich altern. Beide Stoffe sind in der Verarbeitung jedoch nicht ungefährlich, so daß man einen Fachmann um Hilfe bitten sollte. Mit einem dünnen Bohrer lassen sich auch Holzwurmlöcher imitieren – bei einem eventuellen späteren Verkauf des Hauses wird dies allerdings einige Erklärungen erforderlich machen!

Die Endbehandlung des Holzes ist hauptsächlich eine Frage des persönlichen Geschmacks. Bevor die gesamte Wand behandelt wird, sollte man in jedem Fall die Wirkung verschiedener Farben an einigen Abfallstücken ausprobieren. Eine sorgfältig ausgeführte Lackierung kann unter Umständen besser aussehen als gebeiztes Holz, denn es ist nicht ganz einfach, die Maserung in überzeugender Weise zur Geltung zu bringen.

1 *Die Rahmenkonstruktion, die die Wandfläche in gleichmäßige Felder unterteilt, anzeichnen. Den Verlauf der Linien mit der Wasserwaage überprüfen. Als erstes das obere sowie das untere waagerechte Rahmenholz befestigen. Hierbei darauf achten, daß sich die Befestigungspunkte jeweils mittig über bzw. unter den senkrechten Rahmenteilen befinden. Die Schraubenköpfe werden – wie in Arbeitsschritt 2 beschrieben – durch Holzdübel verdeckt. Die Tiefe der Senkbohrungen messen und Holzdübel zuschneiden, die 1 cm länger als dieses Maß sind, damit sie so wie vorher die Holznägel aus der Wandfläche ragen.*

Als dekoratives Element die untere Kante des oberen waagerechten Rahmenholzes sowie die obere Kante des unteren Holzes mit einem Hobel leicht anfasen. Anschließend an beiden waagerechten Rahmenhölzern mit Leim und Nägeln flache Holzleisten aufsetzen.

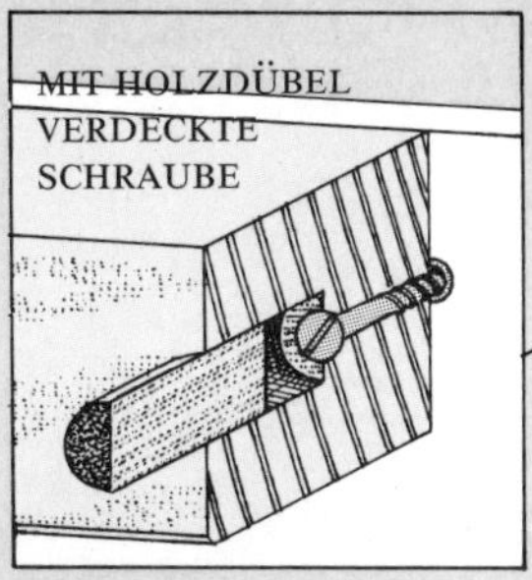

2 *Um die Schrauben zu verdecken, an den Befestigungspunkten zunächst mit einem Holzbohrer Löcher von 1 cm Durchmesser bohren. Durch ihren Mittelpunkt jeweils Löcher für die Schrauben vorbohren. Das waagerechte Rahmenholz an der Wand anhalten und einen Nagel durch die Löcher schlagen, um die Befestigungspunkte auf der Wand zu markieren. Mit einem Steinbohrer Löcher in die Wand bohren, Mauerdübel einsetzen und das Rahmenholz festschrauben. Die Aussparungen mit etwas Holzleim versehen und die zugeschnittenen Holzdübel von 1 cm Durchmesser hineindrehen.*

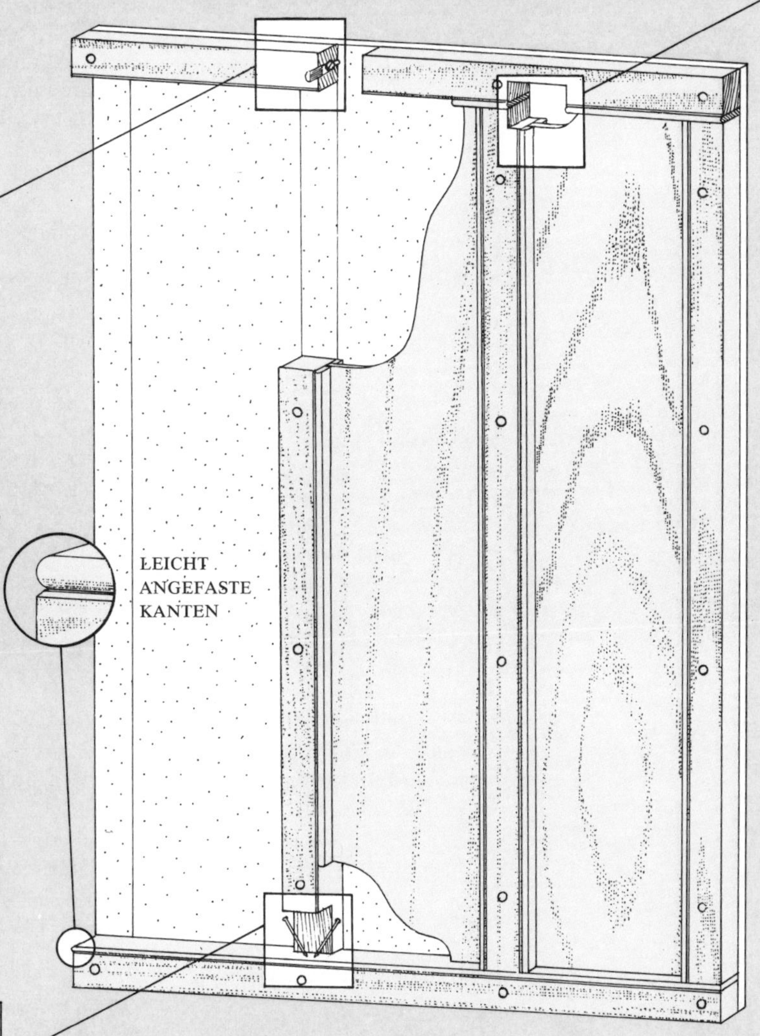

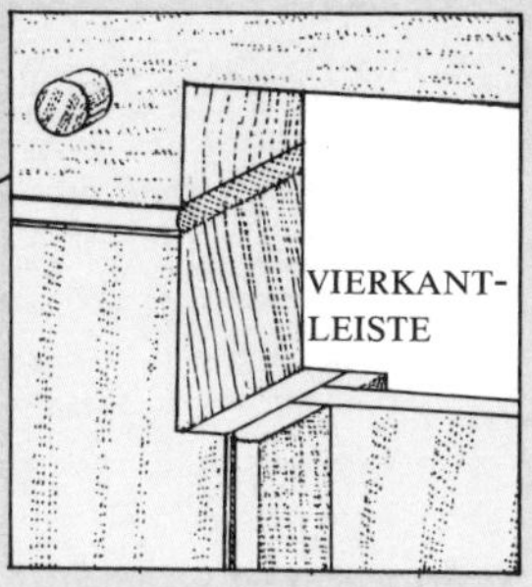

4 *Bündig zu den hinteren Kanten der senkrechten Hölzer Vierkantleisten annageln, damit die Holzfüllungen nicht unmittelbar an der Wand aufliegen – dies ist insbesondere bei unebenen Wandflächen wichtig. Die Füllungen gegen die Vierkantleisten setzen und mit Leisten, die an die senkrechten Hölzer genagelt werden, an ihrem Platz halten. Durch diese Leisten werden auch die in Arbeitsschritt 3 eingeschlagenen Nägel verdeckt. Damit die Vertäfelung ein professionelles Aussehen erhält, verwendet man hierfür am besten Leisten, die wie diejenigen an den waagerechten Rahmenteilen vorn abgerundet sind.*

3 *Die Länge der senkrechten Rahmenhölzer einzeln abmessen – in alten Gebäuden kann sie stark differieren. Die Hölzer so zuschneiden, daß sie stramm zwischen den waagerechten Rahmenteilen sitzen. Die Befestigungspunkte auf den senkrechten Hölzern markieren; darauf achten, daß sie sich jeweils auf gleicher Höhe befinden. Die senkrechten Rahmenteile ebenfalls an den Kanten abschrägen und in gleicher Weise wie die waagerechten Hölzer an der Wand befestigen. Die Dübelhölzer jedoch so zuschneiden, daß sie bündig abschließen. Die senkrechten Rahmenteile mit Nägeln, die im Winkel von 45 Grad eingeschlagen werden, an den waagerechten Hölzern befestigen – die Nagelköpfe werden später von einer Zierleiste abgedeckt.*

Stuckfriese ausbessern

In Häusern bestimmter Stilepochen setzen Stuckfriese einen optischen Akzent zwischen Wand und Decke. Feine Risse im Stuck lassen sich mit einer geeigneten Spachtelmasse ausbessern. Um größere Schäden zu reparieren, benötigt man Stuckgips, Jutegewebe und eine Profilschablone, die wie hier gezeigt angefertigt wird.

Zunächst den schadhaften Teil des Stuckfrieses heraussägen, damit gerade Kanten entstehen. Vorübergehend ein Lattenstück direkt unterhalb des Stuckfrieses auf die Wand nageln. Das Profil des Stucks – einschließlich der darunter sitzenden Latte – auf ein Stück festen Karton übertragen.

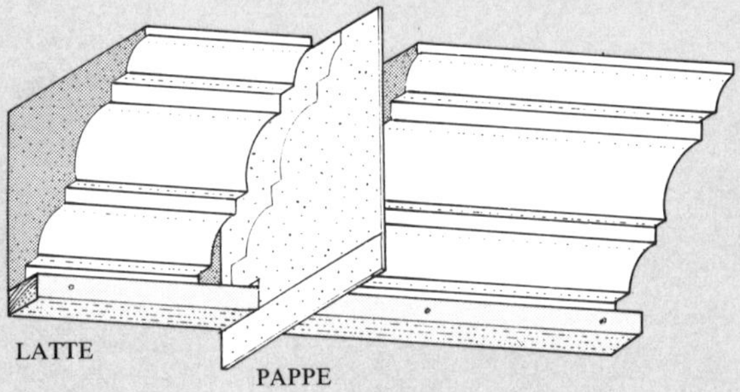

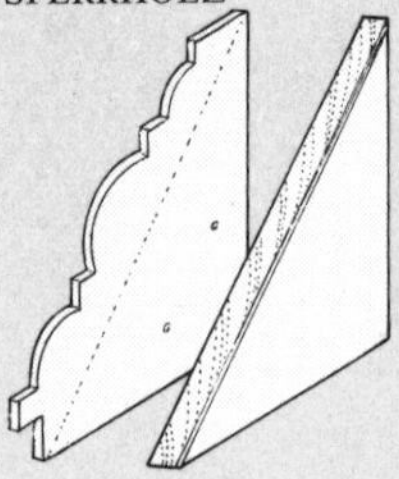

1 *Mit Hilfe der Pappe eine Profilschablone aus Sperrholz anfertigen; für den Zuschnitt eine elektrische Stichsäge verwenden. Zur Verstärkung ein dreieckiges Brettstück aufleimen.*

2 *An der Sperrholzschablone ein Grundbrett befestigen, das unter die Latte greift und gegen die Wand stößt. An der Rückseite der Schablone und des Grundbrettes eine dreieckige Verstärkung anbringen, damit das Ganze stabiler wird. Anschließend auf beiden Seiten der Sperrholzschablone ein Lattenstück aufschrauben; ihr Abstand zur Kante muß der Tiefe des an der Wand befestigten Lattenstückes entsprechen, damit das Grundbrett darübergreift.*

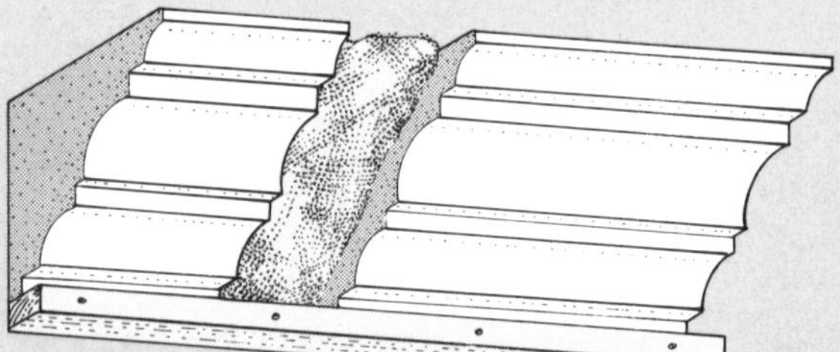

3 *Die Lücke im Fries grob mit Stuckgips auffüllen und die einzelnen Schichten mit Jutestreifen verstärken.*

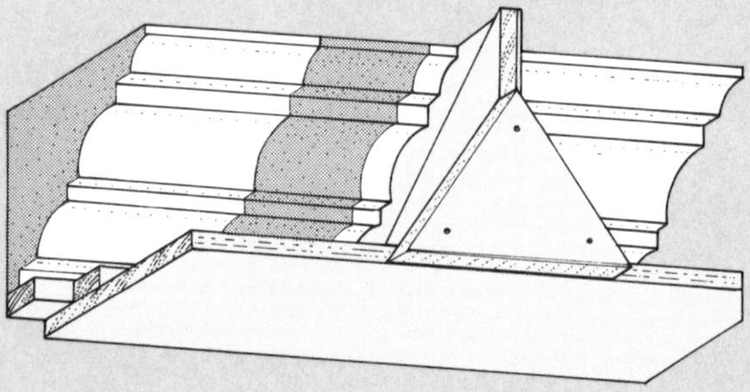

4 *Das Stuckprofil schichtweise aufbauen. Dazu Gips auftragen, die Profilschablone aufsetzen und damit am Stuckgips entlangfahren, um ihm die richtige Form zu geben.*

Diese Technik eignet sich auch für Reparaturen anderer Stukkaturen, wie beispielsweise von Wandleisten. Bei großflächigen Schäden muß man allerdings passenden Ersatz nach Maß anfertigen lassen und die Stuckelemente mit geeignetem Ansetzbinder aufsetzen.

Fußbodenfliesen verlegen

Aufgrund des Gewichtes von Fliesen ist der ideale Untergrund ein Betonboden. Wer Fliesen auf einem Holzfußboden verlegen will, sollte in jedem Fall zuerst fachmännischen Rat einholen.

Planung

Nur durch genaues Ausmessen und Markieren der Bodenfläche läßt sich die richtige Verlegeordnung für den betreffenden Raum finden. Im Idealfall sind alle Zuschnitte nicht schmaler als eine halbe Fliese. Die Fliesen sollten möglichst so verlegt werden, daß sie parallel zum längsten geraden Wandstück verlaufen. Bei unregelmäßig geschnittenen Räumen richtet man sie an einem raumbestimmenden Element, wie etwa einem Kamin oder einer Tür, aus.

Ausrichten mit Holzlatten

Die Abbildungen auf der gegenüberliegenden Seite zeigen, wie man mit Hilfe von Latten Fliesen rechtwinklig und gerade verlegt. Falls der Betonuntergrund Unebenheiten aufweist, richtet man die Latten mit einer Wasserwaage waagerecht aus und setzt sie nötigenfalls mit etwas Mörtel fest.

WINKELSCHLEIFER
zum Zuschneiden schmaler Fliesenstreifen

Die Fliesen sollen bündig mit der Lattenoberkante abschließen und in einem etwa 1 cm starken Mörtelbett liegen.

Fliesen schneiden

Am einfachsten lassen sich Fliesen mit einem Fliesenschneider schneiden. Mitunter muß eine Fliese jedoch auch schräg geschnitten werden, insbesondere beim Einpassen von Randfliesen. In diesem Fall ist ein Winkelschleifer mit Steinscheibe das beste Werkzeug (bei der Arbeit Schutzbrille und Gesichtsmaske tragen, da viel Staub entsteht). Auf die Schnittlinie eine Abfallfliese legen, die dem Winkelschleifer als Führung dient und ein Abrutschen verhindern soll.

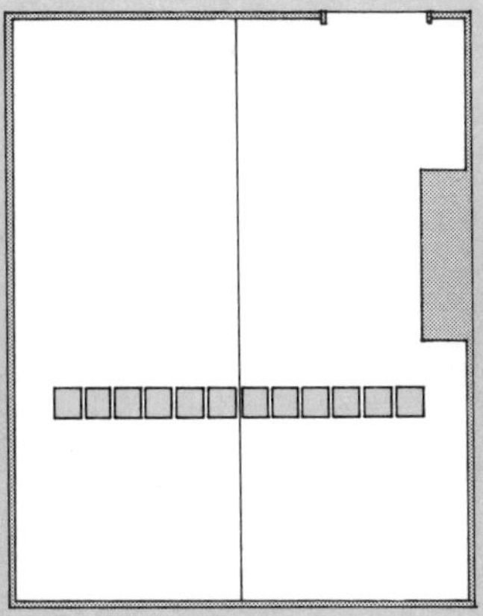

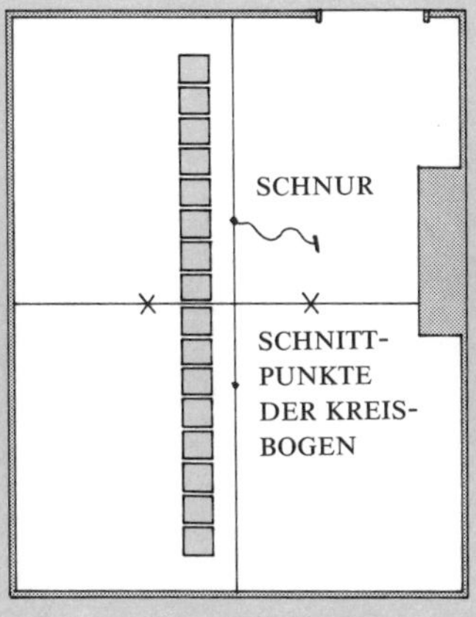

1 *Den Raum der Länge nach durch einen Schnurschlag in der Mitte unterteilen und von dieser Linie aus Fliesen auslegen. Die Position der Linie nötigenfalls entsprechend verändern, damit die Randfliesen auf beiden Seiten des Raumes die gleiche Breite bekommen. Um beim Auslegen der Fliesen die Fugen zu berücksichtigen, Hartfaserstreifen als Abstandhalter verwenden.*

2 *Im rechten Winkel zur ersten eine zweite Linie markieren. Dazu die Mitte der Längsmarkierung bestimmen und zwei Punkte anzeichnen, die den gleichen Abstand zur Mitte haben. Von diesen Punkten aus gleich große Kreisbogen schlagen und ihre Schnittpunkte durch eine Linie verbinden, um die rechtwinklige Quermarkierung zu erhalten. Nun die Anordnung der Fliesen in Längsrichtung des Raumes festlegen.*

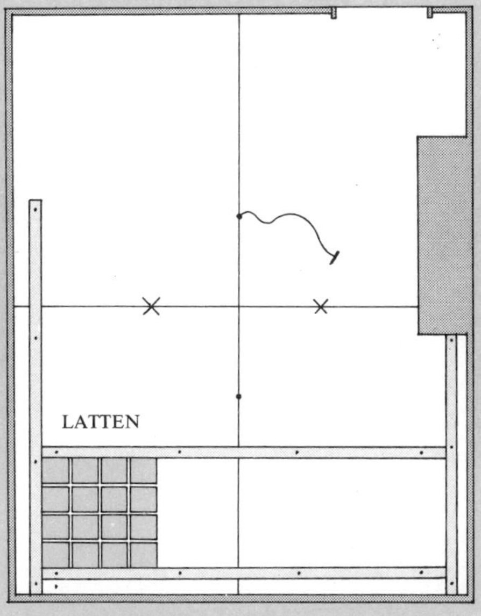

3 *In der Zimmerecke, die der Tür gegenüberliegt, rechtwinklig zueinander zwei Latten auf den Boden legen, so daß sie gegen die Außenkanten der letzten ganzen Fliesen stoßen. Die Latten mit Stahlnägeln auf dem Fußboden fixieren. Im Abstand von vier Fliesen eine dritte Latte auf dem Fußboden festnageln, die parallel zur ersten verläuft.*

ABZIEHBRETT

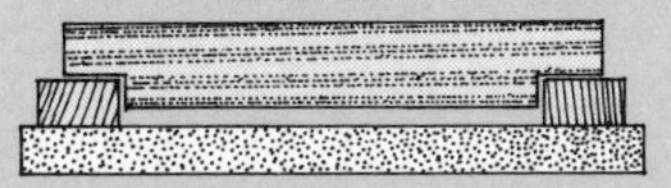

4 *Ein Abziehbrett anfertigen, das etwas kürzer ist als der Abstand zwischen den Außenkanten der parallel verlaufenden Holzlatten. Beide Brettenden um das Maß der Fliesenstärke abzüglich 3 mm ausnehmen.*

5 *Mörtel aus 3 Teilen Mauersand auf 1 Teil Zement anmischen. Zwischen den Latten ein Mörtelbett für etwa 20 Fliesen vorbereiten. Mit dem Abziehbrett den Mörtel glätten und etwas trockenen Zement darüberstreuen. Die Fliesen mit einer leichten Drehbewegung in den Mörtel betten. Mit einer weiteren Holzlatte über die Fliesen fahren, um sicherzustellen, daß sie alle in einer Höhe liegen. Zwischen die Fliesen Abstandhalter setzen.*

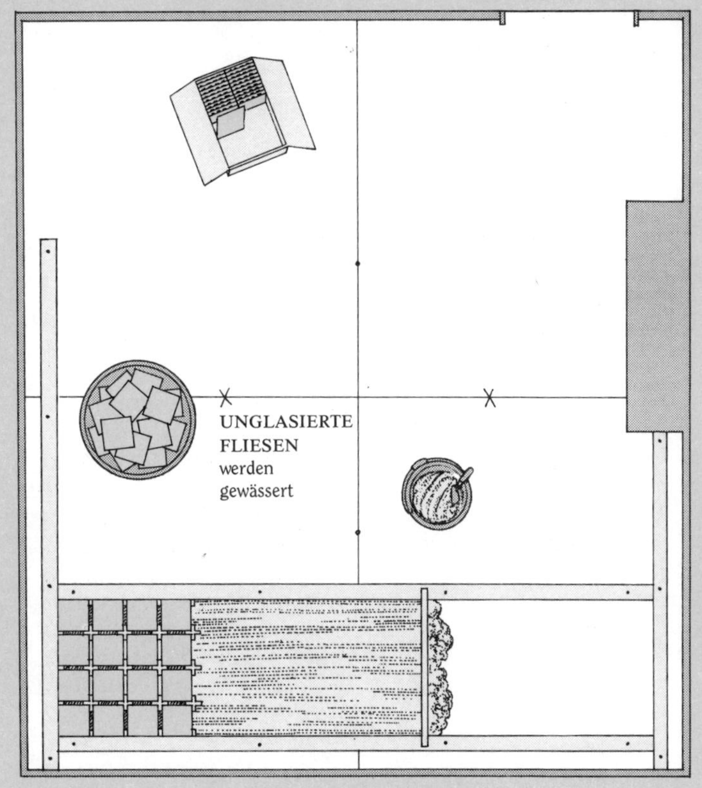

6 *In kleinen Abschnitten vorgehen und die Latten jeweils wie erforderlich versetzen. Die neu verlegten Fliesen wenigstens zwölf Stunden nicht betreten. Zum Schluß die Latten entfernen und die Randstreifen mit passend geschnittenen Fliesen ausfüllen.*

7 *Zum Verfugen läßt sich die gleiche Mörtelmischung wie zum Verlegen der Fliesen verwenden. Falls gewünscht, können Farbpigmente hinzugefügt werden. Bei Küchenfußböden ist eine wasserbeständige Vergütung des Fugenmörtels empfehlenswert. Nach dem Abbinden kann der überschüssige Fugenmörtel mit Hilfe von Hobelspänen und Sägemehl von den Fliesen abgerieben werden. Die Fliesen abschließend mit einem Fußbodenreiniger ohne Seifenzusatz abwaschen.*

Einen Heizkörper verkleiden

Wenn man beabsichtigt, einen modernen Heizkörper zu verkleiden, müssen das Thermostatventil und das Entlüftungsventil dennoch zugänglich bleiben.

Damit der Heizkörper weiterhin wirkungsvoll arbeiten kann, muß die erwärmte Luft unterhalb der Abdeckplatte und vorn durch ein Gitter entweichen können.

Als Material für die Verkleidung verwendet man Bauplatten von hoher Dichte. Sie lassen sich hervorragend zuschneiden und bilden einen guten Untergrund für Dekorationsarbeiten. Sperrholz ist ebenfalls geeignet, doch muß man beim Zuschneiden aufpassen, daß die Kanten nicht ausreißen.

Für den Zusammenbau verwendet man Schneidschrauben (bei dünnem Material Löcher vorbohren, damit es nicht reißt).

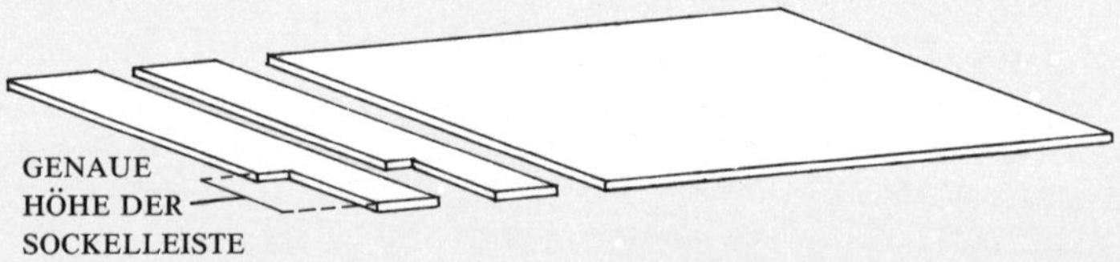

1 *Platten für die Vorderseite und die Seitenteile des Kastens zuschneiden; der Kasten muß groß genug sein, daß die Luft den Heizkörper umströmen kann. Beim Zuschneiden Aussparungen für die Sockelleiste berücksichtigen: die Stärke der Leisten abmessen und die Seitenteile entsprechend ausnehmen. Zum Zuschneiden der Platten eine elektrische Stichsäge benutzen. Die Verkleidung an ihrem Platz aufsetzen (aber noch nicht zusammenbauen) und überprüfen, ob die Teile passen und ausreichend Luft zirkulieren kann.*

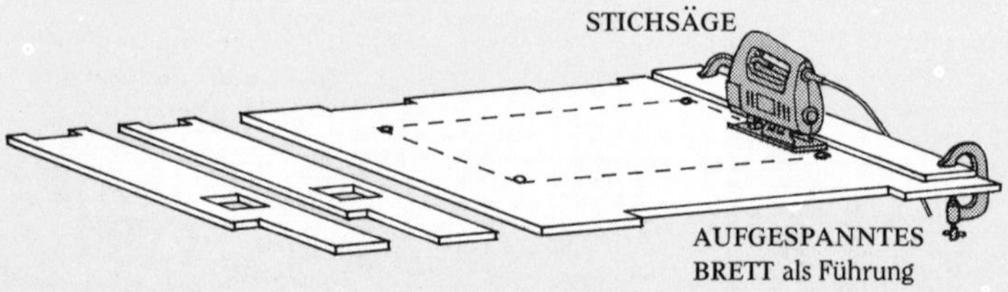

2 *In die Frontplatte ein Loch zum Einsetzen des Gitters sägen. Als Anfangspunkte für die Säge in alle vier Ecken Löcher bohren. Mit Schraubzwingen ein Brett auf die Platte spannen und als Führung für die Stichsäge verwenden. In die Seitenteile Öffnungen für die Ventile schneiden. Damit Luft zirkulieren kann, oben und unten Schlitze in die Frontplatte sägen.*

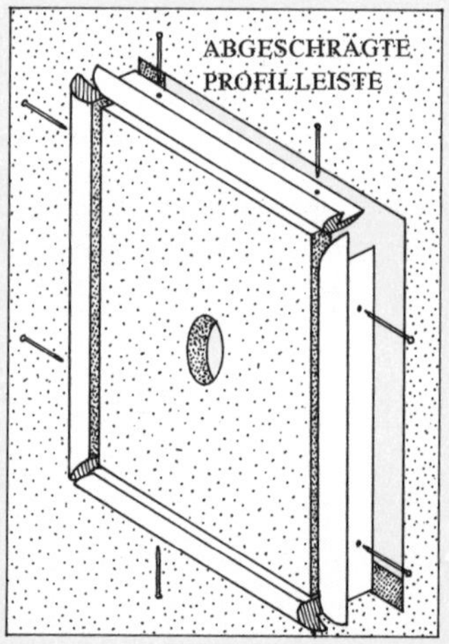

3 *Um die Öffnungen für die Ventile fertigzustellen, abgeschrägte Profilleisten in passender Länge zuschneiden und an den Ecken auf Gehrung sägen. Ein viereckiges Plattenstück einpassen und an den Kanten die Profilleisten mit Leim und Nägeln befestigen. In der Mitte der Klappe ein Loch bohren, damit sie sich mit dem Finger aus dem Kasten herausziehen läßt. Alternativ die Öffnung mit Profilleisten einfassen und das Loch einfach offenlassen.*

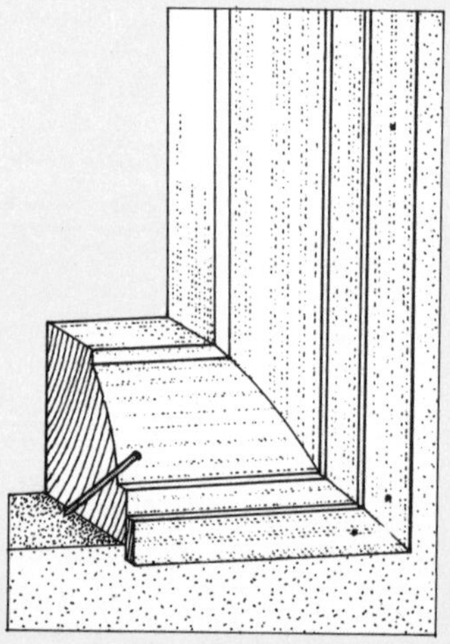

4 *Die Gitteröffnung ebenfalls mit Profilleisten einfassen und auch diese in den Ecken auf Gehrung schneiden. Die Leisten festnageln. Die möglicherweise unregelmäßige Fuge zwischen Schnittkante und Profilleisten durch aufgesetzte flache Holzleisten verdecken.*

5 Das Gitter mit einer Blechschere passend schneiden. Wenn es lackiert werden soll, den Anstrich vornehmen, bevor das Gitter eingesetzt wird, damit man es flach hinlegen kann. Am Rand des Gitters flache Holzleisten anschrauben und das Ganze von hinten mit Schrauben an den aufgesetzten Profilleisten befestigen.

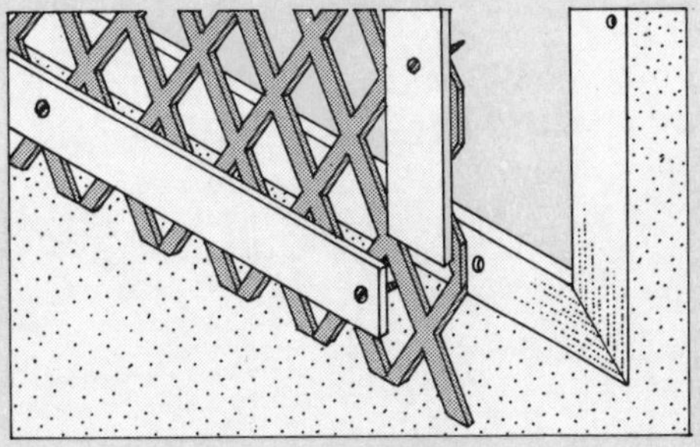

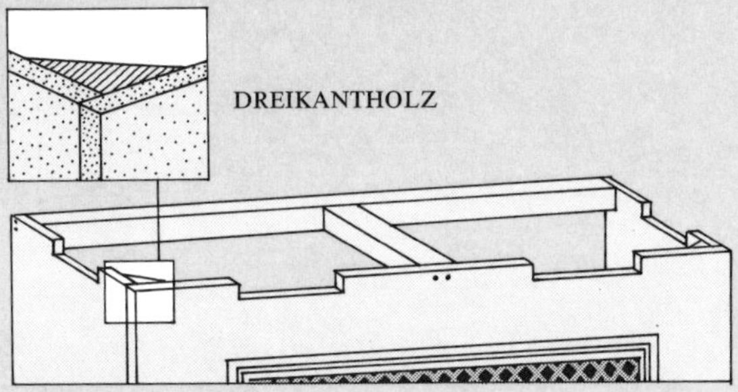

6 Frontplatte und Seitenteile des Kastens miteinander verschrauben. Den Kasten hinten durch eine Latte, in der Mitte durch eine Querstrebe und in den Ecken durch eingeleimte Dreikantklötzchen verstärken.

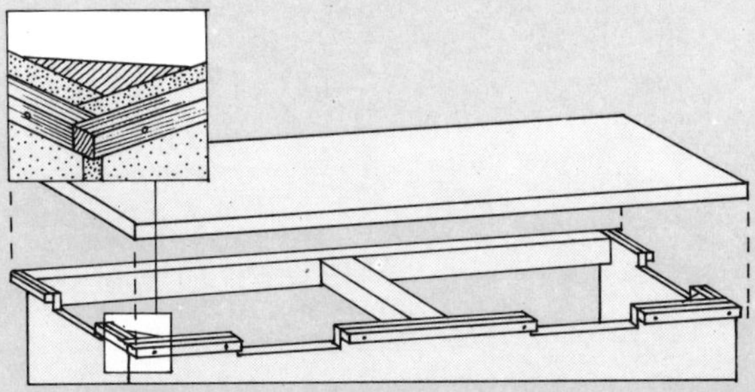

7 Damit Luft zirkulieren kann, oben an den Außenkanten des Kastens schmale Holzstreifen aufschrauben. Aus 25 mm starkem Plattenmaterial einen Deckel zuschneiden, der bis zu den Außenkanten der aufgesetzten Holzstreifen reicht.

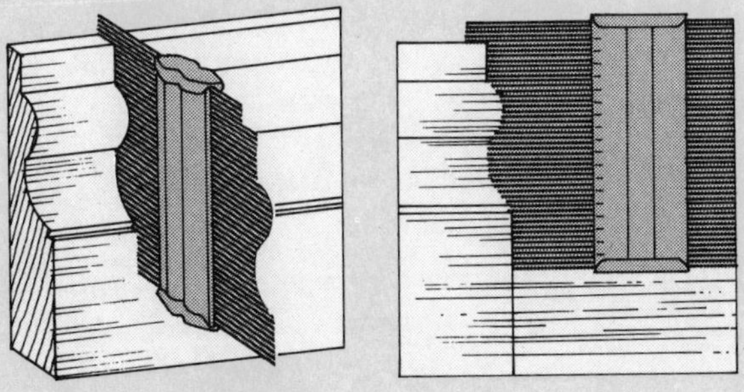

8 Unten am Verkleidungskasten Sockelleisten befestigen und auch hier eine Aussparung für die Luftzirkulation berücksichtigen. Das Profil der Sockelleiste an der Wand mit einer Figurenlehre auf das Ende der neuen Sockelleiste übertragen und diese mit einer Laubsäge passend ausnehmen.

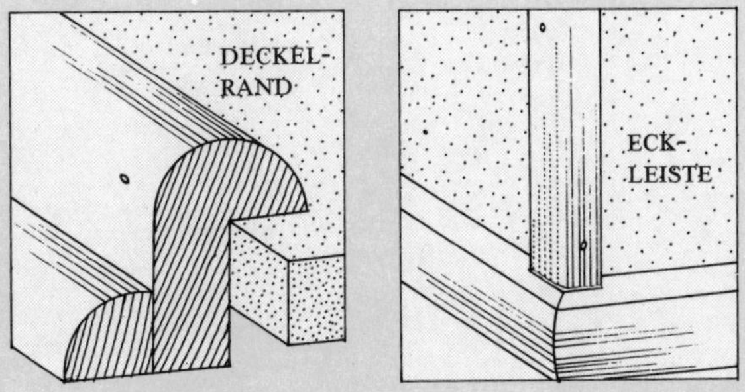

9 Zur Fertigstellung der Verkleidung an den Kanten des Deckels Zierleisten befestigen, damit er nicht verrutschen kann. Die Leisten müssen wenigstens 25 mm breit sein, um die Kanten sowie die Lüftungsschlitze abzudecken. Eckleisten verleihen der Verkleidung ein klassisches Aussehen.

Eine Badewanne verkleiden

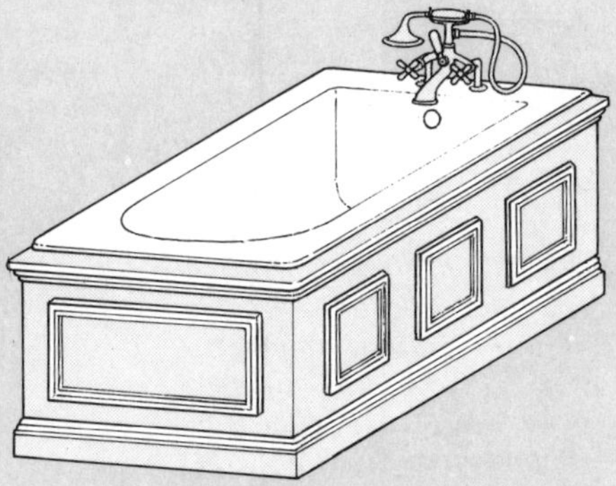

Um eine gußeiserne Badewanne mit abgerundetem Rand zu verkleiden, baut man einen einfachen Rahmen und sieht eine Revisionsöffnung vor, damit die Installationen zugänglich bleiben. Ein solcher Rahmen eignet sich für eine Badewanne, die an zwei Seiten gegen eine Wand stößt. In gleicher Weise kann man auch bei Kunststoffwannen einen Zusatzrahmen anfertigen, darf ihn jedoch keinesfalls gegen den werkseitig gelieferten Rahmen austauschen, da dieser die Kunststoffwanne stabilisiert.

Der Rahmen besteht aus 50 × 50 mm starken Vierkanthölzern, die durch verleimte und verschraubte Überblattungen miteinander verbunden werden. Für die Verkleidung verwendet man Bauplatten hoher Dichte; durch zusätzlich aufgesetzte Profilleisten entsteht der Eindruck von Holzfüllungen. Die Ablage rundum wird aus einem 25 mm starken, 100 mm breiten Brett, das einseitig abgerundet ist, gefertigt. Unterhalb der Ablage kann man Profilleisten und unten an der Verkleidung Sockelleisten anbringen.

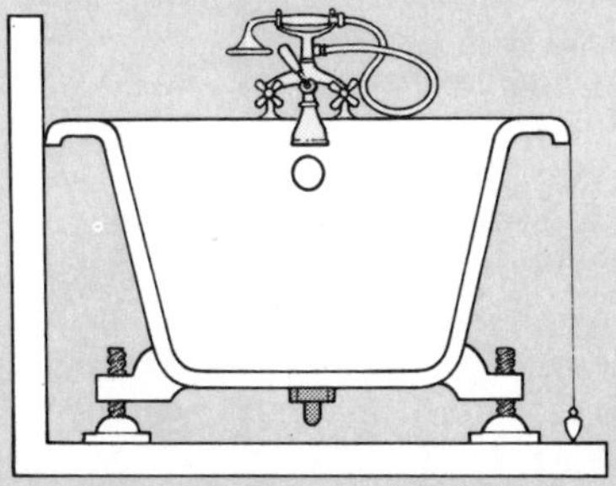

1 Den äußeren Rand der Badewanne auf den Fußboden übertragen; dazu an mehreren Stellen ein Senklot anhalten und die Punkte miteinander verbinden. Der Rahmen wird innen an den aufgezeichneten Linien entlang aufgestellt.

2 Die für den Grundrahmen benötigten Vierkanthölzer abmessen und zuschneiden. Da nicht davon auszugehen ist, daß alle senkrechten Hölzer die gleiche Länge haben, jedes einzeln abmessen, damit das Ablagebrett überall dicht am Wannenrand anliegt; andernfalls kann Spritzwasser in die Fuge eindringen und Holzfäule verursachen. Beim Festlegen der Rahmenhöhe die Stärke des Ablagebrettes berücksichtigen. Damit die Installationen zugänglich bleiben, ein zusätzliches senkrechtes sowie zwei waagerechte Hölzer zuschneiden, an denen die Revisionsklappe befestigt wird. Die Breite dieser Klappe ist von der Lage der später angebrachten Zierleisten abhängig.

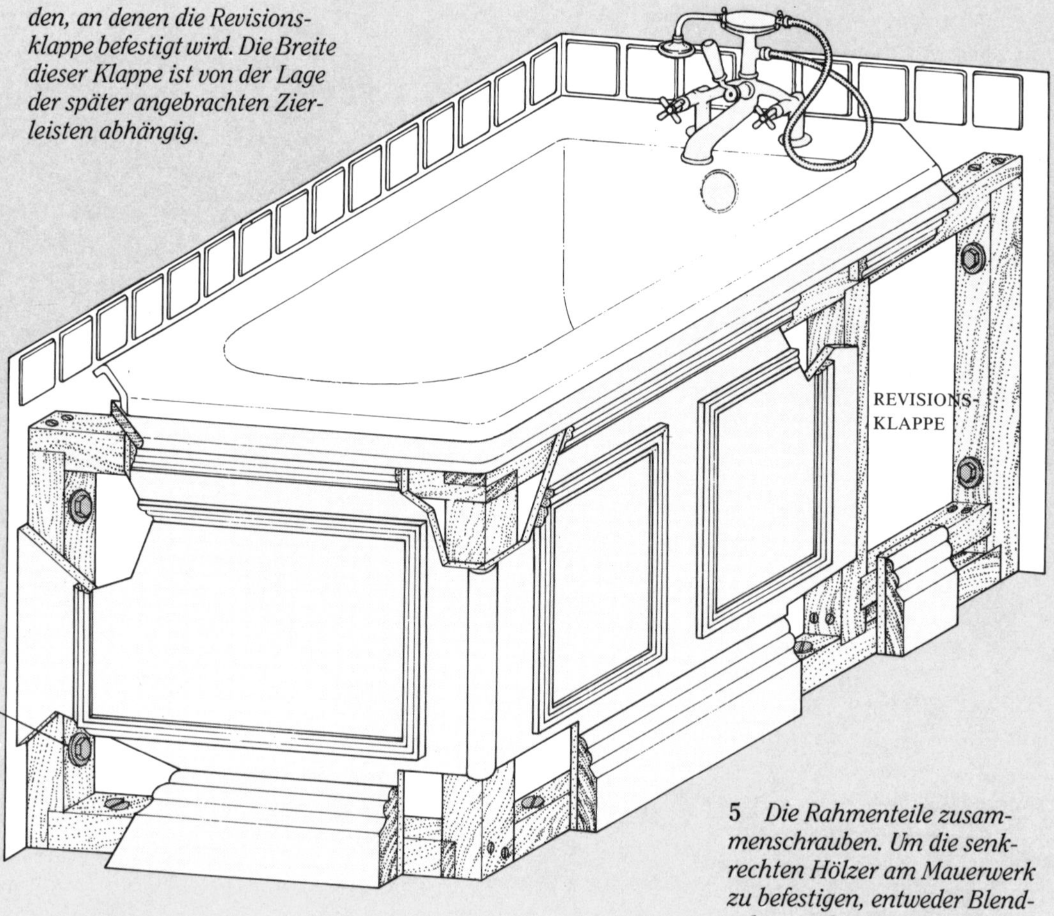

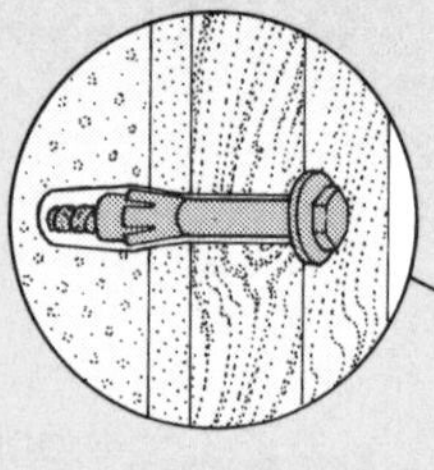

Wenn ein **STEINANKER** festgezogen wird, drückt sich die Metallhülse fest gegen die Wandungen des Loches

3 Vor dem Zusammenbau des Rahmens überprüfen, ob er überall gut paßt. Die Rahmenteile, von denen die Revisionsklappe gehalten wird, in den Hauptrahmen einnuten und zusätzlich mit schräg eingeschlagenen Nägeln sichern (s. S. 163). Die Mitte der unteren waagerechten Querstrebe für die Klappe sollte sich in Höhe der später aufgesetzten Sockelleiste befinden.

4 Die endgültige Position des Ablagebrettes ist abhängig vom erforderlichen Überstand. Das Brett muß wenigstens die Seitenverkleidung sowie die später aufgesetzte Zierbekleidung überdecken, darf für eine stärkere Betonung aber auch breiter sein.

Das Brett im entsprechenden Maß an den Ecken auf Gehrung schneiden. Die Rahmenkante auf der Unterseite des Ablagebrettes anzeichnen, damit es exakt ausgerichtet werden kann, wenn die Rahmenkonstruktion fertiggestellt ist.

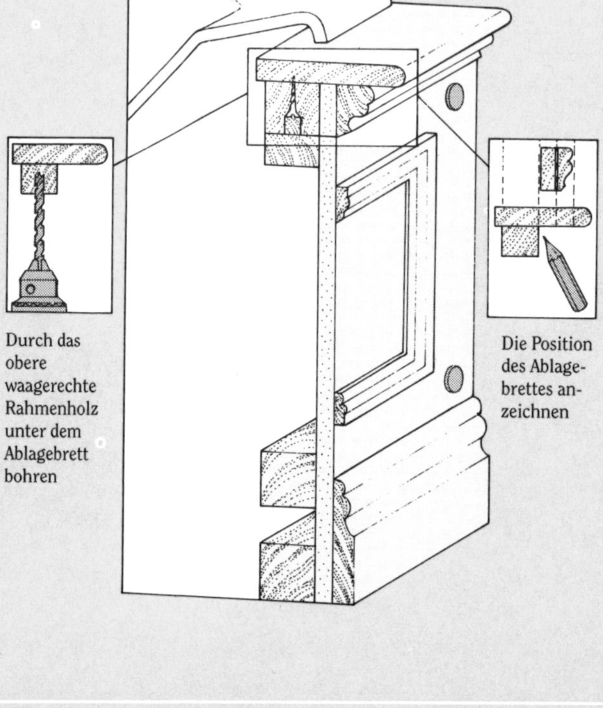

Durch das obere waagerechte Rahmenholz unter dem Ablagebrett bohren

Die Position des Ablagebrettes anzeichnen

5 Die Rahmenteile zusammenschrauben. Um die senkrechten Hölzer am Mauerwerk zu befestigen, entweder Blendrahmenschrauben oder kleine Steinanker verwenden. Für die Löcher mit einem Steinbohrer durch das Rahmenholz bis ins Mauerwerk bohren. Die unteren waagerechten Hölzer am Fußboden festschrauben; die Schrauben so wählen, daß sie die Fußbodenbretter – gewöhnlich 18 mm stark – nicht durchdringen.

6 Das Ablagebrett mit Hilfe der Markierungslinien ausrichten. Die auf Gehrung geschnittenen Ecken verleimen. Im Abstand von nicht mehr als 45 cm mit einem Holzbohrer 25-mm-Löcher in die Unterseite der oberen Rahmenhölzer bohren. Vom Mittelpunkt aus Löcher für die Schrauben vorbohren, die bis ins Ablagebrett reichen. Dann das Brett am Rahmen festschrauben.

7 *Die Seitenverkleidung abmessen und aus Bauplatten zuschneiden. Für die lange Wannenseite eine durchgehende Platte verwenden und sie anschließend dort senkrecht teilen, wo sich das senkrechte Rahmenholz für die Revisionsklappe befindet. Das kleinere Plattenstück in drei Teile sägen: Der obere Streifen hat die gleiche Breite wie die Zierbekleidung und wird dahinter gesetzt; das Mittelstück bildet die eigentliche Revisionsklappe; der untere Teil hat die gleiche Höhe wie die Sockelleiste und sitzt dahinter.*

8 *Alle Plattenteile für die Verkleidung auf den Fußboden legen und die Position der Zierleisten anzeichnen. Die Profilleisten an den Ecken im Winkel von 45 Grad auf Gehrung schneiden und mit Leim und Drahtstiften auf den Platten befestigen.*

Die Seitenplatten mit Stauchkopfnägeln am Rahmen befestigen, die Nagelköpfe versenken und mit Holzkitt verspachteln. Die Revisionsklappe mit Schrauben anbringen, damit sie jederzeit wieder abgenommen werden kann (die Schraubenköpfe lassen sich mit Kunststoffkappen verdecken).

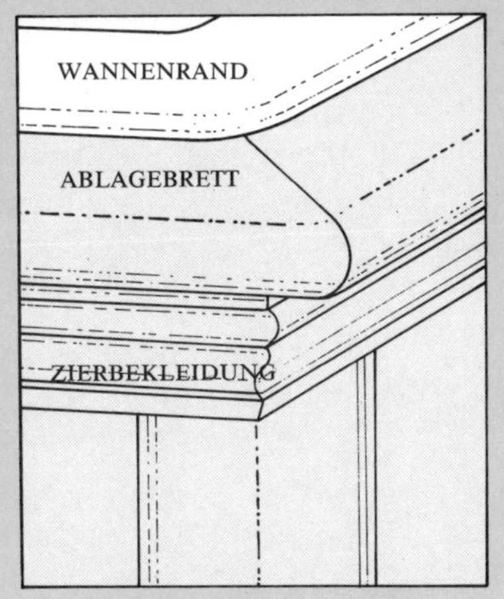

9 *Zum Schluß unter dem Ablagebrett Profilleisten und unten an der Verkleidung Sockelleisten anbringen, die an den Ecken auf Gehrung geschnitten sind. Außerdem eine Winkelleiste aufsetzen, um die scharfe Ecke zwischen der oberen Zierbekleidung und der Sockelleiste zu verdecken. Die fertige Verkleidung kann gestrichen werden, wobei man die Füllungen oder die Zierleisten farblich absetzen kann.*

Dekorative Gardinenleiste

Bilderrahmenleisten – ob neu oder von einem alten Rahmen – ergeben dekorative Gardinenleisten. Mit Goldfarbe gestrichen oder lackiert, sind solche Leisten ein attraktiver Blickfang.

Wenn man, wie hier gezeigt, über die Leiste Stoff drapieren will, muß man durch entsprechend tiefe Halter für einen ausreichenden Abstand zur Wand sorgen.

1 *Die benötigte Länge abmessen und die Leiste an beiden Enden im Winkel von 45 Grad zuschneiden. Die Leiste an der Wand anhalten und mit einer Wasserwaage (in älteren Gebäuden dem Verlauf einer Bilderleiste, Stuckfriesen oder dem Fenstersturz folgend) ausrichten und die Position an der Wand markieren.*

2 *Den ersten Satz Haltewinkel an der Wand festschrauben – die Löcher für die Mauerdübel mit einem Steinbohrer bohren. So viele Halter verwenden, wie es das Gewicht der Leiste erfordert. Leisten eines alten Rahmens können sehr schwer sein und müssen daher in regelmäßigen Abständen mit Haltewinkeln abgestützt werden.*

3 *Die Leiste anhalten und die Position der Wandhalter darauf markieren. Halter an der Leiste festschrauben. Falls die Leiste sehr breit ist, muß sie zusätzlich auch im unteren Bereich abgestützt werden. Dazu in kleine Holzklötzchen Löcher für Holzdübel bohren. Jeweils ein Dübelholz in Länge der Wandhalter einleimen und die Klötzchen mit Leim an der Leiste befestigen.*

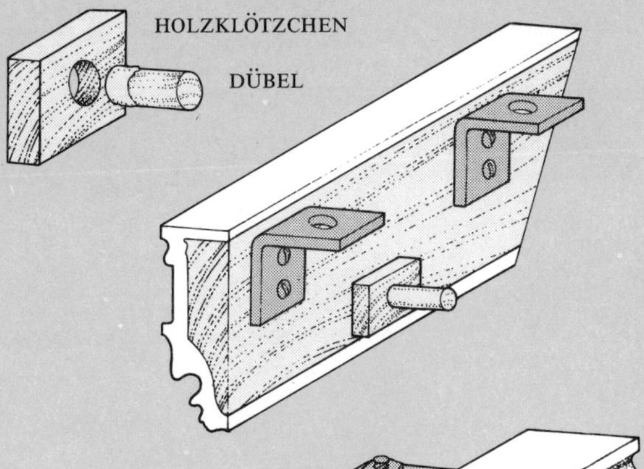

4 *Um die Gardinenleiste an den Wandhaltern zu befestigen, die Halter der Leiste auf die an der Wand auflegen und von unten kurze Schrauben hindurchstecken. Die Schrauben mit Muttern sichern; zum Festziehen eine Zange oder einen kleinen Schraubenschlüssel zu Hilfe nehmen.*

Möbelbau

Ein Tablett in einen Tisch verwandeln

Ein leichtes zusammenklappbares Untergestell ist ideal, um ein großes stabiles Tablett in einen Beistelltisch zu verwandeln. Man kann dazu ein einfaches Holztablett verwenden und es so herrichten, daß es genau zum Gestell paßt und der Eindruck eines zusammengehörigen Möbelstücks entsteht. Die entsprechende Behandlung der Beine erfolgt am besten vor dem Zusammenbau der Einzelteile.

Für das Tischgestell verwendet man Hartholz, wie etwa Mahagoni oder Ramin, das man unter Umständen aber nur in Fachbetrieben erhält. Benötigt werden 50 × 25 mm und 50 × 50 mm starke gehobelte Latten.

Es ist zweckmäßig, zunächst eine Zeichnung des Tischgestells in Originalgröße anzufertigen, damit der Winkel stimmt, in dem die Beine auf den Fußboden treffen. Dieser Winkel ergibt sich aus den Abmessungen des Holzrahmens, den man an der Unterseite des Tabletts aufsetzt, damit es nicht verrutscht (abzüglich 1 cm Luft auf jeder Seite, damit sich das Tablett problemlos auf das Untergestell stellen läßt).

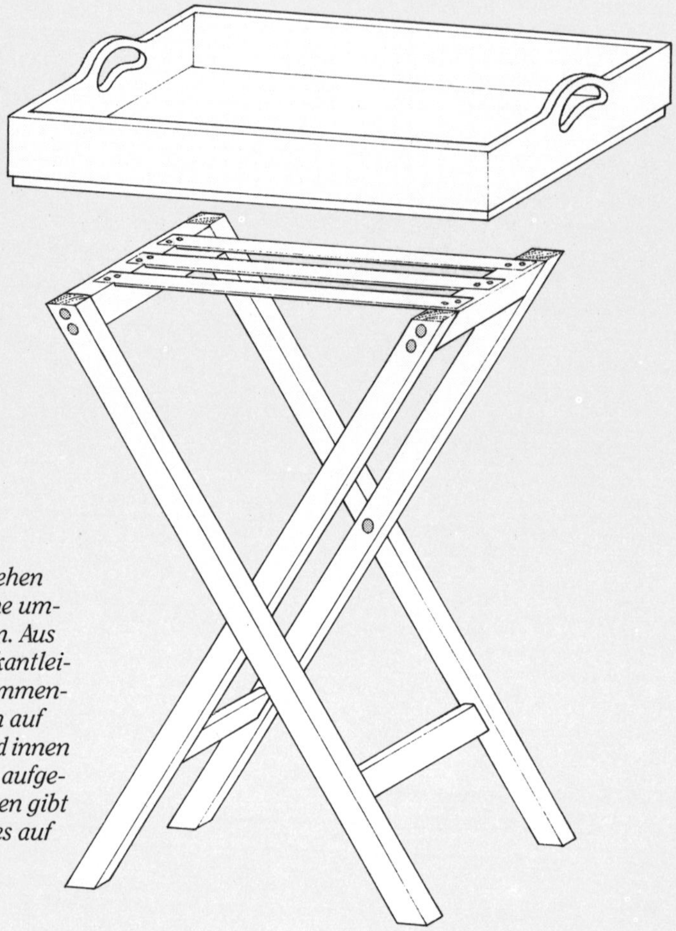

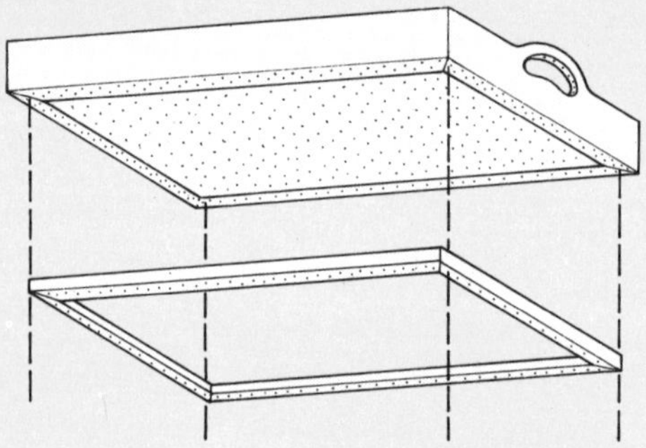

1 *Das Tablett herumdrehen und 6 mm vom Rand eine umlaufende Linie markieren. Aus 12 × 12 mm starken Vierkantleisten einen Rahmen zusammensetzen, der an den Ecken auf Gehrung geschnitten und innen an der Markierungslinie aufgeleimt wird. Dieser Rahmen gibt dem Tablett Halt, wenn es auf dem Untergestell steht.*

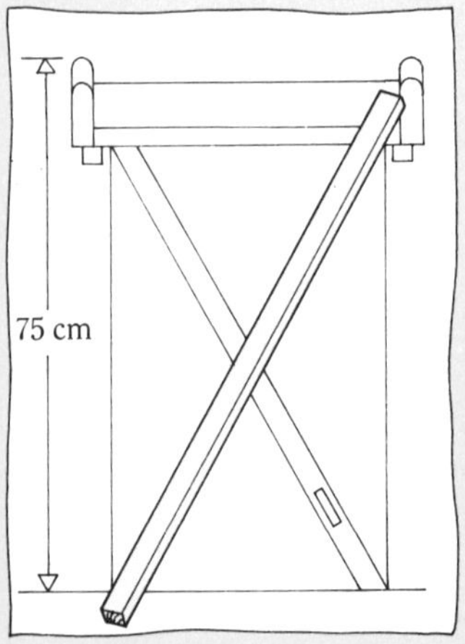

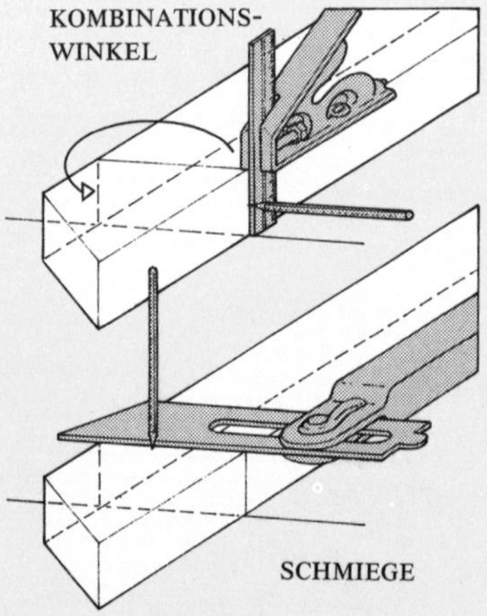

2 *Im Idealfall ist der Beistelltisch so hoch, daß der Abstand zwischen oberem Tablettrand und Fußboden nicht mehr als 75 cm beträgt. Für die Tischbeine 50 × 25 mm starke Latten verwenden. Ein Lattenstück auf die Zeichnung legen und die Winkel an beiden Enden mit einem Kombinationswinkel und einer Schmiege anzeichnen. Das Tischbein zuschneiden und als Schablone für die anderen drei Beine verwenden.*

3 *Diese vier Teile ergeben zwei ineinandergreifende Beinpaare. Genau in der Mitte zwischen dem oberen und dem unteren Ende der inneren Tischbeine eine Markierung für einen Drehzapfen anzeichnen. Die beiden Beine übereinanderlegen und gemeinsam durchbohren. Den Durchmesser des Loches so wählen, daß er dem eines Hartholzdübels guter Qualität entspricht. Mit Hilfe der zwei inneren Beine die äußeren mit Löchern versehen; diese jedoch nicht vollständig durchbohren (die Dübel sollen an der Außenseite nicht zu sehen sein).*

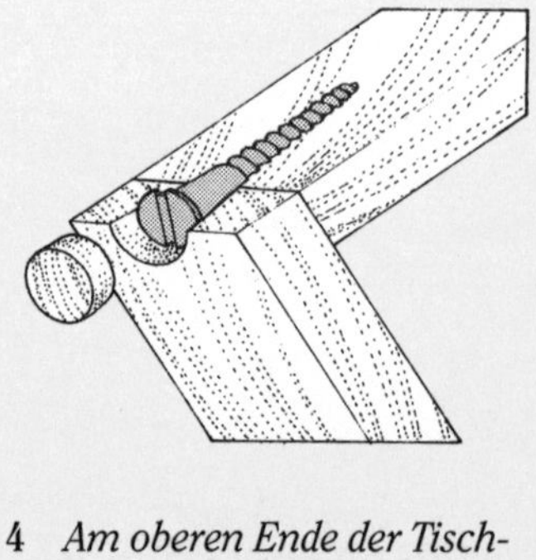

4 *Am oberen Ende der Tischbeine jeweils zwei 6 mm tiefe Löcher bohren. Die Löcher werden später mit Holzdübeln verschlossen, damit die Schraubenköpfe nicht zu sehen sind – mit den Schrauben werden die oberen Querstreben an den Beinen befestigt (Arbeitsschritt 7).*

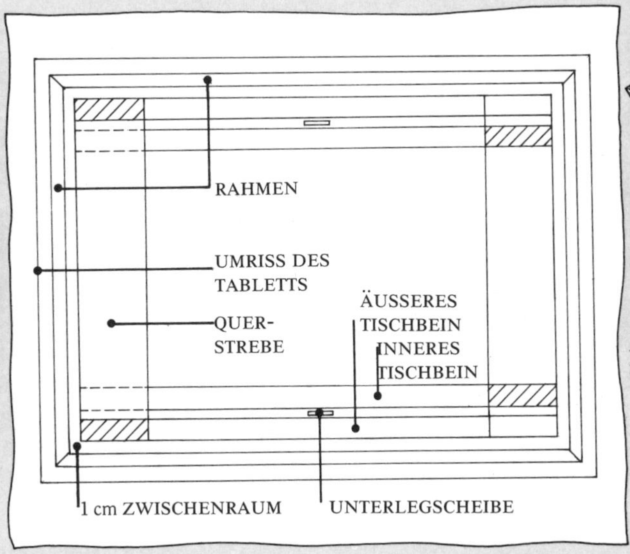

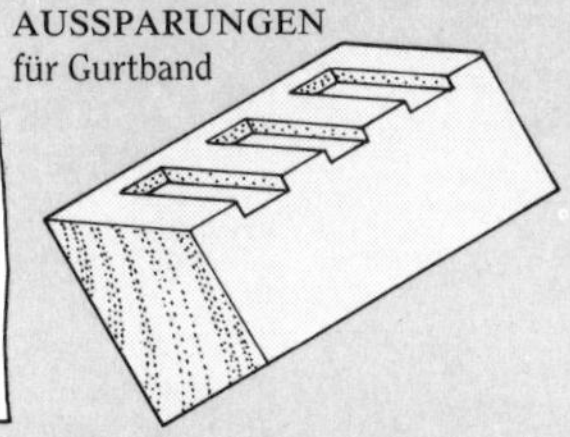

5 *Einen Plan anfertigen, um die Abmessungen der oberen Querstreben festlegen zu können. Die Streben aus 50 × 50 mm starken Vierkanthölzern so zuschneiden, daß etwa 1 cm Luft zu dem unten aufgesetzten Tablettrahmen bleibt und das Tablett mühelos auf das Untergestell aufgesetzt werden kann. Für die inneren Beine ist eine kürzere Querstrebe erforderlich. Darüber hinaus sind zwei Unterlegscheiben zu berücksichtigen, die am Drehpunkt zwischen die Tischbeine gesetzt werden.*

6 *Mit einer Schmiege den Winkel am oberen Ende eines Tischbeines abnehmen und auf die Stirnseiten der oberen Querstreben übertragen. Die Querstreben in einen Schraubstock spannen und bis zur markierten Linie abhobeln. Die Breite des Gurtbandes abmessen und auf der Oberseite jeder Querstrebe entsprechende Aussparungen anzeichnen. Das Holz so ausnehmen, daß die Aussparungen nicht ganz durchlaufen und die Enden des Gurtbandes später verdeckt sind.*

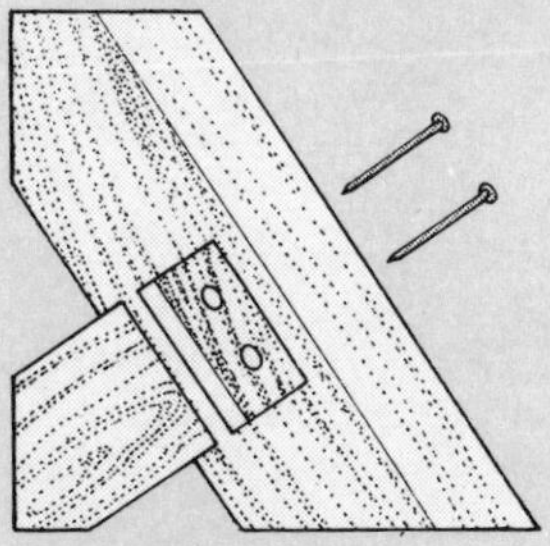

7 *Untere Querstreben zuschneiden, die an beiden Enden jeweils 6 mm tief in die Tischbeine eingelassen werden. Die Streben einpassen und mit Leim und Senkkopfnägeln befestigen – die Löcher vorbohren, damit das Holz nicht reißt. Die oberen Querstreben mit Leim und Schrauben befestigen.*

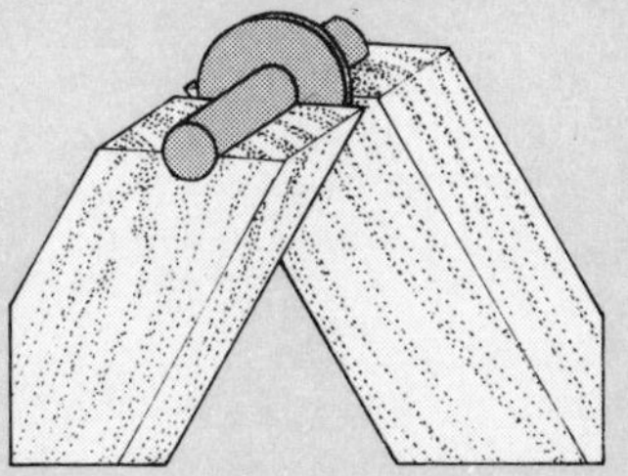

8 *Die beiden Beinpaare ineinanderstellen und an den Bohrungen mit Hartholzdübeln verbinden. Die Dübel dazu jeweils durch das Loch im inneren Tischbein, dann durch eine dünne Unterlegscheibe (die das Aneinanderreiben der Beine verhindert) und als letztes in das Loch im äußeren Bein stecken, wo sie mit Holzleim an ihrem Platz fixiert werden.*

9 *Gurtband zum Verbinden der beiden oberen Querstreben zuschneiden. Das mittlere Band an einem Ende mit Polsternägeln in der Aussparung befestigen; das andere Ende an der gegenüberliegenden Querstrebe anhalten. Das Tablett auf das Untergestell aufsetzen, um den richtigen Befestigungspunkt für das lose Bandende zu finden – darauf achten, daß auf jeder Seite ein Spielraum von 1 cm berücksichtigt wird. Anschließend das restliche Gurtband passend schneiden und anbringen.*

Ausklappbarer Wandschirm

Die Art des Wandschirms hängt vom beabsichtigten Verwendungszweck ab – im Orient sind Wandschirme dekorativer Bestandteil der Inneneinrichtung, während man sie im Westen eher als Präsentationsfläche für Bildmontagen, Malereien oder Tapisserien betrachtet.

Geeignete Materialien

Hartholz ist besonders gut für hohe elegante Wandschirme geeignet. Die Rahmen für einen 1,5–2 m großen Paravent benötigen Querstreben aus etwa 20 × 25 mm starken Latten. Am besten läßt man die Rahmenhölzer von einem Fachmann, der über das erforderliche Gerät verfügt, auf Gehrung schneiden, damit die Ecken ordentlich und akkurat aussehen. Abhängig von der Stärke der Rahmenhölzer werden die Ecken verleimt und dann entweder mit Nägeln oder Schrauben gesichert.

Damit der Wandschirm einen soliden Eindruck macht, setzt man rund um die Füllungen einfache Bilderleisten auf. Es gibt verschiedene Möglichkeiten der Endbehandlung; so kann man beispielsweise Eichenholz mit Kalklauge behandeln, Mahagoni auf Hochglanz polieren oder die dekorativen Elemente der Füllungen auch auf die Rahmenflächen ausdehnen.

Die drei Teile des umseitig abgebildeten Wandschirms zeigen unterschiedliche Rahmenkonstruktionen, die sich jeweils für spezielle Dekorationsmöglichkeiten besonders gut eignen. Der mittlere Rahmen hat im Gegensatz zu den geraden Linien der Seitenteile ein elegant abgerundetes Oberteil (s. auch den Wandschirm S. 137).

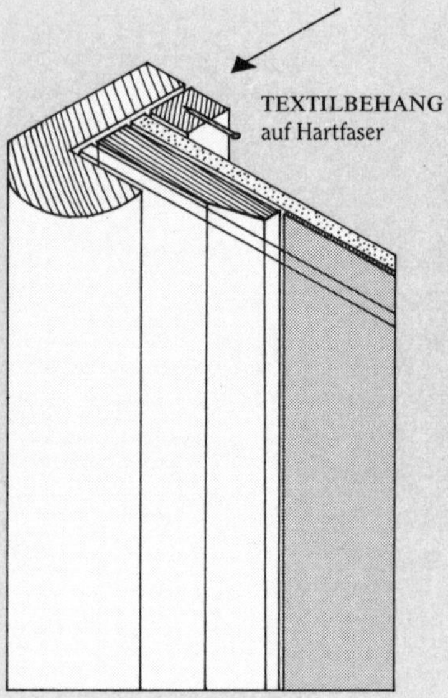

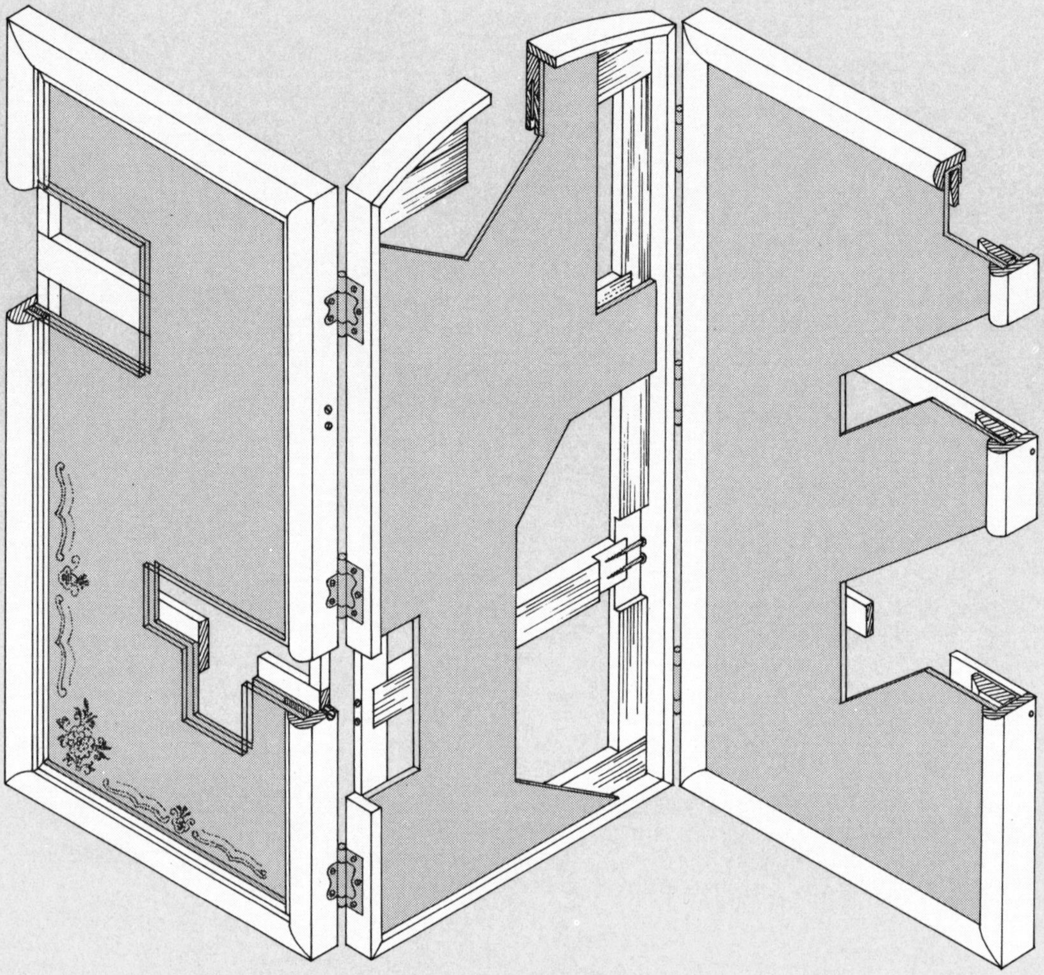

Wandschirm für textile Behänge

Diese Form des Rahmens eignet sich hervorragend für zarte bestickte Behänge. Seine Konstruktion ähnelt der eines Bilderrahmens, für den Leisten mit tiefem Falz und abgerundetem Profil verwendet werden.

1 *Höhe und Breite des Wandschirms festlegen und den Rahmen bauen. Eine vergoldete Leiste einlassen, den Textilbehang auf einer Hartfaserplatte (zarte Stickbilder, wie S. 180 beschrieben, mit Klettband) befestigen und den Behang gegebenenfalls durch eine Acrylglasscheibe schützen.*

2 *Den Rahmen – jeweils nach einem Drittel der Gesamthöhe – durch zwei waagerechte Streben aus 75 × 25 mm starken Latten verstärken. Die Streben mit Messingschrauben befestigen, die seitlich im Rahmen versenkt werden.*

3 *Damit die Füllung am Rand flach aufliegt, passend geschnittene Vierkantleisten zwischen die Querstreben setzen und mit Paneelstiften annageln.*

Hartfaserfüllung

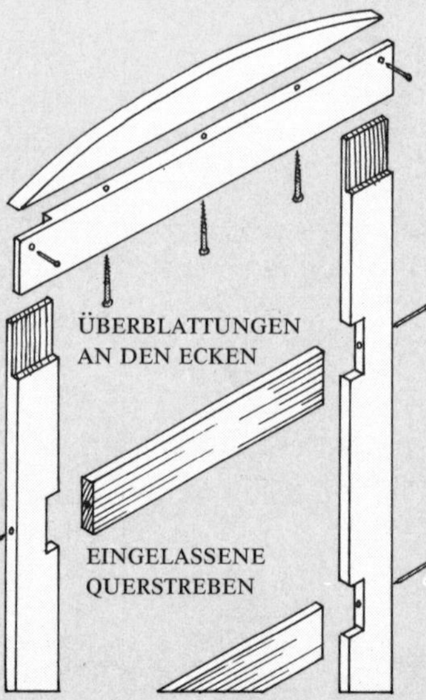

Aus 50 × 25 mm starken Weichholzlatten einen Rahmen bauen, der sich aus zwei senkrechten und vier waagerechten Hölzern zusammensetzt. Die Latten an den Ecken durch Überblatten verbinden. Die beiden anderen waagerechten Rahmenteile jeweils nach einem Drittel der Gesamthöhe in die senkrechten einlassen.

1 *Alle Verbindungen verleimen und durch Schrauben sichern. Um das bogenförmige Oberteil zu befestigen, die waagerechte Strebe von unten halb durchbohren und mit einem dünnen Bohrer durch die Strebe bis in den bogenförmigen Aufsatz Schraubenlöcher vorbohren. Die Teile verleimen und anschließend verschrauben.*

2 *Ein passendes Stück Hartfaser für den Rahmen zuschneiden. Die Hartfaserplatte auf den Rahmen leimen und zusätzlich mit verkupferten Paneelstiften sichern. Wenn die Füllung gestrichen werden soll, die Hartfaserplatte grundieren oder geölte Hartfaser verwenden.*

Nach dem Streichen die Kanten mit 50 × 25 mm starken Leisten einfassen, die an den Ecken auf Gehrung geschnitten werden. Wenn die Leiste am oberen Bogen nicht ausreichend biegsam ist, wird sie in der Mitte von unten mehrmals flach eingeschnitten. Die Einschnitte, soweit sie sichtbar bleiben, anschließend mit Holzkitt verspachteln.

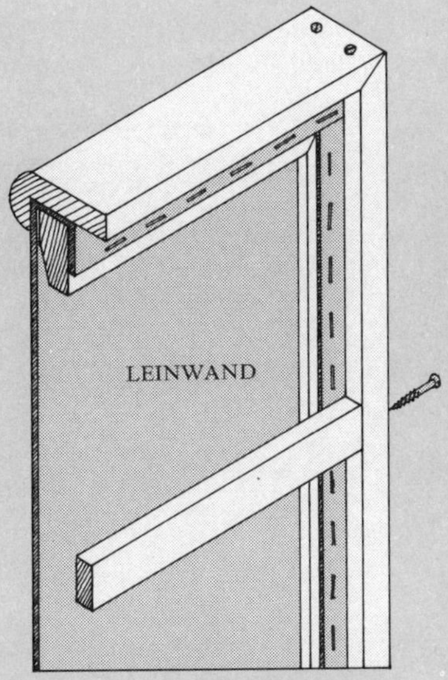

Mit Leinwand bespannte Füllung

Bei dieser Variante besteht die Füllung aus einem traditionellen, mit Leinwand bespannten Keilrahmen (wie ihn auch Maler verwenden). Die entsprechenden Leisten für einen Keilrahmen bekommt man im Fachhandel. Die Leinwand kann mit Öl- oder Acrylfarbe bemalt werden.

1 *Einen Keilrahmen in der passenden Größe für den Wandschirm anfertigen. Die Leinwand fest, aber gleichmäßig darüberspannen und auf der Rückseite mit Drahtklammern befestigen; darauf achten, daß die Leinwand keine Falten wirft.*

2 *Als Einfassung für die Leinwand einen ähnlichen Rahmen wie für die erste Füllung des abgebildeten Wandschirms anfertigen. Hier braucht der Rahmen jedoch nicht so schwer zu sein, da sich der Keilrahmen selbst trägt.*

3 *Um den Keilrahmen an seinem Platz zu halten, benötigt man nur zwei 50 × 25 mm starke Querstreben. Diese in gleicher Weise wie bei dem zuerst beschriebenen Wandschirm befestigen.*

Den Wandschirm zusammensetzen

Wenn drei Rahmen mit den dazugehörigen Füllungen fertiggestellt sind, werden sie mit Scharnieren zusammengesetzt.

Küchenregal mit gefliester Arbeitsfläche

Hier verbirgt sich hinter einem Anflug von Theatralik eine im Grunde recht einfache Tischlerarbeit, die eigentlich nichts anderes als ein besseres Wandregal ist. Ein solches ländliches Möbelstück wirkt am überzeugendsten, wenn das Holz eher rustikal aussieht und nicht auf Hochglanz poliert ist. Alte Fußbodendielen aus Eiche oder Rüster eignen sich als Material besonders gut.

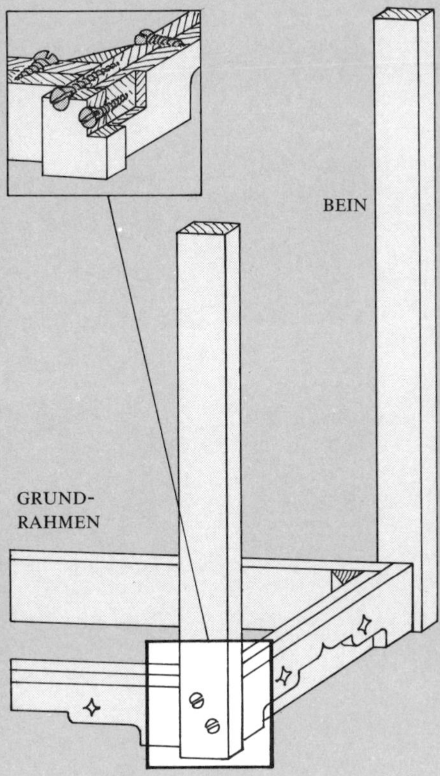

Länge und Breite des Regals sind letztlich davon abhängig, wieviel Platz für den Einbau zur Verfügung steht. Das Verfliesen der Arbeitsfläche wird allerdings erheblich vereinfacht, wenn das Regal nicht tiefer ist als drei quadratische Fliesen von 150 mm Seitenlänge (einschließlich Fugen) zuzüglich der Holzeinfassung – insgesamt etwa 55 cm.

1 *Dieses Regal verfügt über drei Ablageflächen. Den Sockel bildet der Grundrahmen unterhalb des ersten Zwischenbodens. Den Grundrahmen aus 150 × 25 mm starken Brettern bauen, die stumpf gegeneinander stoßen. Die Verzierungen in den äußeren Brettern mit einer Stichsäge ausarbeiten. Die inneren Bretter an den äußeren festschrauben, so daß die Schrauben auf der Vorderseite nicht zu sehen sind. Zur Verstärkung der Ecken Dreikantklötzchen einleimen.*

2 *Die gewünschte Höhe der gefliesten Arbeitsfläche festlegen. Für die Beine an den Ecken 75 × 25 mm starke Hölzer, für die dazwischenliegenden Stützen 50 × 25 mm starke verwenden. Die Beine an der Rückseite des Regals sollten etwas länger sein, damit sie den Rahmen abstützen, von dem die senkrechte Fliesenreihe eingefaßt wird. Vorsichtshalber etwas Länge zugeben und den Überstand später anpassen.*

Die Beine vorn am Grundrahmen festschrauben. Die Schraubenköpfe werden später durch die aufgesetzten Zierleisten verdeckt.

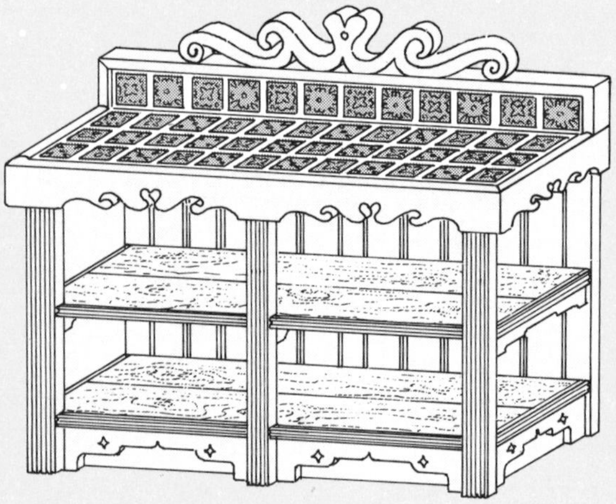

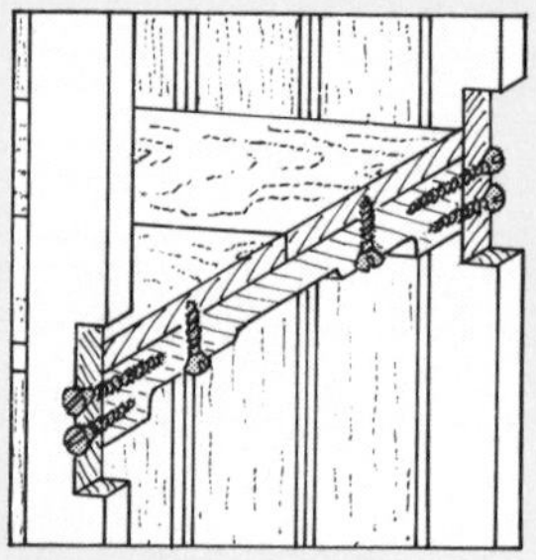

6 *Das untere Ablagebrett am Grundrahmen festnageln. Den Abstand zwischen diesem Brett und der Unterkante des dekorativen Stirnbretts abmessen und den Wert halbieren, um die Position des mittleren Bodens zu bestimmen. Drei 50 × 50 mm starke Querstreben als Stützen für das mittlere Ablagebrett zuschneiden und dekorativ ausnehmen. Die Querstreben vorn an den Regalbeinen befestigen (Löcher vorbohren). Den Zwischenboden von unten an den Querstreben festschrauben.*

3 *Für die Arbeitsfläche wenigstens 25 mm starke Tischlerplatte verwenden. An der Vorderkante Aussparungen zur Aufnahme der Beine heraussägen. Kontrollieren, ob die Platte gerade liegt, dann alle Beine festschrauben.*

4 *Für die Front und die Seiten dekorative Stirnbretter zuschneiden, mit denen die Übergänge zwischen den Fliesen und der Arbeitsplatte sowie den Beinen verdeckt werden. Das auszuschneidende Muster aufzeichnen und die leicht zugänglichen Bereiche mit einer Stichsäge, die schwierigeren Partien mit einer Laubsäge ausarbeiten. Die Stirnbretter an den Ecken im Winkel von 45 Grad auf Gehrung schneiden.*

Die Stirnbretter mit Holzleim und Nägeln befestigen, so daß sie um das Maß der Fliesenstärke über die Tischlerplatte ragen.

5 *Für die Zwischenböden Bretter abmessen und zuschneiden. Die Böden für die Vorderbeine entsprechend ausnehmen – bei der Tiefe der Aussparungen ist auch die Stärke der Zierleisten zu berücksichtigen, die später (Arbeitsschritt 9) an den Vorderkanten der Zwischenböden aufgesetzt werden. Diese Leisten schließen dann bündig mit den Regalbeinen ab.*

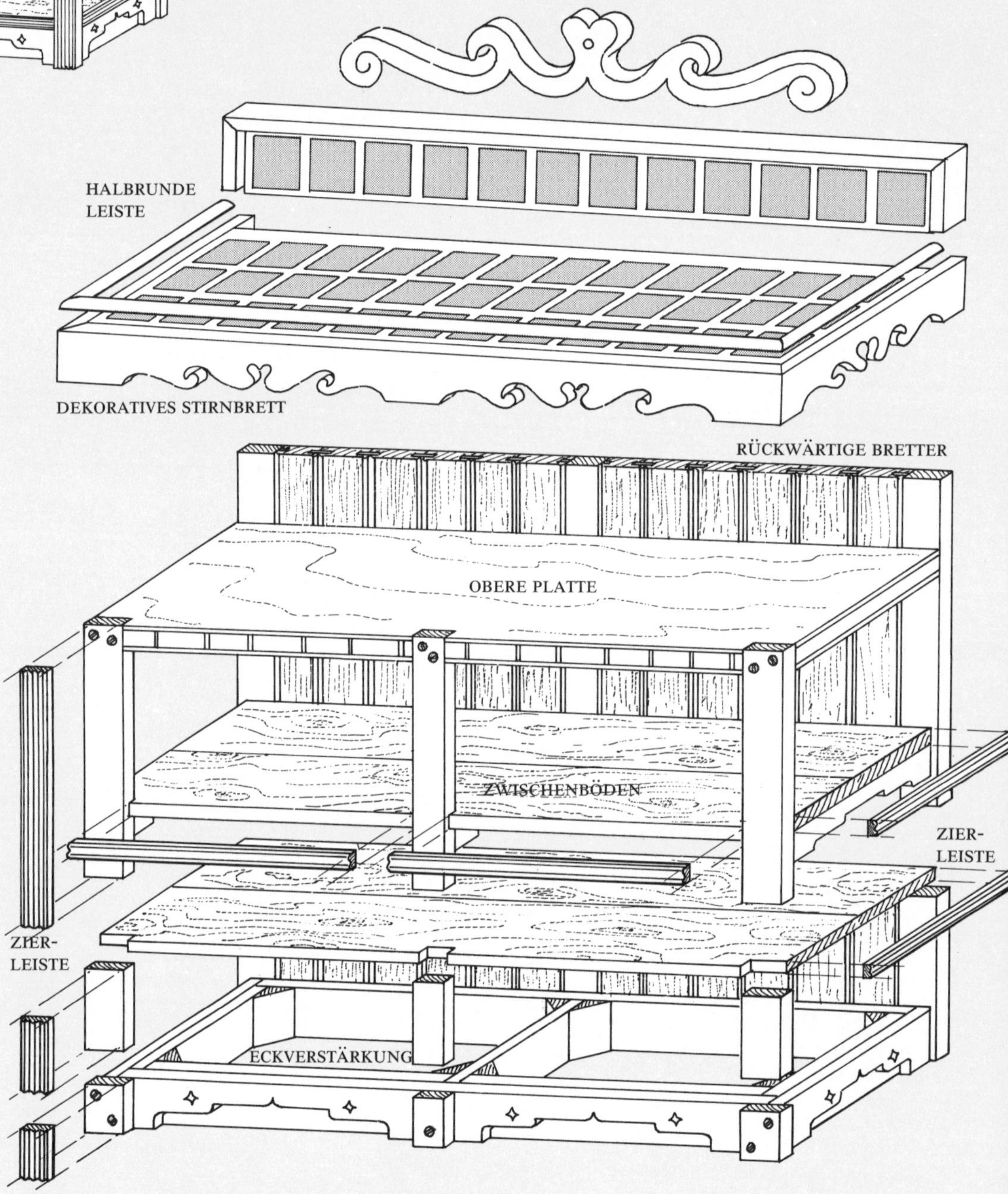

7 *Nun aus 50 × 25 mm starken Latten eine Einfassung für die aufrechte Fliesenreihe bauen. Die Höhe wird von der Oberfläche der Tischlerplatte aus gemessen und entspricht der Stärke einer waagerechten sowie der Höhe einer senkrechten Fliese zuzüglich der Fugen. Seitlich schließt der Rahmen bündig mit den dekorativen Stirnbrettern ab. Die Latten für den Rahmen an den Ecken auf Gehrung schneiden und mit Leim und Nägeln zusammensetzen. Wenn der Leim abgebunden hat, den Rahmen anhalten und die Beine so einkürzen, daß sie gegen den Rahmen stoßen. Den Rahmen an den Regalbeinen festnageln.*

8 *Die Rückseite des Regals mit alten Nut- und Federbrettern oder mit Brettern, die denen der Zwischenböden ähneln, schließen. Zur Befestigung Nägel von oben durch den aufgesetzten Rahmen in die Stirnseiten der Bretter schlagen. Die Bretter mit Schrauben an den Zwischenböden und am Sockel befestigen.*

9 *Oben auf den dekorativen Stirnbrettern halbrunde Zierleisten anbringen. An den Beinen sowie den Kanten der Zwischenböden geriffelte Profilleisten aufsetzen und mit Paneelstiften befestigen.*

10 *Die Tischlerplatte mit Fliesen belegen. Die aufrecht stehenden Fliesen bis zum Abbinden des Fliesenklebers mit Abstandhaltern abstützen. Wenn die Fliesenfläche voraussichtlich häufig naß wird, Fugenmasse auf Acrylbasis verwenden. Als letztes ein geschnitztes Aufsatzstück anbringen, das nach Möglichkeit die Form der dekorativen Stirnbretter aufgreift.*

Aus einer Kommode eine Anrichte für Schaustücke fertigen

Es ist verhältnismäßig einfach, eine Kommode in eine Küchenanrichte zu verwandeln – man setzt oben ein Regal auf und gleicht die beiden Möbelstücke farblich so aneinander an, daß der Eindruck zusammengehöriger Teile entsteht. Wenn die Kommode aus edlem Holz – etwa Mahagoni – gearbeitet ist, sollte auch der Regalaufsatz aus einem entsprechenden Hartholz gefertigt werden.

Die Abmessungen und die Proportionen müssen sorgfältig geplant werden, damit ein ausgewogenes Verhältnis zwischen den beiden Teilen entsteht. Die empfohlene Mindeststärke der Regalbretter beträgt 22 mm; wenn der Aufsatz wuchtiger aussehen soll, verwendet man bis zu 30 mm starke Bretter. Auch der Abstand zwischen den Regalböden will genau bedacht sein – man verschätzt sich hier leicht.

Durch das Geschirr kann die Anrichte kopflastig werden, so daß man den Regalaufsatz aus Stabilitätsgründen in die Kommode einlassen sollte. Wer keine Nuten in die Kommode einarbeiten will, kann den Regalaufsatz auch mit Spiegelhaltern an der Wand befestigen. Die Regalböden werden in die Seitenteile eingenutet, damit der Aufsatz Stabilität erhält und die Enden der Bretter nicht zu sehen sind.

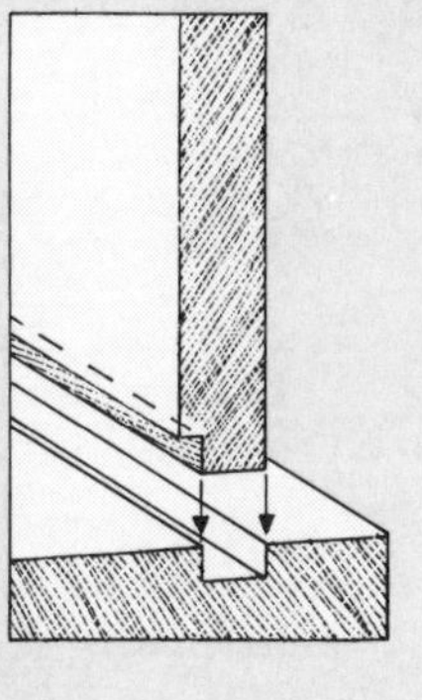

1 *Als Seitenteile des Regalaufsatzes zwei identische Bretter zuschneiden. Ihre Länge so wählen, wie sie für drei Fachböden angemessen erscheint.*

Am unteren Ende der Seitenteile jeweils auf der Innenseite einen Falz einarbeiten. Die Breite des Falzes sollte etwa 1/3–1/2 der Brettstärke betragen, die Tiefe etwa 9–12 mm. Diese Tiefe entspricht den Nuten, die später in die Kommodenplatte geschnitten werden (Arbeitsschritt 7; die Nuten nicht ausnehmen, bevor der Regalaufsatz zusammengebaut ist; ihre Position ist von der Breite des Aufsatzes abhängig und muß daher ganz exakt sein).

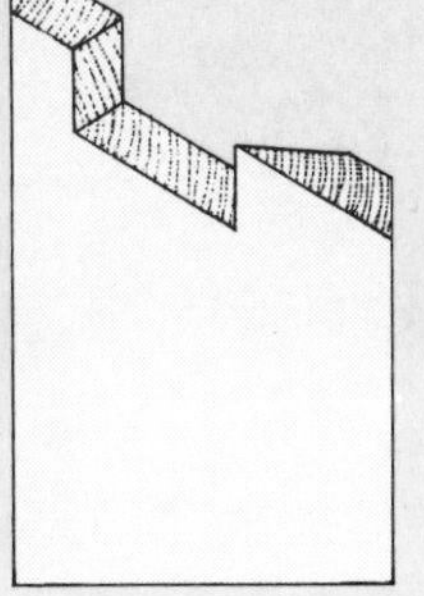

2 *Am oberen Rand der Seitenbretter jeweils eine abgeschrägte Aussparung einarbeiten, in die später das obere Abschlußbrett eingepaßt wird.*

3 *Auf jedem Seitenbrett die Lage der 6 mm tiefen Nuten für die Zwischenböden markieren. Die Nuten sind an der vorderen Brettkante um 12 mm und an der rückwärtigen Kante um die Stärke der Rückwand nach innen versetzt. Zum Ausarbeiten der Nuten einen Nuthobel oder Zentrumbohrer und Stecheisen verwenden.*

Wenn der Regalaufsatz gebeizt werden soll, erfolgt dies vor dem Zusammenbau – es ist schwierig, Beize gleichmäßig in Ecken zu verreiben.

Falls für die Rückwand neue Nut- und Federbretter verwendet werden, sollte man auch die Federn streichen oder beizen, da sie durch das Schwinden des Holzes irgendwann später sichtbar werden.

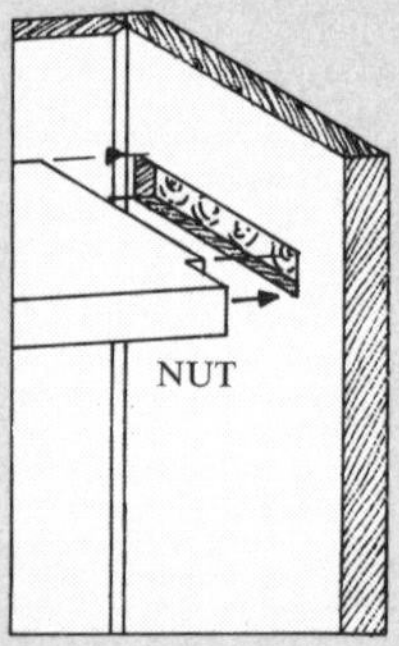

4 *Obwohl die Zwischenböden unterschiedlich tief sind, schließen alle bündig mit der Vorderkante der Seitenteile ab. Hinten reichen sie bis zum Ende der ausgenommenen Nuten in den Seitenbrettern, damit die Rückwand dahintergesetzt werden kann. Die Zwischenböden zuschneiden und sie vorn so ausnehmen, daß sie fest in die seitlichen Nuten eingesetzt werden können.*

5 *Die Lage aller Nuten außen auf den Seitenteilen markieren. An den Befestigungspunkten mit einem Holzbohrer 6 mm tiefe Löcher für Holzdübel bohren. Die Zwischenböden in die Nuten einleimen und vom Mittelpunkt der Dübellöcher aus Löcher für die Schrauben vorbohren. Die Zwischenböden von außen an den Seitenteilen festschrauben. Die Schraubenköpfe mit 6 mm langen eingeleimten Holzdübeln verdecken.*

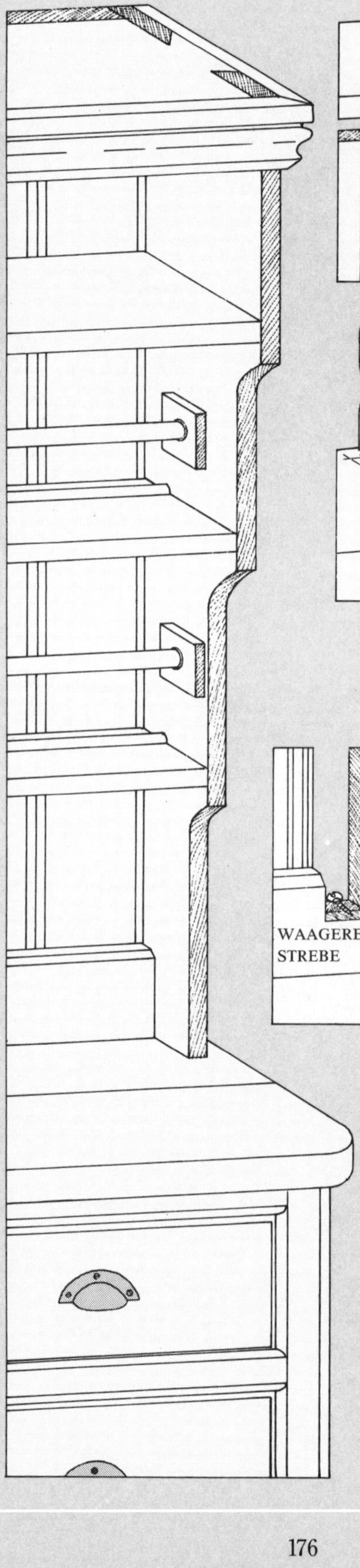

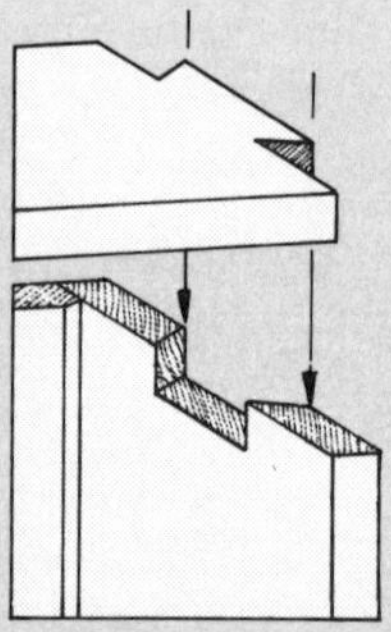

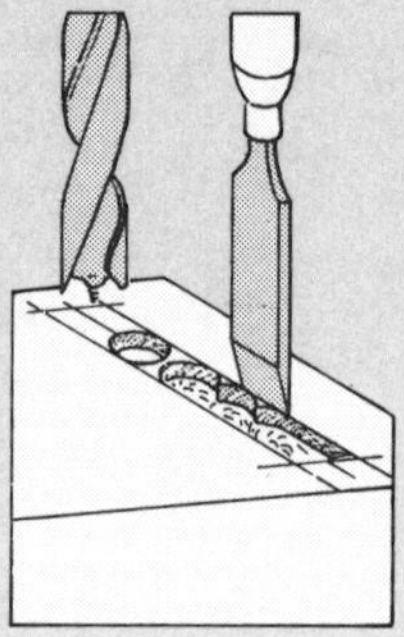

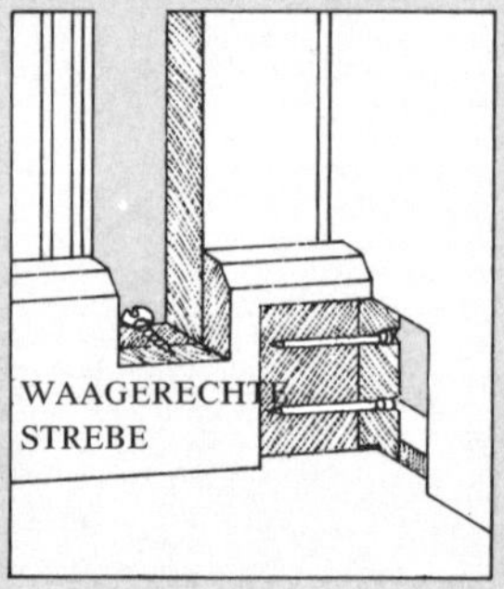

6 *Ein Brett für den oberen Abschluß des Regals zuschneiden und in die abgeschrägten Aussparungen der Seitenteile einpassen, damit eine stabile Eckverbindung entsteht. Das Brett mit Leim und Nägeln befestigen.*

7 *Nun kann die Breite des Regalaufsatzes exakt ausgemessen und auf der Kommode markiert werden. Die Nuten für die Seitenteile anzeichnen und ausnehmen. Diese Arbeit muß sehr präzise durchgeführt werden, damit der Regalaufsatz fest an seinem Platz steht.*

Die Nuten mit einem Nuthobel ausheben. Ersatzweise einen dicken Bohrer verwenden und die Bohrmaschine in einen Bohrständer einspannen. Das restliche Holz sauber mit einem Stecheisen entfernen.

8 *Für die Rückwand möglichst alte Bretter mit Nut und Feder oder überfalzter Fuge verwenden. Wenn die Regalbreite nicht exakt ein Vielfaches der Brettbreite beträgt, das erste und das letzte Brett um das gleiche Maß schmaler sägen. Die Bretter von hinten an den Zwischenböden festschrauben; darauf achten, daß die Seitenteile und die Böden rechtwinklig bleiben.*

9 *Die Rückwand muß unten durch eine waagerechte Strebe verstärkt werden. Dazu eine 75 × 25 mm starke Latte auf passende Länge schneiden und die vordere Oberkante mit dem Hobel anfasen. Die Strebe gegen die Rückwand schieben und von außen mit Nägeln an den Seitenteilen des Regals befestigen. Dann von hinten die Bretter an der Strebe festschrauben.*

Wenn der Regalaufsatz viel Gewicht tragen muß, Kommode und Aufsatz auf der Rückseite mit einigen Spiegelhaltern aus Messing verbinden, den Aufsatz gegebenenfalls auch an der Wand befestigen.

10 *Waagerechte Dübelstangen anbringen, damit wertvolle Teller nicht aus dem Regal fallen können. Mit einem Zentrumbohrer im Durchmesser der Rundstangen ein Loch in kleine quadratische Holzklötzchen bohren. Die Enden der Dübelhölzer hineinstecken und die Klötzchen mit Paneelstiften an den Seitenwänden des Regals befestigen. Auf den Zwischenböden kleine Viertelstableisten zum Abstützen der Teller anbringen.*

Textilien verarbeiten

Holztruhe mit Stoff beziehen

Durch eine Polsterung und einen Stoffbezug läßt sich die einfachste Holztruhe in ein bequemes Sitzmöbel verwandeln. Bevor man mit der Arbeit beginnt, wird der Truhendeckel abgeschraubt.

Zum Polstern des Deckels mehrere Lagen Wattierung rechteckig zuschneiden und bei den oberen Lagen allseitig 6 mm zugeben, damit die Polsterung schön fest aussieht. Die Seiten können entweder nur mit Stoff bezogen oder zusätzlich ebenfalls wattiert werden. In diesem Fall auch hier passende Rechtecke zuschneiden. Eine andere Möglichkeit ist es, die Seiten der Truhe zu bemalen.

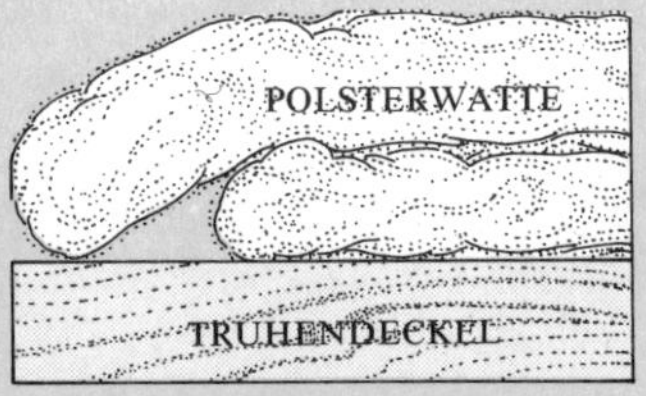

1 *Mehrere Lagen Polsterwatte mit einem Kleber auf Latexbasis auf den Deckel kleben. Die unteren Rechtecke etwas kleiner schneiden, damit sich die Polsterung kuppelförmig aufbauen läßt.*

7 *Gegebenenfalls die Wattierung aufkleben und dann den Stoff nach unten über den Papierstreifen schlagen, so daß die Reißzwecken verdeckt sind. Das andere Stoffende etwas nach innen klappen und auf der Unterseite der Truhe befestigen.*

8 *Den Stoff an den unteren beiden Ecken schräg einschneiden, um die Ecken herumlegen und auf den angrenzenden Truhenseiten mit Reißzwecken befestigen. Auf der gegenüberliegenden Seite der Truhe ebenso verfahren. Anschließend die zwei verbliebenen Seiten mit Stoff beziehen. Den seitlichen Rand dieser Stücke an den Ecken einschlagen, provisorisch feststecken und dann sauber vernähen.*

2 *Ein rechteckiges Stück Stoff für den Deckel zuschneiden, das groß genug ist, um es auf der Unterseite des Deckels befestigen zu können. Für die Seitenteile ebenfalls rechteckige Stoffstücke zuschneiden, die bis über die Ecken sowie über die obere und untere Truhenkante reichen.*

3 *Den gepolsterten Deckel mit Stoff beziehen. Den Stoff um den Deckelrand ziehen, den Deckel herumdrehen und den Stoff an allen vier Seiten jeweils einmal in der Mitte mit Reißzwecken am Deckel befestigen. Weitere Reißzwecken anbringen und darauf achten, daß der Stoff fest gespannt bleibt.*

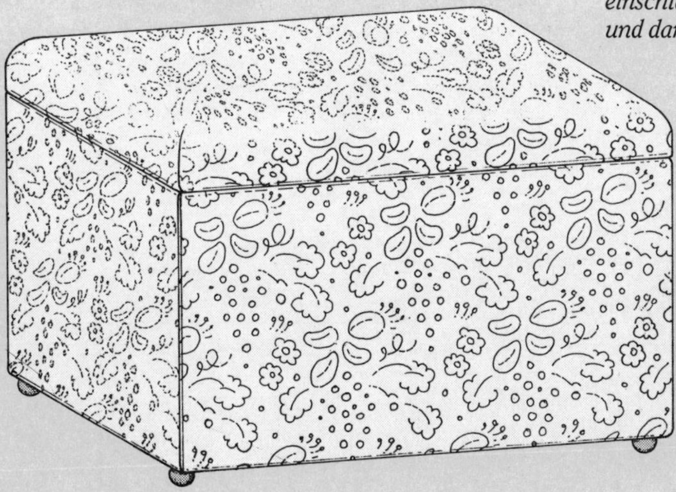

9 *Zum Schluß Holzfüße oder Laufrollen anbringen, damit der Stoff nicht auf dem Fußboden scheuert. Den Truhendeckel wieder anschrauben.*

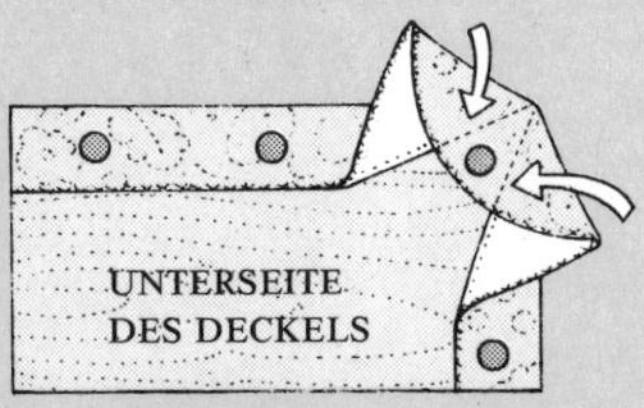

4 *An den Ecken das überschüssige Material wegschneiden und den Stoff wie gezeigt im Winkel von 45 Grad zusammenfalten; die Falte mit einer Reißzwecke sichern.*

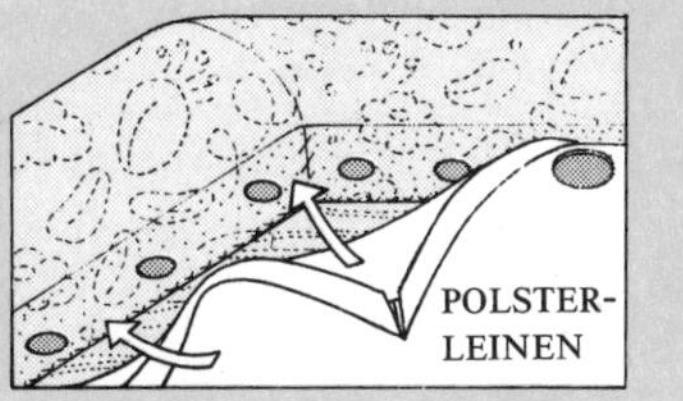

5 *Damit die Innenseite des Deckels ordentlich aussieht, ein Stück Polsterleinen zuschneiden und rundum 12 mm nach innen einschlagen. Das Leinen mit Reißzwecken befestigen, so daß die Ränder des Stoffbezugs verdeckt werden.*

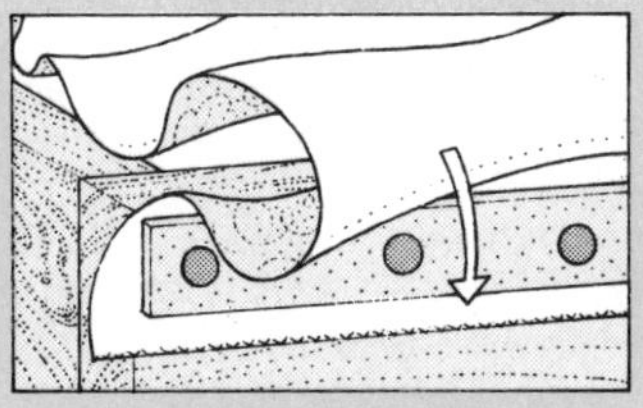

6 *Als nächstes den Stoff an den Seitenwänden befestigen. Die Reißzwecken am oberen Rand wie folgt verdecken: Vier Streifen festen Karton in der Breite der Seitenteile zuschneiden, den Stoff mit der falschen Seite nach oben durch drei oder vier Reißzwecken an seinem Platz halten, dann den Pappstreifen entlang der oberen Kante anbringen.*

Teppich als Stuhlbezug

Ein etwas abgenutzter Teppich oder ein Kelim in gedämpften Farben läßt sich ohne weiteres als Stuhlbezug umfunktionieren. Für den Bezug die noch intakten Teile des Teppichs verwenden, damit er ausreichend haltbar und stabil ist. Stühle, die in der Form dem hier gezeigten ähneln, sind recht verbreitet, doch kann man einen ähnlichen Bezug auch für einen alten Schaukelstuhl oder einen zusammenklappbaren Regiestuhl anfertigen.

1 *Die Fläche der Rückenlehne und des Sitzes abmessen und ausreichend Material zugeben, damit der Teppich vorn und hinten um die Querstreben gezogen werden kann. Entsprechende Stücke aus dem Teppich herausschneiden, dabei die Muster der beide Teile nach Möglichkeit aufeinander abstimmen.*

2 *Das Teppichstück für die Rückenlehne provisorisch mit einigen Polsternägeln befestigen. Dann von der Mitte aus nach außen die endgültigen Polsternägel einschlagen. Die provisorischen Nägel mit einem Nagelheber herausziehen. Um die Polsternägel zu verdecken, mit Latexkleber eine Borte aufsetzen und sie zusätzlich mit Ziernägeln sichern.*

3 *Am Sitz den Teppich um die vordere und die hintere Querstange wickeln und etwas nach innen einschlagen, damit die Kanten nicht ausfransen (falls der Teppich hierzu zu dick ist, einen Teil des Flors wegschneiden). In diesen Umschlag jeweils ein dünnes Rundeisen (erhältlich in Eisenwarenhandlungen) einlegen – es verteilt die Zugkräfte. Den Teppich anschließend nahe der Rundeisen mit Polsternägeln an den hölzernen Querstangen befestigen.*

Die Seiten des Teppichs an den Seitenteilen des Stuhls befestigen und die Kanten mit Borte verdecken.

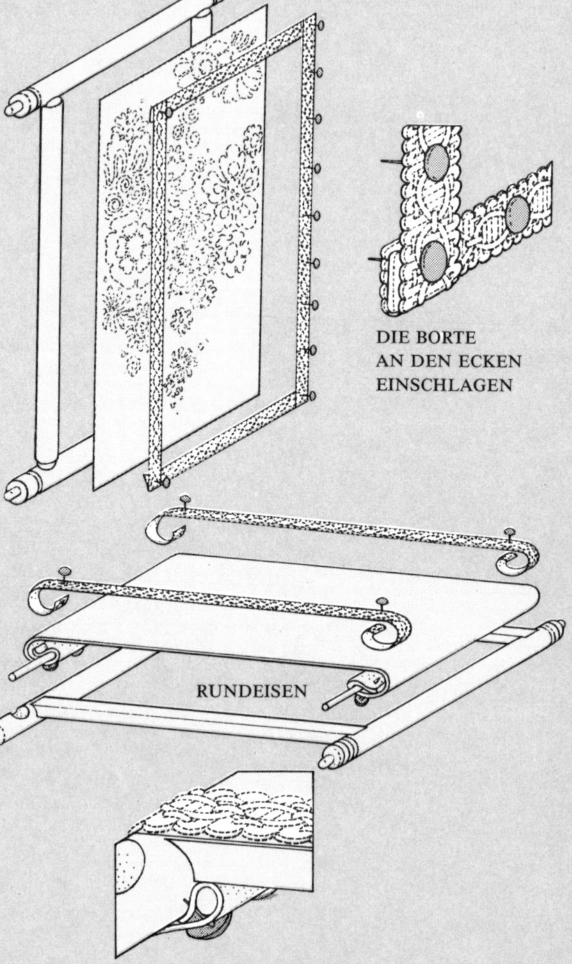

Schlingenteppich

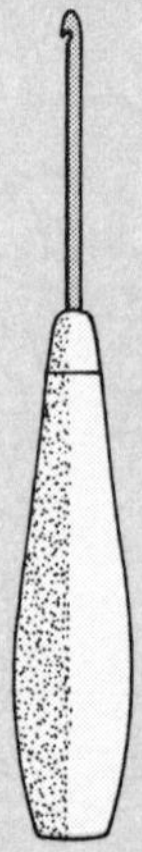

KNÜPFHAKEN

Um einen farbenfrohen Schlingenteppich anzufertigen, benötigt man wenig Zubehör. Als Unterlage sollte man ein regelmäßiges, weitmaschiges Mischgewebe aus Baumwolle und Leinen verwenden; es eignet sich besser als Jutegewebe.

Als »Garn« verwendet man Stoffstreifen, die aus ausrangierten Kleidungsstücken zugeschnitten werden. Um die Stoffstreifen durch das Gewebe ziehen zu können, benötigt man außerdem einen Knüpfhaken.

1 *Das gewünschte Muster zunächst auf Millimeterpapier entwerfen. Überträgt man das fertige Muster darüber hinaus mit Filzstift auf die Unterlage, erleichtert man sich die Arbeit. Traditionell haben solche Teppiche naive Motive, die häufig Tiere darstellen, und kräftige, ins Auge fallende Farben.*

2 *Zur Vorbereitung des Materials alle Knöpfe entfernen, die Nähte auftrennen und den Stoff waschen. Ihn anschließend in 3–12 mm breite Streifen schneiden – je schmaler die Streifen, desto feiner der Teppich. Gewebte Stoffe in Richtung des Fadenverlaufs, Strickwaren der Länge nach in Streifen schneiden.*

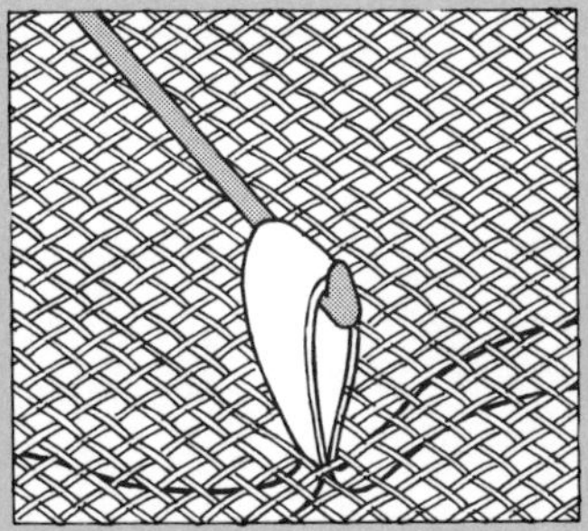

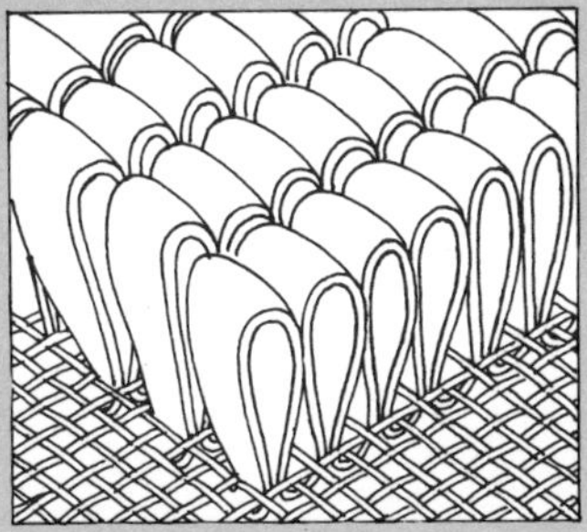

3 *Einen Stoffstreifen unter das Grundgewebe halten. Den Knüpfhaken durch die Unterlage stechen und den Stoff durch die Maschen nach oben ziehen, so daß eine Schlaufe entsteht.*

Den Knüpfhaken etwas weiter erneut durch das Gewebe stecken und wieder eine Schlaufe nach oben ziehen. Den Anfang und das Ende eines Streifens nach oben ziehen.

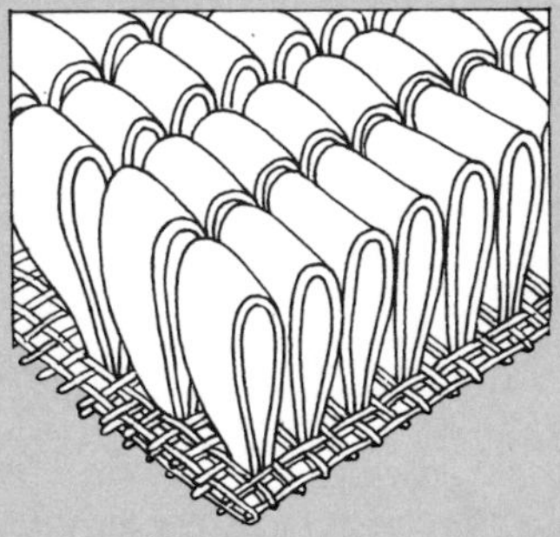

4 *Für eine saubere Kante das Grundgewebe etwa 25 mm breit nach innen umschlagen, so daß es doppelt liegt. Die Stoffstreifen durch beide Gewebelagen ziehen. Um die Kante noch haltbarer zu machen, von unten Einfaßband dagegennähen.*

Kissenbezüge

Rechteckige und quadratische Kissenbezüge lassen sich leicht anfertigen und bieten zahllose Möglichkeiten, Stoffe und Einfassungen kreativ zu verwenden. Außergewöhnliche Textilien sind besonders wirkungsvoll, etwa ein Bezug aus einem alten Gobelinbild, vielleicht mit Troddeln.

Damit die Bezüge abgezogen und gereinigt werden können, sollte man als Füllung stets fertige Kissen und kein loses Material verwenden. Wenn das Kissen prall gestopft sein soll, den Bezug in Größe der Füllung zuschneiden und keinen Spielraum für die Nähte zugeben.

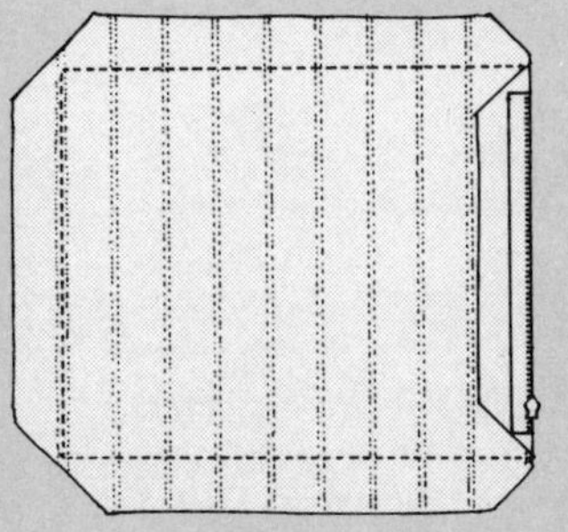

1 *Die Größe der Kissenfüllung abmessen und zwei entsprechende rechteckige oder quadratische Stoffstücke zuzüglich einer allseitigen Nahtzugabe von 15 mm zuschneiden.*

2 *Den zugeschnittenen Stoff rechts auf rechts übereinanderlegen. Die beiden Enden einer Seite etwa 50 mm weit zunähen, die Mitte bleibt für den Reißverschluß offen. Die Öffnung mit Heftstichen schließen und die Naht auseinanderbügeln. Den Reißverschluß mit Stecknadeln fixieren, anheften und dann von der rechten Seite aus einnähen.*

3 *Die anderen drei Seiten des Bezugs von links zunähen. Die Nahtzugabe an den Ecken einkürzen. Die Stoffkanten im Zickzackstich mit der Nähmaschine einfassen, damit sie nicht ausfransen.*

4 *Den Bezug auf rechts drehen, die Ecken nötigenfalls mit einer Nadel nach außen drücken. Den Bezug bügeln. Von Hand am Rand eine Fransenborte oder an den Ecken Troddeln aufnähen.*

Wanddekorationen

Einen Quilt aufhängen

Quilts – insbesondere alte Stücke – sind empfindliche Textilien. Da sie aus Tausenden ineinandergewobener Fäden bestehen, verziehen sie sich leicht. Hängt man sie nur an einer Seite auf, geraten sie irreparabel aus der Form. Aus diesem Grunde muß ihr Gewicht gleichmäßig auf alle vier Seiten verteilt werden.

Die Lösung ist das Anfertigen eines Rahmens, auf dem Klettband befestigt wird. Der Quilt läßt sich dann wie ein Bild wirkungsvoll an der Wand präsentieren. In gleicher Weise kann man auch Tapisserien oder Stickereien aufhängen oder sie – ebenfalls mit Klettband – an Wandschirmen befestigen (s. S. 172).

Durch den Rahmen wird zwar verhindert, daß sich der Quilt nach unten zieht, doch sollte man ihn trotzdem wenigstens einmal im Jahr von der Wand nehmen, damit sich das Gewebe erholen kann. Man faltet den Quilt zusammen und legt ihn für eine Weile beiseite – in der Zwischenzeit hängt man einen anderen Quilt oder ein Bild an die Wand.

Bei manchen Wänden kann man das Klettband direkt mit Drahtklammern an der Wand befestigen, doch sieht dies unschön aus, wenn der Quilt abgenommen wird. Ein Rahmen ist vielseitiger und kann problemlos ausgetauscht werden, wenn man einen anderen Quilt aufhängen möchte.

Wenn der Quilt sehr alt oder brüchig ist, läßt man sich von einem Konservator beraten, wie man das kostbare Stück am besten aufhängt.

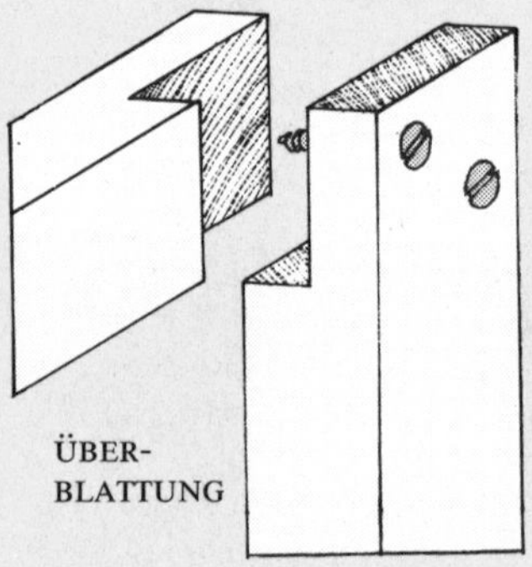

1 Den Rahmen entweder aus passend geschnittenen Keilrahmenleisten, wie man sie zum Aufziehen von Leinwand verwendet, bauen oder gehobelte Weichholzlatten nehmen (50 × 25 mm stark), die an den Ecken überblattet werden. Wenn der Rahmen sichtbar bleibt, Hartholz verwenden.

2 Auf dem Rahmen rundum 12 mm breites Klettband festklammern.

3 Klettband in 150 mm lange Streifen schneiden und diese auf der Rückseite nahe der Kante sorgfältig auf den Quilt nähen. Dabei zwischen den Streifen 50 mm Abstand lassen, jedoch darauf achten, daß sie in den Ecken zusammentreffen.

4 Das Klettband am Quilt gegen das am Rahmen drücken. Zum Aufhängen Einschraubösen auf der Rückseite des Rahmens befestigen und Nylonschnur daranbinden.

Bilderrahmen

Für eine fachmännische Arbeit lohnt sich die Anschaffung einer Gehrungsschneidlade aus Metall (für perfekte 45-Grad-Schnitte), eines Gehrungswinkels und eines Passepartout-Schneiders. Daran denken, daß die Innenabmessungen des Rahmens erheblich von seinen Außenmaßen abweichen. Beim Festlegen der Abmessungen sollte man zur Größe des aufgezogenen Bildes 1–2 mm zugeben, damit es etwas Spielraum im Rahmen hat.

1 Die Rahmenteile in der festgelegten Länge in einer Gehrungsschneidlade zuschneiden. Überlange Holzprofile zuvor in kleine Abschnitte teilen, da sie sich sonst beim Sägen verdrehen können.

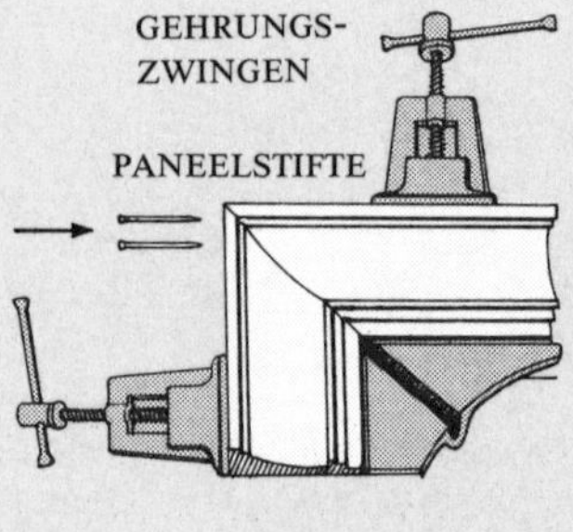

2 Die Leisten verleimen und zusammenspannen. Dazu eignen sich spezielle Gehrungszwingen am besten. Damit die Leisten nicht verkratzt oder eingedrückt werden, Holzklötzchen, Pappe oder Stoff zwischenlegen.

3 *Die Eckverbindungen zusätzlich mit langen Paneelstiften sichern. Damit das Holz nicht reißt, die Löcher vorbohren oder mit einer Zirkelnadel vorstechen. Die Nägel mit einem dünnen Nagelsenker bis knapp unter die Holzoberfläche versenken; ersatzweise kann man hierzu auch einen rundgeschliffenen dicken Nagel verwenden.*

4 *Sobald der Leim abgebunden hat, die Zwingen entfernen. Eventuelle Verschönerungsarbeiten am Rahmen nun vornehmen, da noch alle Flächen zugänglich sind.*

5 *Vom Glaser eine passende Glasscheibe zuschneiden lassen. Die Scheibe in den Rahmen legen und den Spalt zwischen Glas und Rahmen mit Klebeband verschließen. Darauf achten, daß das Klebeband nicht zu weit nach innen auf die Scheibe reicht und dann von außen sichtbar ist. Selbstklebendes Band, wie etwa Abdeckband, ist zum Rahmen von Bildern oder für Restaurierungsarbeiten ungeeignet, da es austrocknet und dann abfällt – nur einfaches braunes Papierklebeband verwenden, das angefeuchtet werden muß.*

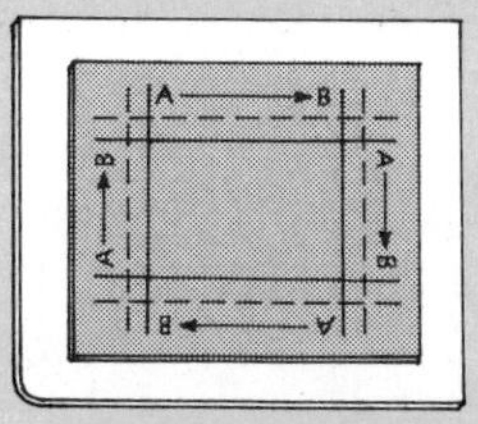

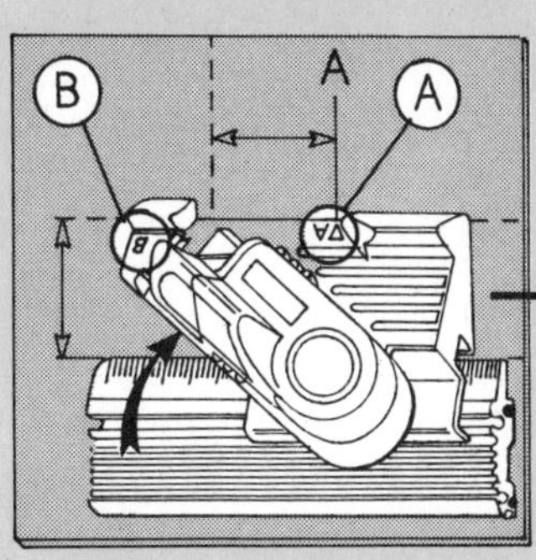

6 *Den Passepartout-Ausschnitt für das Bild auf der Rückseite eines säurefreien Passepartout-Kartons aufzeichnen. Einen zweiten Rahmen markieren, der um exakt 25 mm nach innen versetzt ist. Den Karton mit einem Passepartout-Schneider ausschneiden. Den Schneideaufsatz auf die dazugehörige Schiene klemmen und die Maßskala an der inneren Linie anlegen. Den Schneideapparat auf dem Karton von Punkt A nach Punkt B (s. links) führen, die in einer Linie mit den Pfeilen A und B auf dem Schneideapparat stehen müssen.*

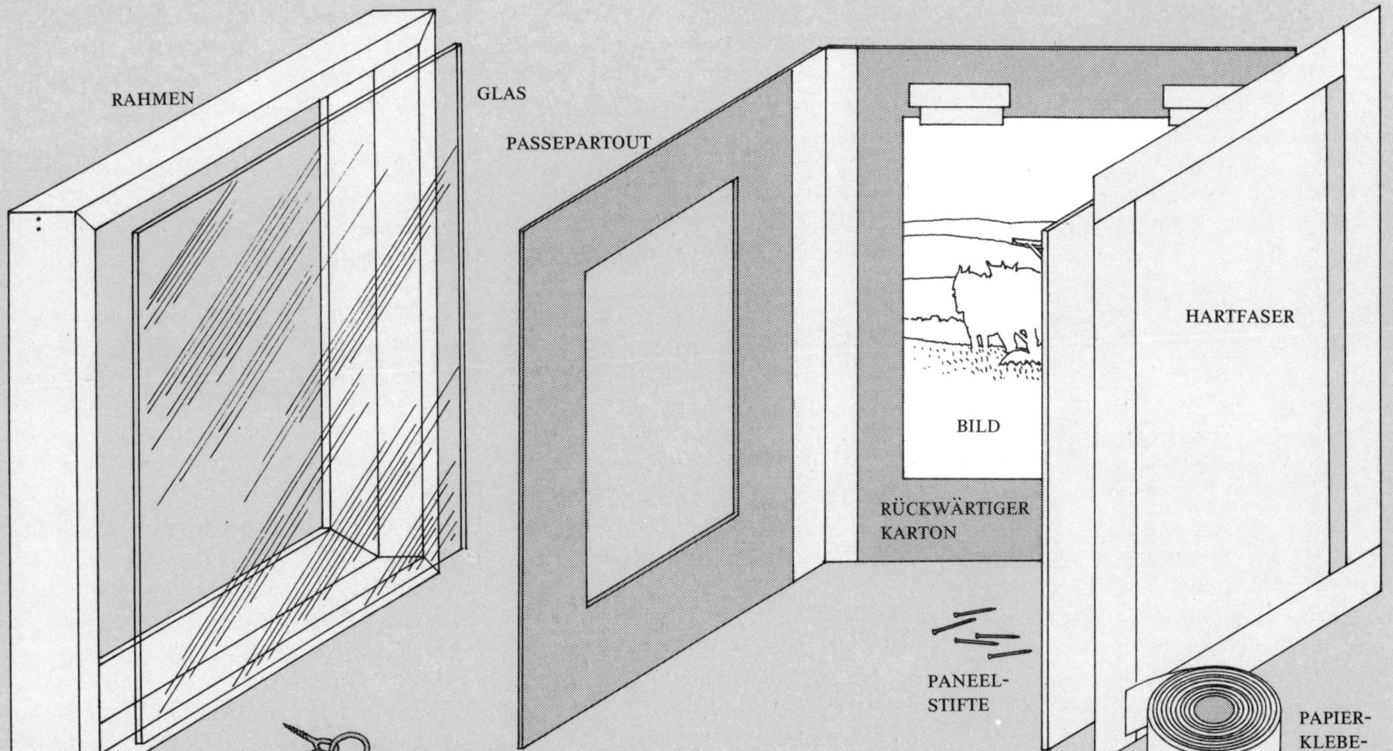

7 *Das Passepartout als Schablone zum Zuschneiden des rückwärtigen Kartons nehmen (hierfür eine geeignete Graupappe verwenden; sie muß säurefrei sein, da Aquarelle und Drucke sonst angegriffen werden). Die beiden Pappen an einer Seite mit Leinenband und einem Tierleim aneinanderkleben.*

8 *Das Bild oben mit Papierklebestreifen auf dem rückwärtigen Karton befestigen. Dies wirkt wie eine Art Scharnier, an dem das Bild hängt, was ein Ausdehnen und Zusammenziehen erlaubt.*

9 *Zum Schluß als zusätzlichen Schutz ein Stück Hartfaser guter Qualität einlegen, das mit rostfreien Nägeln und Papierklebeband nicht zu stramm im Rahmen befestigt wird. Auf der Rückseite des Bilderrahmens Ösen eindrehen und Draht oder Nylonschnur daran befestigen.*

Glossar

AGA-OFEN Schwedischer Herd aus massivem Stahl, der vor allem in den 20er Jahren hergestellt wurde. Er eignete sich für feste Brennstoffe und verfügte über eine Klappe, mit der sich die Temperatur regeln ließ.

AMISH Mitglieder einer sehr konservativen religiösen Sekte der Mennoniten in Amerika und Kanada, die fast alle Formen der Dekoration strikt ablehnen. Patchwork-Quilts bilden eine Ausnahme, da sie einem praktischen Zweck dienen. Gewöhnlich haben sie einfache geometrische Muster in dunklen Farben, die von kleinen, leuchtend bunten Patch-Teilen belebt werden.

ANAGLYPTA-TAPETE (Handelsname) Dicke, reliefartige Tapete.

ARANMUSTER Irisches Strickmuster, mit dem die dicke, naturfarbene Wolle des Landes verarbeitet wird.

APPLIKATION Textiltechnik, bei der ausgeschnittene Stoffteile auf ein größeres Stück Stoff aufgenäht werden.

ARMOIRE Großer, reichverzierter, eintüriger Schrank, der seit etwa Ende des 16. Jahrhunderts in Frankreich gebaut wurde und als Vorläufer des Kleiderschranks gilt. Später entwickelte er sich zu einem doppelgeschossigen, viertürigen Prunkmöbel.

ART DECO Stilrichtung des Kunstgewerbes in den 30er Jahren, die auf den Jugendstil folgte und von symmetrisch-linearen Gestaltungsprinzipien geprägt ist. Besondere Aufmerksamkeit widmete der Art Deco den Anforderungen der Serienproduktion.

ART NOUVEAU Stilrichtung der Kunst und Architektur – in Deutschland als Jugendstil bezeichnet – aus der Zeit um die Jahrhundertwende, deren Ziel es war, den Historismus zu überwinden, mit den strengen Formen des Klassizismus zu brechen und eine alle Bereiche der Kunst und des Kunsthandwerks umfassende Formensprache zu entwickeln. Besonders die Möbelherstellung verdankt ihr entscheidende Impulse. Im Gegensatz zum deutschen Jugendstil, der das Design der Serienproduktion verbessern wollte, verlieh der französische Art Nouveau seinen Möbeln den Rang von Kunstwerken, die deshalb als Einzelstücke konzipiert waren. Im kunstgewerblichen Bereich dominierten stilisierte Formen und opalisierende Farben, die zu kunstvollen, asymmetrischen Gesamtentwürfen kombiniert wurden.

ARTS AND CRAFTS-BEWEGUNG Englische Reformbewegung in der zweiten Hälfte des 19. Jahrhunderts, von William Morris und seinen romantisch-sozialistischen Prinzipien inspiriert, die eine Rückkehr zur traditionellen Handwerkskunst propagierte und es als ihre Aufgabe betrachtete, die Künstler in Handwerker und die Handwerker in Künstler zu verwandeln. Es entstanden solide, wenngleich auch etwas düstere Möbel. Ihre Ablehnung der maschinellen Fertigung ließ sich jedoch nicht in die Praxis umsetzen. Dennoch waren ihre Gedanken zukunftsweisend und lebten im Jugendstil weiter.

AUBUSSON Stadt in Frankreich, die für ihre Tapisseriewirkereien berühmt ist. Im 19. Jahrhundert wurden hier gewirkte Teppiche in großer Stückzahl sowie Bildteppiche und Möbelbezüge produziert, die sich durch symmetrische Muster, klassische Motive und weiche Farben auszeichneten. Im 20. Jahrhundert erlebte die Manufaktur eine neue Blüte.

AUFSATZSCHRANK Schranktyp, der aus zwei Teilen besteht, einer Kommode mit Schubladen und einem ein- oder zweitürigen Aufsatz. Der Aufsatzschreibschrank (oder Aufsatzsekretär) besitzt auf dem Kommodenteil eine ausklappbare Schreibplatte und im Aufsatz Fächer für Papiere und Schreibutensilien. Das Möbel stammte ursprünglich aus Frankreich, erfreute sich jedoch im 18. Jahrhundert vor allem in Deutschland großer Beliebtheit.

BALUSTER Säule mit stark profiliertem Schaft, die auch im Möbelbau als gedrechselter Pfosten, gewöhnlich mit ausgebauchtem Unterteil und schlankem Oberteil, unter anderem auch als Geländerstab Verwendung fand.

BALUSTRADE Von Balustern getragenes Geländer zur Einfassung von Treppen und Balkonen.

BARGELLO Hauptsächlich für Möbelpolster verwendete Florentiner Stickerei, bei der sich die einzelnen Musterelemente, meist spitz oder flammenähnlich, aus unterschiedlichen Tönen einer Farbe zusammensetzen. In Italien wurde vor allem Seide, in England Stickwolle verwendet.

BERGÈRE Rundum gepolsterter Armlehnstuhl, der in der ersten Hälfte des 18. Jahrhunderts zunächst in Frankreich und bald auch in anderen europäischen Ländern hergestellt wurde.

BLEIVERGLASUNG Bei der Bleiverglasung werden kleine, rechteckige oder rautenförmige Glasscheiben mit Hilfe dünner Bleiruten zu Fenstern zusammengesetzt.

BOSTON-STUHL Amerikanischer Stuhl des 18. Jahrhunderts, der in Boston hergestellt und vielfach exportiert wurde. Der Sitz war gepolstert und mit Leder bezogen.

BRISTOL-GLAS Die Glashütte in Bristol, von einer Genueser Familie um 1651 gegründet, spezialisierte sich seit 1740 auf die Herstellung von Vasen, Kelchen, Karaffen u. a. in sehr schönem blauem Glas, das häufig mit Gold bemalt war. Zwischen 1780 und 1820 mußte die Produktion mangels Kobaltoxid unterbrochen werden.

CABRIOLE LEGS S-förmig geschwungene Möbelbeine, die häufig in einem Tierfuß enden und im frühen 18. Jahrhundert beliebt waren.

CAXTON-STUHL Englischer Stuhl mit einem Sitz aus Rohrgeflecht und gedrechselten Vorderbeinen. Er wurde

Mitte des 19. Jahrhunderts hergestellt und war besonders in öffentlichen Gebäuden anzutreffen.

CHINOISERIEN Westliche, spielerisch heitere Schmuckformen im 17. und 18. Jahrhundert, die den orientalischen Stil imitierten und bei denen sich europäische Formen mit exotischen, hauptsächlich chinesischen Dekorationsmotiven verbanden.

CHINTZ Dichtgewebter, glänzender Stoff aus guter, mittelschwerer Baumwolle, traditionell mit floralen Motiven bedruckt.

CLOISONNÉ Technik der Emailkunst, bei der verschiedenfarbiges Email in *cloisons* (Zellen) gebrannt wird, die durch dünne, aufgelötete Metallstäbe voneinander getrennt sind, deren Oberkanten sichtbar bleiben. Das Verfahren stammt wahrscheinlich aus dem Vorderen Orient.

CRAQUELÉGLASUR Dekorative Glasur von Keramikwaren mit einer feinen, netzartigen Rißbildung, die eintritt, wenn Scherben und Glasur unterschiedlich schnell erkalten.

CREWEL-STICKEREI Handarbeitstechnik, bei der leuchtend gefärbte Wolle – üblicherweise in floralen Motiven – auf helle Leinenstoffe gestickt wird.

DAMAST Eleganter Stoff, in der Regel für Vorhänge und Tischwäsche verwendet, dessen Musterung durch die wechselnde Bindung des Gewebes hervorgerufen wird.

DAVENPORT Schreibpulttyp mit schrägem, hochklappbarem Pultdeckel und seitlich angebrachten Schubladen. Er wurde seit etwa 1800 – angeblich erstmals für einen Captain Davenport – in England hergestellt und in der Folgezeit vielfach variiert.

DECKENROSETTE Dekorative Stuckverzierung, die sich in der Zimmermitte befindet und an der eine Lampe befestigt sein kann.

DURCHBRUCHARBEIT Handarbeitstechnik, bei der Fäden aus einem Leinengewebe herausgezogen und die übrigen mit unterschiedlichen Stichen zusammengefaßt werden, so daß ein regelmäßiges, spitzenähnliches Lochmuster entsteht.

ELISABETHANISCHER STIL Benannt nach Elisabeth I. (1558–1603). Diese Stilepoche löste den Tudor-Stil ab und bezeichnet den englischen Baustil der Renaissance. Vor allem das Kunsthandwerk, das wesentlich von Italien, Deutschland, Frankreich und den Niederlanden beeinflußt wurde, erlebte eine Blütezeit. Holz- und Metallarbeiten – zu den schönsten Kunstgegenständen zählen die Silberarbeiten – und Textilien (mit orientalischen Einflüssen) haben eine reiche Dekoration. Die Möbel waren massiv, üppig geschnitzt und häufig mit kostbaren Intarsien versehen.

EMPIRE Französischer, spätklassizistischer Stil, der mit der Regierungszeit Napoleons I. (1804–1815) identifiziert wird und seinen Höhepunkt im frühen 19. Jahrhundert erreichte. Gestaltungsprinzipien waren – ausgehend von der Antike – gerade Flächen, klare Umrisse, strenge Gliederung und eine klassische Ornamentik. Das Empire hatte mit seiner Betonung des Repräsentativen einen starken Einfluß auf Möbel, Mode und Textilien.

ETAGÈRE Offenes Kleinmöbel mit regalartigen Zwischenbrettern oder Tabletts, das auch als Aufsatz für Eckschränke verwendet und seit Ende des 18. Jahrhunderts gebaut wurde. In England, wo es besonders beliebt war, entspricht der Etagère das *Whatnot.*

FIESTA WARE Keramikwaren in hellen, klaren Farben, die in den 30er Jahren in den Vereinigten Staaten von Amerika hergestellt wurden.

FRIVOLITÄTENARBEIT Auch als *Occhi* bekannte Handarbeitstechnik, die bis ins Mittelalter zurückreicht und bei der mit Hilfe eines Holzschiffchens Spitzen entstehen.

GEORGIANISCHER STIL Stilperiode in England während der Regierungszeiten (1714–1811) Georgs I., II. und III. (gelegentlich wird auch noch die Zeit des Regency miteingeschlossen). Diese Epoche umfaßte eine Vielzahl von Dekorationsstilen und stand im Zeichen der englischen Versionen von Barock, Rokoko und Klassizismus, wobei auch gotische Elemente (Gothic Revival) und der chinesische Stil (Chinoiserien) eine große Rolle spielten. Als Möbelkünstler waren in dieser Zeit vor allem Thomas Chippendale, George Hepplewhite und Robert Adam bestimmend.

GODIN-OFEN Ofen, der mit Holz befeuert wird und eine zylindrische Form sowie kunstvolle, durchbrochene Metallverzierungen hat.

JAKOBÄISCHER STIL Stilepoche der Regierungszeit Jakobs I. (1603–1625) in England, die dem elisabethanischen Stil folgte. Die Möbel dieser Zeit waren aus massivem Holz und die Dekoration weniger opulent. Als neue Möbeltypen entstanden unter anderem der Klapptisch (Gate leg table) und Truhen mit einer Schublade im Sockel.

JUTE Grobes Gewebe aus Jutefasern, das für Taschen und Polsterungen verwendet wird. Es ist traditionell das Grundgewebe für Schlingenteppiche.

KELIM Weicher, gewirkter oder gestickter Teppich aus dem Mittleren Osten, der durch kräftige Muster (meist originäre Erfindungen) und leuchtende Farben gekennzeichnet ist. Kelims sind älter als Knüpfteppiche.

KOLONIALSTIL Stilform der Architektur und Inneneinrichtung, die durch die Kunst der kolonisierenden Länder (Spanien, Niederlande, England, Frankreich) beeinflußt wurde. Daß darüber hinaus eine Weiterentwicklung möglich war, zeigt das Beispiel Amerika. Die frühesten Siedlerhäuser in Neuengland hatten nur einen einzigen Raum im Erdgeschoß, häufig mit Holz verkleidet, der sich zu einer Veranda hin öffnete und mit schlichten, funktionalen Möbelstücken aus Naturmaterialien, insbesondere Korbwerk, ausgestattet war.

LEIMFARBE Farbe, die aus einer Mischung von Farbpigmenten, Wasser und Leim besteht und früher anstelle der heute gebräuchlichen Dispersionsfarben verwendet wurde.

LIBERTY Weltberühmtes Stoffkaufhaus in London (s. Adressen), erbaut im elisabethanischen Stil, das in seinen Anfängen vor allem mit orientalischen und Japonerie-Artikeln, Möbeln, Schmuck in islamischer Volkskunst handelte. Diese Tradition wird auch heute noch durch eine spezielle Abteilung für orientalische Seiden- und Baumwollstoffe gepflegt. Schwerpunkte des Stoffsortiments sind selbst hergestellte, eingefärbte und bedruckte Stoffe mit Blüten- und Blumenmustern, die denen von Laura Ashley vergleichbar sind. Die Stoffe werden nach alten Mustern, jedoch in neuen Farbkombinationen gefertigt.

LÜNETTE Halbkreisförmiges, häufig mit Dekor ausgefülltes Bogenfeld.

MARKETERIE Furnierungstechnik zur Verschönerung von Möbelstücken, bei der mosaikartig zusammengesetzte Bilder oder Muster aus Holz, Messing oder Elfenbein als Ganzes in das Furnier eingelassen werden. Die Marketerie hat ihren Ursprung in Deutschland und Holland und gelangte zu Beginn des 17. Jahrhunderts nach Frankreich und um 1765 nach England.

NESSEL Grobes, naturfarbenes Baumwollgewebe, das ursprünglich aus Indien stammt.

NUT- UND FEDER-VERBINDUNG Holzverbindung, bei der die vorstehende Feder des einen Brettes in die Nut des anderen greift.

PERLSTAB Dekorationsmotiv mit runden oder länglichen Perlen, die jeweils durch Scheiben getrennt werden.

PETIT-POINT-STICKEREI Sehr feine Stickerei mit Perlstich.

POINTILLISMUS Spätimpressionistische Maltechnik (Hauptvertreter: Georges Seurat), bei der Punkte unterschiedlicher Farben dicht nebeneinander auf einem weißen Untergrund stehen und aus einer gewissen Entfernung optisch zu Mischtönen und Farbflächen verschmelzen.

POTPOURRI Gefäß mit durchbrochenem Oberteil, in das man eine wohlriechende Mischung aus getrockneten Blättern, Blüten und anderen Duftstoffen füllte. Es wurde seit 1748 in Meißen, später auch in vielen anderen europäischen Porzellanfabriken hergestellt. Mittlerweile bezeichnet man auch die Duftmischung selbst als Potpourri.

REGENCY Spätklassizistische Stilepoche im frühen 19. Jahrhundert (etwa 1800–1830) in England, gewissermaßen die englische Version des französischen Empire, benannt nach der Regentschaft Georgs IV. (1811–1830). Ziel war die Wiederbelebung der eleganten Schlichtheit antiker Möbelprototypen mit einer Tendenz zu Solidität und Schwere. Zu der Anlehnung an antike Vorbilder kamen typisch englische Dekorationsmotive und Merkmale der bürgerlichen Wohnkultur, wie sie etwa für das mitteleuropäische Biedermeier galten. Während dieser Epoche wurden verstärkt Mahagoni und Rosenholz verwendet, und das Interesse an Lackarbeiten lebte wieder auf.

ROKOKO Europäischer Dekorationsstil des frühen 18. Jahrhunderts – in der Spätphase des Barock (1720–1780) –, der seinen Ursprung in Frankreich hatte. Charakteristisch für das Rokoko sind spielerisch schwingende Ornamente, leichte Muster, Pastellfarben, feine Proportionen und kunstvolle abstrakte Motive, die typische muschelförmige Bogen und Schnörkel einschließen. Als Reaktion auf das pomphaft Feierliche des Barock hatte das Rokoko eine Vorliebe für zierliche Möbel und Kleinmöbel (Beistelltische) mit elegantem Schnitzwerk und kostbaren Furnierungen.

SCHELLACK Schnell trocknender und transparenter Lack, der vor dem Bemalen von Möbeln als Sperrgrund verwendet wird, da er eine glatte Oberfläche gewährleistet.

SEKRETÄR Hochformatiger Schreibschrank französischen Ursprungs, bei dem der mittlere und obere Teil durch eine senkrechte Klappe verschlossen war, die in geöffnetem Zustand als Schreibplatte diente.

SHAKERS Mitglieder einer puritanischen Sekte, die im 18. Jahrhundert in England gegründet wurde, aber schon bald nach Nordamerika zog. Shaker-Möbel zeichnen sich durch solide Verarbeitung, hohes handwerkliches Können, ihr würdevolles, schlichtes Erscheinungsbild und ihr funktionales Design aus. Die bekanntesten Shaker-Möbel sind Stühle, auch Schaukelstühle.

SISAL Kräftige Fasern, die aus den Blättern bestimmter Agavenarten gewonnen werden.

SPINDELN Lange, schlanke, gedrechselte Hölzer, die nach etwa einem Drittel ihrer Höhe ausgebaucht sind und unter anderem für die Rückenlehnen einiger Arten von Windsor-Stühlen verwendet werden.

SPROSSEN Hölzer, durch die Fenster oder Füllungen von Wandschirmen unterteilt werden.

TARTAN Buntgewürfelter schottischer Wollstoff, aus dem beispielsweise Plaids hergestellt werden.

TÔLE PEINTE Franz. = bemaltes Blech. Bezeichnung für gelackte Gegenstände aus Blech.

TROMPE L'ŒIL Franz. = täusche das Auge. Verfahren in der Malerei – eine Art Trickmalerei –, durch naturalistische Genauigkeit die perfekte Illusion von tatsächlicher Dreidimensionalität zu erzeugen und auf diese Weise das Auge irrezuführen, etwa durch eine gemalte Architektur die reale Architektur illusionistisch fortzuführen.

TUDOR-STIL Stilepoche in England etwa in der Zeit zwischen 1485 und 1555 (vor dem elisabethanischen Stil), benannt nach dem damals regierenden Königshaus. Der Tudor-Stil verband spätgotische Elemente mit Renaissance-Formen. Eine Besonderheit auf dem Möbelsektor war die Bauweise der Schränke, die häufig regalartig offen waren, um Küchengerätschaften zur Schau zu stellen. Als Ornament, vor allem für Truhen, bevorzugte man senkrechte, enge, aus dem Holz herausgeschnitzte Falten.

UTILITY-PROGRAMM Im November des Jahres 1942, während des Zweiten Weltkriegs, erließ die britische Regierung eine Verordnung zur Einführung eines Gebrauchsgüter-Programms, um die Produktion zu rationalisieren und die Preise zu senken. Von Januar 1943 an durften nur die Möbeltypen hergestellt werden, die ein spezieller Katalog vorschrieb. Diese Möbel waren nüchtern konstruiert und von gedrungener, meist rechteckiger Form, ohne jeglichen Schmuck und reduziert auf reine Funktionalität. 1952 wurden die kriegsbedingten Restriktionen durch eine Order aufgehoben.

VIKTORIANISCHER STIL Stil während der Regentschaft von Königin Victoria (1837–1901), der auch in Amerika weit verbreitet war. Der frühe viktorianische Stil war klassizistisch, geprägt noch vom Regency, während die Mitte der Epoche gekennzeichnet war vor allem durch die Vorliebe für aufwendige Ornamentik, Glas und Messing, bei den Sitzmöbeln für reicher gebogene Holzgestelle und Überpolsterung. Es entwickelte sich der Typ des dekorativen Gegenstandes: riesige Porzellanvasen, Tischfontänen, überladen geschnitzte Möbel. Die weite Verbreitung von Keramiken, Glas, Textilien, Möbeln usw. war eine Folge der Massenherstellung, die die industrielle Revolution und neue mechanische Verfahren ermöglicht hatten. Gegen Ende des Jahrhunderts konkurrierten mehrere historisierende Stile, bis die Arts and Crafts-Bewegung und dann der Jugendstil den Historismus überwanden.

WANDLEISTE Profilleiste, die ungefähr in Taillenhöhe an der Wand verläuft und der optischen Unterbrechung und Gliederung der Wandfläche wie auch dem Schutz vor Stuhllehnen dient.

ZIERBEKLEIDUNG Dekorative Holzleisten, die Füllungen von Wandvertäfelungen, Tür- oder Fensterrahmen einfassen.

Adressen

VERBÄNDE

Bund Deutscher Architekten
e. V. (BDA)
Ippendorfer Allee 14 b
53127 Bonn

Bund Deutscher Baumeister,
Architekten und Ingenieure
e. V.
Kennedyallee 11
53175 Bonn

Bund Deutscher
Innenarchitekten e. V.
(BDIA)
Königswinterer Straße 709
53227 Bonn

Bundesverband des Deutschen
Baustoffhandels e. V.
Lövenicher Weg 36
50933 Köln

Bundesverband des
Deutschen Kunst- und
Antiquitätenhandels e. V.
St.-Atern-Str. 17–21
50667 Köln

Bundesverband des Deutschen
Möbelhandels e. V.
Frangenheimstr. 6
50931 Köln

Bundesverband Deutscher
Kunstversteigerer e. V.
Neumarkt 3
50667 Köln

Bundesverband
Glasindustrie und
Mineralfaserindustrie e. V.
Stresemannstr. 26
40210 Düsseldorf

Bundesverband
Kunsthandwerk e. V.
Bleichstraße 38 a
60313 Frankfurt/Main

Bundesverband
Steine und Erden e. V.
Friedrich-Ebert-Anlage 38
60325 Frankfurt/Main

Gesamtverband der
Textilindustrie in der
Bundesrepublik Deutschland
– Gesamttextil – e. V.
Schaumainkai 87
60596 Frankfurt/Main

Hauptverband der Papier, Pappe
und Kunststoffe verarbeitenden
Industrie e. V.
Arndtstraße 47
60325 Frankfurt/Main

Wirtschaftsverband
Eisen, Blech und Metall
verarbeitende Industrie e. V.
(EBM)
Kaiserswerther Straße 135
40474 Düsseldorf

ANTIQUARISCHE BAUELEMENTE

Th. Evers
antieke bouwmaterialen
De Koumen 58
6433 KD Hoensbroek/Niederlande

Werner T. Führer
Kunsthandlung
Falkenturmstr. 8
80331 München
(Beschaffung und Einbau)

STUCK-DEKORATIONS-ELEMENTE

stuck modern
Dammin & Co.
Bahnhofstr. 52 a
21614 Buxtehude

Stuck Tümmers
Ückendorfer Straße 66–70
45886 Gelsenkirchen

FUSSBODENDIELEN UND DECKENBALKEN

Ostermann & Scheiwe
GmbH & Co.
Hafenweg 31
48155 Münster

BODEN- UND WANDFLIESEN

Actiengesellschaft
Norddeutsche Steingutfabrik
Steingutstr. 2
28759 Bremen

Buchtal
Keramische Betriebe GmbH
92521 Schwarzenfeld

Ceramiche Lafaenza
Via Emilia Ponente 8
I-48018 Faenza (RA)

Ceramiche Piemme Deutschland
Vertriebs-GmbH
Heedfelder Straße 2
58579 Schalksmühle

IGA Architektur-Baustoffe
GmbH & Co. KG
Münchner Str. 50
45145 Essen

Marazzi Deutschland
Bramfelder Chaussee 31
22177 Hamburg

Townsends (London) Ltd
1 Church Street
London WIR 9DE
(Viktorianische Kacheln)

Villeroy & Boch
Keramische Werke
66693 Mettlach

TÜREN

HGM-Türenwerke
Heinrich Grauthoff GmbH
Brandstr. 71
33397 Rietberg

Nordic-Holz
Bauelemente GmbH
Staudinger Straße 4
64293 Darmstadt
(Bauerntüren zum Bemalen)

ANTIKGLAS

Deutsche Spezialglas AG
Hüttenstr. 1
31073 Grünenplan
(Farbiges Flachglas, historische
Gläser für Restaurierung)

KÜNSTLERBEDARF

Künstlerbedarf Boesner GmbH
Girlitzweg 30
50829 Köln
(Großhandel, auch Versand.
Nennt Händleradressen)

da Vinci Künstlerpinselfabrik
Gustav-Adolf-Straße 33
90439 Nürnberg

Wilhelm Düll
Erhardtstraße 10
80469 München
(Werkstoffe für Maler und
Restauratoren)

Habico-Pinselfabrik
Liebersdorfer Str. 4
91572 Bechhofen

C. Kreul GmbH & Co. KG
Carl-Kreul-Str. 2
91352 Hallerndorf
(Abtön- und Künstlerfarben,
Tauch- und Schmucklacke,
Künstlerpinsel, Leinwände)

Münder & Becker
Lämmersieth 23
22305 Hamburg
(Blockx-Künstlerfarben nach
alten Rezepten u. a.)

Ludwig Rupprecht
Guntherstr. 26
90461 Nürnberg
(Vergolderbedarf, Pigmente)

H. Schmincke & Co.
Fabrik feinster Künstlerfarben
und Malgründe
Otto-Hahn-Straße 2
40699 Erkrath-Unterfeldhausen

Signum
Kreuzlingerforststraße 18
82131 Gauting
(Künstler- und Restauratoren-
bedarf)

Talens & zoon
Künstlerfarbenfabrik
Sophialaan 46
Postfach 4
Apeldoorn/Niederlande

MALERBEDARF/ NATURFARBEN

Aglaia Naturfarben
Beeck'sche Farbwerke
Postfach 81 02 24
70519 Stuttgart
(Hersteller von Natur- und Mine-
ralfarben. Nennt Händleradressen)

Auro Naturfarben
Alte Frankfurter Str. 211
38122 Braunschweig
(Hersteller von Naturfarben.
Nennt Händleradressen)

Biofarben
Vertriebs- und Verarbeitungs GmbH
Pariser Str. 51
10719 Berlin
(Einzel- und Großhandel. Nennt Händleradressen)

Die Dritte Haut GmbH
Venloer Str. 59
50672 Köln
(Groß- und Einzelhandel für Naturfarben, auch Versand. Nennt Händleradressen)

vorm. Farben Hitzer
Leipziger Str. 84
01127 Dresden

Kreidezeit Naturfarben GmbH
Hindenburgstr. 15–16
31195 Lamspringe
(Hersteller von Naturfarben. Versand von Produkten und Rohstoffen. Nennt Händleradressen)

Livos Pflanzenchemie
Ortsteil Emern
29568 Wieren
(Hersteller von Naturfarben. Nennt Händleradressen)

Naturpinsel
Langenmarckstr. 73–75
28199 Bremen

Quilts & Textiles
Isabellastr. 48
80796 München
(Großes Sortiment Schablonen für Wandmalerei)

Shaker
Ysenburgstr. 13
80634 München
(Amerikanische Buttermilk-Farben mit der Originalfarbskala traditioneller Kaseinfarben, amerikanische Acrylfarben)

Farben Uhl
Nordendstr. 36
80801 München

Natur-Baumarkt Wende
Petterweilstr. 34 HH
60385 Frankfurt/Main
(Groß- und Einzelhandel, Versand. Nennt Händleradressen)

TEPPICHE UND TEPPICHBÖDEN

DEKOWE
Schürholz GmbH
Marienstr. 51
46284 Dorsten

Johs. Girmes & Co.
Textilwerke AG
Johs.-Girmes-Str. 27
47929 Grefrath-Oedt

Kinnasand Deutschland
GmbH & Co. KG
Danziger Str. 6
26655 Westerstede

Ruckstuhl AG
St. Urbanstraße 21–31
Postfach 337
CH-4901 Langenthal
(Sisalteppiche)

Tischhauser & Co. GmbH
Enzberger Str. 20
75443 Ötisheim

Vorwerk & Co.
Teppichwerke KG
Kuhlmannstraße 11
31785 Hameln

TAPETEN

Laura Ashley GmbH
Hunsrückenstraße 43
40213 Düsseldorf

Kinnasand Deutschland
GmbH & Co. KG
s. Teppiche

Nobilis Fontan GmbH
Vertriebsgesellschaft
Hedwigstraße 9
80636 München

Gebr. Rasch GmbH & Co.
Raschplatz 1
49565 Bramsche

STOFFE

Alfred Apelt GmbH
An der Rench 2
77704 Oberkirch

Laura Ashley GmbH
s. Tapeten

Baumann-Stoffe
Paul-Ehrlich-Straße 7
63128 Dietzenbach

Båras International
Oststr. 13
77694 Kehl

Designers Guild
Schwanthalerstraße 111
80339 München

Fischbacher
Simonshöfchen 27
42327 Wuppertal

Kinnasand Deutschland
GmbH & Co. KG
s. Teppiche

Liberty and Co Ltd
Regent Street
London WIR 6AH

Münchener Gobelin-Manufaktur GmbH
Notburgastraße 5
80639 München
(Tapisseriestoffe)

Nobilis Fontan GmbH
s. Tapeten

Sahco Hesslein S. A. & Co.
Textilverlag
Kreuzburger Str. 19
90471 Nürnberg

Vereinigte Werkstätten für Kunst im Handwerk AG
Amiraplatz 1
80333 München

Vorwerk & Co.
Möbelstoffwerke
GmbH & Co. KG
Vorwerkstraße 1–5
95326 Kulmbach

GARDINENSTANGEN

indeko design
Hubert Blome GmbH
Im Karweg 3
59846 Sundern

Settmecker Metallwarenfabrik
Settmecke-Buchholz 9–11
59846 Sundern
(Stilgarnituren)

MÖBEL UND EINRICHTUNGSGEGENSTÄNDE

Anno Dom
Stilmöbel GmbH & Co. KG
Hinterm Schloß 15
32549 Bad Oeynhausen
(Reproduktionen alter Möbel)

Domicil
Waldseer Straße
88250 Weingarten

manufact
ZE-Einrichtungsbedarf
Heilbronner Str. 4
70771 Leinfelden-Echterdingen

Fantoni Arredamenti Spa
I-33010 Osoppo/Udine

Laura Ashley Home
7/9 Harriet Street
London SW1
(Passend zu den Stoffen und Tapeten: Sessel, Sofas, Lampen, Fliesen u. a.)

Meubles Grange
F-69590 St. Symphorien-sur-Coise

Leño
Calle La Baneza 26
Fuenlabrada
Madrid
(Möbel aus altem Pinienholz)

Maison
Internationale Einrichtungen
GmbH & Co. KG
Hinterm Schloß 15
32549 Bad Oeynhausen

Marktex KG
Am Auernberg 2
61476 Kronberg/Taunus

Flechtatelier Schütz
Bürgermeister-Prell-Straße 1
96215 Lichtenfels
(Rattanmöbel)

Gebr. Thonet GmbH
Michael-Thonet-Str. 1
35066 Frankenberg

Vereinigte Werkstätten für Kunst im Handwerk AG
s. Stoffe

Wasa Massivholzmöbel GmbH
Hauptstraße 68
67715 Geiselberg

LEUCHTEN

Anta
Osterbrooksweg 59
22869 Hamburg-Schenefeld

Kamratowski
Schustehrusstraße 18
10585 Berlin
(Reproduktionen aus Messing und Glas nach alten Mustern)

Wilchester County
Stable Cottage
Vicarage Lane
Steeple Ashton
Trowbridge
Wiltshire BA14 6HH
(Reproduktionen alter amerikanischer Kandelaber)

Zacharias + Siebel
Bahnhofstraße 23
57258 Freudenberg
(Kerzenleuchter)

KAMINE UND ÖFEN

accent Kamine GmbH
Virnicher Str. 100
53894 Mechernich

Borck Ofen-Vertrieb GmbH
Postfach 1055
66401 Homburg/Saar
(Godin-Öfen)

Dan-Skan
Zentrale Deutschland
Burgwedeler Straße 7–8
30657 Hannover

Jydepejsen
Ahornsvinget 5–7
DK-7500 Holstebro

Scan
Krog Iversen & Co. A/S
DK-5492 Vissenbjerg

Uwe Wegener/G. Dröge
Rusbenderstraße 2
31675 Bückeburg
(Norwegische Guß-Etagenöfen ab Anfang 19. Jahrhundert)

BADEZIMMERARMATUREN

Aloys F. Dornbracht
GmbH & Co. KG
Köbbingser Mühle 6
58640 Iserlohn

Vorberg GmbH
Parkstraße 6
82194 Gröbenzell

MÖBELBESCHLÄGE

LBB Antiquitäten und Zubehör GmbH
Neckargartacher Straße 94
74070 Heilbronn-Böckingen
(Reproduktionen von Beschlägen u. a.)

Spezialwerkstätten Prange
Eppendorfer Baum 12–14
20249 Hamburg
(Aufarbeitung und Reproduktion von Beschlägen aus Messing)

OBJEKTSTÄNDER FÜR ANTIQUITÄTEN

Reynolds
Dibb. Mühlenweg 89 b
21244 Buchholz
(Ständer für Teller, Mineralien, Münzen, Uhren u. a.)

HAUSSCHILDER

Country Comfort
Königstraße 1
23701 Eutin
(Im Stil englischer Cottages, auch Anfertigung nach eigenen Wünschen)

Weitere Hinweise auf Herstellerfirmen geben die örtlichen Branchenverzeichnisse sowie die Fachverbände der Industrie und des Einzelhandels. Bei speziellen Restaurierungsproblemen helfen der Kunst- und Antiquitätenhandel und die Institute für Restaurierung und Konservierung der Fachhochschulen weiter.

Danksagung

DORLING KINDERSLEY dankt den folgenden Firmen, die Materialien für die Fotos in diesem Buch zur Verfügung gestellt haben (die vollständigen Adressen sind jeweils bei der ersten Nennung des Lieferanten aufgeführt):

Textilien (S. 29 und S. 102–103)

The Antique Textile Company, 100 Portland Road, London W11 4LQ: Alter Paisley-Stoff, bestickter weißer Bettüberwurf, blaukarierte Daunendecke, Bettüberwurf mit Crewelstickerei

Ghiordes Knot, 11 Freegrove Road, London N7: Türkischer Teppich

Putnams Collections Ltd. Mathews Yard, 29 Shorts Gardens, London WC2H 9AP: Blauweiße Baumwollstoffe

Fußböden (S. 46–47)

DLW (Britain) Ltd, Block 38C, Milton Park Estate, Abingdon, Oxon OX14 4RT: Linoleum

Fired Earth, 37–41 Battersea High Street, London SW11 3JF: Achteckige und rautenförmige Tonfliesen, handgeformte Bodenplatte, achteckige Schieferplatte

The London Architectural Salvage und Supply Co. Ltd, St Michael's and All Angles, Mark Street, London EC2A 4ER: Ulmen- und Eichenbretter, Eichenparkett, sechseckige und quadratische Terrakottafliesen, buntglasierte Fliese, Marmorplatten, York-Steinplatte

Paris Ceramics, 243 Battersea Park Road, London SW11 3BL: Rechteckige Terrakottafliese, englische Kalksteinplatte, französische Kalksteinplatte, Keramikfliese mit Tiermotiv

Sanitäre Einrichtungen und Armaturen (S. 56–57)

Czech and Speake, 244–254 Cambridge Heath Road, London E2 9DA: Waschtischbatterie, Schwammhalter, Toilettenpapierhalter, Badewannenarmatur, Badewannenarmatur mit Handbrause, Kleiderhaken

Fired Earth: Handgefertigte Kacheln aus Mexiko, Eckfliesen aus Italien

Habitat, The Heals Building, 196 Tottenham Court Road, London W1P 9LD: Zahnbürstenhalter aus Porzellan

T A Harris, Hargreen House, 134 New Kent Road, London SE1 6TY: Waschbecken aus Feuerton

C P Hart, Newnham Terrace, Hercules Road, London SE1: Spülkasten, WC-Sitz, Handwaschbecken und Wasserhähne, Handtuchhalter, Spülkastengriffe

The London Architectural Salvage and Supply Co. Ltd: Toilettenpapierspender

David Mellor, 26 James Street, London WC2E 8PA: Tellerhalter

Kerry von Zschock, Maiolica Tiles, Ruskin Mill, Old Bristol Road, Nailsworth, Gloucestershire: Handgefertigte Kacheln für Einfassungen, Kacheln mit Fischmotiven

Beleuchtung (S. 64–65)

John Allsop Antiques, 26 Pimlico Road, London SW1: Bemalte Lampenfüße aus Weißblech

Bennison, 91 Pimlico Road, London SW1: Lampenfuß aus Mahagoni

Habitat: Keramiklampenschirm

Anna Lambert Decorated Earthenware, 10 High Oaks Road, Welwyn Garden City, Hertfordshire: Handgearbeiteter Kerzenhalter aus Steingut

Lloyd Adamson, Pastiche Lamps, 13 Henning Street, London SW11 3DR: Lampe mit Glasfuß

The London Architectural Salvage and Supply Co. Ltd: Große Petroleumlampe

Vaughan, 156–160 Wandsworth Bridge Road, London SW6 2UH: Georgianischer Lampenfuß aus Holz, Kaschmir-Kerzenhalter, Lampenfuß aus Messing in Form eines Kerzenhalters

Woods Electrical Accessories, Goodleigh House, Blackborough, Cullompton, Devon EX15 2JA: Lichtschalter

Woolpit Interiors, The Street, Woolpit, Bury St Edmunds, Suffolk IP30 9SA: Lampenfuß aus Holz

Christopher Wray's Lighting Emporium, 600 King's Road, London SW6 2DX: Opaker Glasschirm, schwenkbare Wandleuchte, Gelenkhalter, Haken, Zuglampe, Schreibtischlampe aus Messing

Tür- und Fensterzubehör (S. 68–69)

J D Beardmore and Co. Ltd, 3 and 4 Percy Street, London W1P OEJ: Fensteraufsteller aus Eisen, schwarze Scharniere, Schlüssellochabdeckung aus Messing

The London Architectural Salvage and Supply Co. Ltd: Feststeller für Schiebefenster, Zubehör für Rollos, Fensterladen, Drückergarnitur aus Messing, Türknöpfe aus Messing und Porzellan, antike Türverglasung, bleiverglastes Fenster, Messingtürklopfer, Hausnummer, Schlüssellochabdeckung aus Keramik, Riegel für Balkontür, schwarze Schutzplatte

Sainsbury's Homebase Ltd, Warwick Road, London W14: Gardinenstangen und -ringe

Vaughan: Messinghalter für Vorhänge

Yannedis and Co. Ltd, 25–27, Theobalds Road, London WC1: Fensterriegel aus Messing, Fensteraufsteller aus Messing, Messinghaken, Messingscharnier, schwarze Drückergarnitur, Messingtürknopf, Sturmhaken

Malerzubehör- und Werkzeuge (S. 76–77 und S. 160)

Ardenbrite Products Ltd, 57 Farringdon Road, London EC1M 3JH: Seidenglanzfarbe, Farbschale, Sprühlack

Brodie and Middleton Ltd, 68 Drury Lane, London WC2B 5SP: Universalmesser, Tapezierbürste, geöltes Kraftpapier, Farbeimer

Buck and Ryan Ltd, 101 Tottenham Court Road, London W1: Farbpinsel, Schleifpapier, Schleifklotz, Terpentinersatz, Bootslack, Senklot, Werkbank

L Cornelissen and Son Ltd, 105 Great Russell Street, London WC1B 3RY: Lackierpinsel, Malerstock, großer Schablonierpinsel, Kämme

Robert Dyas Ltd, 97 St Martin's Lane, London WC2: Dispersionsfarben

London Graphic Centre, 107–115 Long Acre, London WC2E 9NT: Stencil-Folie, Schneidunterlage, Künstlermesser, Künstlerpapier, Abdeckband, Lineal, Schere, Filzstifte, Bleistift

George Rowney and Co. Ltd, 12 Percy Street, London W1A: Farbpigmente, kleine Farbpinsel, Vertreiber, Schläger, kleine Schablonierpinsel, Acrylfarben

Möbelzubehör (S. 120–121)

J D Beardmore and Co. Ltd: Ringförmiger Griff, schwarzer Schrankgriff, Schlüssellochschild, schlangenförmige Scharniere, »H«-Scharniere

The London Architectural Salvage and Supply Co. Ltd: Glasknopf, Knebelverschluß

Sainsbury's Homebase Ltd.: Weiße Porzellanknöpfe

Yannedis and Co. Ltd: Messingschrankgriff, Messingknopf

DORLING KINDERSLEY bedankt sich für die Genehmigung zu Innenaufnahmen in den Häusern von:

Miles and Lillian Cahn, John Fell-Clarke und Frau, Rena Forman, Don und Leslie Hastings, Malcolm Hillier, Sheran und Stephen James, Katherine Martucci, Thane und Catherine Meldrum, Paul Nix, Sid und Joan Osofsky, Michael Pepper und Frau, Annie Sloan, Andrew und Joanna Young

DORLING KINDERSLEY bedankt sich für die Hilfe bei der Herstellung des Buches bei:
Duncan Bayliss (Schritt-für-Schritt-Sequenzen), **Hilary Bird** (Index) und **Tracey Orme** (Foto-Assistentin)

Illustrationen von **Eric Thomas**
Weitere Illustrationen von **Marion Appleton**: S. 164 (Stuckfriese), S. 167–169 (Badewanne), S. 169 (Gardinenleiste), S. 170–171 (Tisch), S. 177 (Truhe), S. 178 (Stuhl); und **Mustafa Sami**: S. 173 bis 175 (Küchenregal), 175–176 (Anrichte)

Besonderen Dank auch an:
Penny Black, Konrad Child, Rosie Ford, Malcolm Hillier, Mark James, Laura Overton, Richmond Antique Traders, John Smallwood, Roger Smoothy

DANKSAGUNG DER AUTORIN

Besonderen Dank an Roger, Leo und Spigs, die sich bereitwillig mit Fragen bedrängen ließen.
Und an Spike, David, Nick und Josie, die die restlichen Arbeiten besorgten.

Dank auch an Deirdre McSharry, Jocasta und Margaret Caselton für ihre Anregungen.

REGISTER

Seitenzahlen, die *kursiv* gesetzt sind, verweisen auf Abbildungen, Bildunterschriften und Do-It-Yourself-Techniken.

REGISTER